Uni-Taschenbücher 1354

UTB FÜR WISSEN SCHAFT

Eine Arbeitsgemeinschaft der Verlage

Wilhelm Fink Verlag München
Gustav Fischer Verlag Stuttgart
Francke Verlag Tübingen
Paul Haupt Verlag Bern und Stuttgart
Dr. Alfred Hüthig Verlag Heidelberg
Leske Verlag + Budrich GmbH Opladen
J. C. B. Mohr (Paul Siebeck) Tübingen
R. v. Decker & C. F. Müller Verlagsgesellschaft m. b. H. Heidelberg
Quelle & Meyer Heidelberg · Wiesbaden
Ernst Reinhardt Verlag München und Basel
F. K. Schattauer Verlag Stuttgart · New York
Ferdinand Schöningh Verlag Paderborn · München · Wien · Zürich
Eugen Ulmer Verlag Stuttgart
Vandenhoeck & Ruprecht in Göttingen und Zürich

Jürgen Bellers / Wichard Woyke (Hrsg.)

Analyse internationaler Beziehungen

Methoden — Instrumente — Darstellungen

Leske + Budrich, Opladen

Cip-Kurztitelaufnahme der Deutschen Bibliothek

Analyse internationaler Beziehungen: Methoden — Instrumente
Darstellungen / Jürgen Bellers; Wichard Woyke (Hrsg.) —
Opladen: Leske u. Budrich, 1989
(UTB für Wissenschaft: Uni-Taschenbücher; 1354)

ISBN: 3-8100-0517-7

NE: Bellers, Jürgen [Hrsg.]; UTB für Wissenschaft / Uni-Taschenbücher

Satz: Leske + Budrich, Opladen
Druck und Verarbeitung: Pressedruck Augsburg
Einbandgestaltung: Alfred Krugmann
Printed in Germany

Inhalt

I. 1. Vorwort

Den Königsweg der wissenschaftlichen Forschung gibt es nicht. Auch in der Politikwissenschaft und in der Disziplin der internationalen Beziehungen sind es der Wege vieler. Darin ist der vorliegende Band mit seiner Übersicht über die Methoden zur Erforschung der internationalen Beziehungen begründet.

Die hier gewählte Unterteilung von Methoden und Forschungsstrategien ist neu entwickelt worden, da bisher übliche, oft dichotomische Gliederungsprinzipien (heuristisch-kritisch; axiomatisch — reduktiv/induktiv; synthetisch — analytisch; usw.) für den spezifischen Gegenstandsbereich als nicht genügend erscheinen, obwohl natürlich an sie angeknüpft wird. Dabei werden die Methoden nach den wesentlichen Charakteristiken differenziert, was aber nicht ausschließt, daß einige von ihnen nach anderen, untergeordneten Merkmalen auch anderen Methodentypen zuzuordnen wären. So ist z.B. die synoptische Methode nach Bergsträsser bei uns der ,,holistischen Methode" subsumiert worden, obwohl sie auch der verstehenden Methode nahesteht. Aber hier interessiert primär ihr ,,ganzheitlicher" Aspekt, der — wie die Benennung ja auch schon besagt — wohl bei ihr dominant ist. Ebenso gibt es graphische Darstellungsweisen in mehreren Methoden und Techniken, obwohl hier nur die der Entscheidungsbäume exemplarisch dargestellt wird.

Zentral für die Einteilung der Methoden ist der Gegensatz ,,holistisch — analytisch", mit dem an die Gegenüberstellung ,,synthetisch — analytisch" angeknüpft wird. Diese Gegenüberstellung ist als Kontinuum zu verstehen, an dessen einem Ende die ,,analytischen Methoden" anzusiedeln wären — analytisch hier verstanden, in Anknüpfung an die analytische Philosophie, aber über sie hinausgehend, als bewußte oder unbewußte methodologische Beschränkung des forschenden Zugriffs, als Zergliederung des Gegenstandsbereiches.

Dabei werden zwei analytische Methodentypen unterschieden:

1. Die indikatorischen Methoden wollen einen nicht direkt der Beobachtung zugänglichen, begrenzten Gegenstandsbereich (z. B. die

die Macht eines Nationalstaates) nichtsdestotrotz der Erforschung zugänglich machen, indem dieser über und vermittels bestimmter ,,Hinweise" (Indikatoren), z. B. hier: das Bruttosozialprodukt oder die Zahl der Soldaten, indirekt zu erschließen versucht wird.

2. Korrelative Methoden sind zwar auf der einen Seite analytisch zergliedernd, indem sie einen Gegenstandsbereich in Variablen oder Kräfte zerlegen; darüberhinaus werden aber auf der anderen Seite diese Singularitäten mit weiteren Variablen, Kräften, Ereignissen oder Gesellschaften in Bezug gebracht, sei es vergleichend oder korrelierend oder analogisierend, so daß man sich derart doch langfristig und Schritt für Schritt einer umfassenderen Vorstellung vom jeweiligen Gegenstandsbereich zu nähern hofft, auch dahingehend, daß man auf die Entwicklung empirisch fundierter Gesetzmäßigkeiten abzielt.

Die korrelativen Methoden nähern sich tendenziell dem Gegenpol der analytischen Methoden, nämlich den hier sog. holistischen Methoden, deren nach dieser Einteilung hervorgehobenes Spezifikum darin besteht, daß sie auf je verschiedene Art und Weise und sicherlich mit einem unterschiedlichen, wissenschaftstheoretischen Status dessen, was jeweils unter ,,Ganzheit" oder ,,Totalität" begriffen wird, die Beschränkungen von analytischen Methoden zu überwinden versuchen. Die ganzheitlichen Methoden können sich dabei auf verschiedene Ebenen beziehen: Individuum, Gesellschaft, Welt usw. Bei dem hier interessierenden Gegenstandsbereich der internationalen Beziehungen wird allerdings wohl die weltpolitische Ebene im Vordergrund stehen. Hegel schreibt diesbezüglich z. B. im allgemeinen zur dialektischen Methode: ,,Das Existierende also als Ganzes bestimmt, so hat es Teile … (aber das) Teil ist es nur durch jene Beziehung (auf das Ganze) … Indem es aber Ganzes ist, so ist es wieder zusammengesetzt; es besteht wieder aus Teilen und so fort ins Unendliche." (Hegel, Logik II, 143) Auf analog ganzheitliche Art und Weise wie die Hegelsche und Marxsche Dialektik ist die systemtheoretisch orientierte Methodik bestrebt, jeden Gegenstandsbereich verschiedenster Ebenen als System zu betrachten, weil alles und jedes auf irgendeine Weise ein Ganzes ist, Teile hat, einer Struktur zugeordnet werden kann und schließlich notwendigerweise auf eine Umwelt bezogen ist. Dieser Ganzheitscharakter ist allerdings bei der Systemtheorie nicht Eigenschaft der Dinge selbst, sondern begründet in der Spezifik der Methode.

Ähnlich will die synoptische Methode den ,,Faktorenzusammenhang der Kultursysteme" in den Griff bekommen, unter besonderer Berücksichtigung der ,,weltpolitischen Konstellationen", in dem diese stehen.

Neben der Einteilung der Methoden nach dem Kriterienpaar: analytisch — holistisch werden in einem zweiten Schnitt die Methoden nach den Kriterien: analytisch vs. verstehend/normativ geordnet. Auch hier handelt es sich wieder um eine begriffslogische Konfrontation, die verschiedenste, methodische Herangehensweisen unter einem, diese spezifisch charakterisierenden Begriff zusammenfaßt. (Das schließt nicht aus, daß die unter diesen Begriffen genannten Methoden auch unter das Kriterienpaar: analytisch — holistisch subsumierbar wären.)

Der Gegensatz: analytisch-verstehend/normativ entspricht nach unserem Verständnis im Ungefähren dem Gegensatz: naturwissenschaftlich — geisteswissenschaftlich. Analytisch bedeutet dabei die wissenschaftliche Behandlung eines sozialen Bereichs, als sei dieser ein vom Forscher unabhängiger, ihm wie ein Objekt gegenüberstehender ,,Gegenstand", den es mit bestimmten Techniken und Instrumenten zu erfassen gilt.

Die ,,verstehende Methode" sieht die Phänomene der Politik nicht als zu analysierende Sachen, sondern will den den Handlungen zugrundeliegenden Sinn der Akteure eruieren. Sinne können aber nur Subjekte, nicht Sachen entwickeln.

Sinn ist nur dann rekonstruierbar, wenn sich der Forscher selbst als sinnhaft agierendes Gesellschaftsmitglied begreift und über diesen Bezug erst Verständnis für Sinn gewinnt.

Dadurch, daß der individuelle Forscher und der soziale Gegenstandsbereich nicht objektivistisch zu trennen sind, gewinnt auch die Frage nach den Normen, gemäß derer man sich auf den Gegenstandsbereich bezieht, und die Frage der Methodik der Genese und Verwendung solcher Normen an Bedeutung — eine Fragestellung, die nach der objektivistischen und analytischen Methode als nicht wissenschaftlich beantwortbar ausgeschlossen und der subjektiven Dezision überlassen wird. Dabei gehen die normativen Methoden entweder explizit oder implizit von normativ-apriorischen Axiomen aus, oder sie haben sich die Entwicklung von handlungsleitenden Normen direkt zum Ziel gesetzt, oder die empirische Analyse wird mit der normativen identifiziert.

Im Gegensatz zu den Methoden, die Wege der Forschung darstellen, sind Techniken und Instrumente quasi Handwerkszeuge, die auf den Wegen verwandt werden können, um empirisches Material und Daten zu erheben. Dabei können sie in verschiedenen Methoden zugleich zur Anwendung kommen. Das Instrument der Befragung kann sowohl in der verstehenden als auch in einer szientifischen Methodik sinnvoll sein, sowie auch die quantitative Inhaltsanalyse Nähe zur verstehenden als auch zur szientifischen Methode, aber auch zur Ideologiekritik aufweisen kann.

Wie jedoch die Anwendung der Statistik bei diesen Techniken und Instrumenten deutlich macht, zeigt sie eine Affinität zur analytisch-objektivistischen Methodik, denn Technik bedeutet immer schon eine Distanzierung und damit Objektivierung des Gegenstandsbereiches.

Was schließlich die Darstellungsweisen betrifft, so handelt es sich hier um eine spezifische Ausprägung von Methoden im engeren, technischen Sinne des Begriffs, nämlich um die Art und Weise, wie einfache und komplexe, gedankliche Strukturen zum Gegenstandsbereich medial mitgeteilt werden. Das gebräuchliche und selbstverständliche Medium ist die Sprache, aber darüberhinaus gibt es noch andere Medien, über die man Inhalte — vielleicht besser und präziser — intersubjektiv vermitteln kann. So wird z.B. bei der Methode der Rekonstruktion von Entscheidungsbäumen neben deren umfassender Darstellung und Erläuterung auch auf das hier spezifisch Interessierende der Verwendung des Mediums der Graphik („Bäume") abgehoben.

Auf methodenähnliche Verfahren, wie das in der englischsprachigen Wissenschaft als „approach" bezeichnete, kann hier nicht eingegangen werden, da dadurch der Sammelband ins Uferlose ausgedehnt werden würde. Verwiesen sei daher nur darauf, daß es sich hier im wesentlichen darum handelt, an welchem „Punkt" die Forschung ansetzen, beginnen soll. Der Ansatzpunkt wird dabei oft theoretisch begründet. Ansatzpunkt dieser Art kann sein, daß die Forschung auf eine bestimmte Fragestellung bezogen wird, so beispielsweise die Frage nach den Bedingungen der Realisierung von Frieden im internationalen System. („Friedensforschung"). Daß jedoch der Beantwortung dieser Frage letztlich jede Forschung (und Methode) — direkt oder indirekt — dienen sollte, ist wohl im Atomzeitalter selbstverständlich.

J. Bellers/W. Woyke

2. Was ist eine Methode?

Der Ausdruck ,,Methode" wird ebenso selbstverständlich wie unreflektiert gebraucht. Daraus ergibt sich ein diffuses Bedeutungsfeld, das im folgenden zunächst durch die Explikation des Methodenbegriffs strukturiert werden soll. (Unter einem Begriff verstehen wir die Bedeutung eines Ausdrucks bzw. umgangssprachlich den Sinn eines Wortes.)

Der Ausdruck ,,Methode" findet zum einen auf sehr unterschiedlichen Ebenen begrifflicher Abstraktion Verwendung. So ist es z.B. verbreitete Praxis, ,,Methode" gleichbedeutend mit Wörtern wie Technik oder Instrument zu benutzen. (Dies ließe sich auch im vorliegenden Band nur um den Preis von Verständnisproblemen vermeiden, die durch die Benutzung ungewohnter Vokabeln entstünden.) Zum anderen müssen die Begriffe ,,Theorie" und ,,Methode" gegeneinander abgegrenzt werden.

In seiner allgemeinsten Bedeutung steht der Ausdruck ,,Methode" für ein ,,nach Mittel und Zweck planmäßiges (= methodisches) Verfahren, das zu technischer Fertigkeit bei der Lösung theoretischer und praktischer Aufgaben führt (technische Methoden, Arbeitsmethoden, Werbemethoden, Erziehungsmethoden, Methoden der Wissenschaft)" (*Mittelstraß* 1984: 876). Schon diese allgemeine Definition läßt den Unterschied des wissenschaftlichen Begriffs von ,,Methode" zur wissenschaftlichen Theorie erkennen; Theorie ebenfalls allgemein verstanden als ,,ein Gefüge von Aussagen, die untereinander in angebbarer Beziehung stehen" (*Narr* 1972: 27). Theorie steht am Ende des ,,Wegs wissenschaftlichen Vorgehens" (= Methode; *Historisches Wörterbuch der Philosophie* 1980: 1309). Theorie steht aber auch an dessen Anfang. Als Bezugsrahmen von Untersuchungen leitet sie die Wahl einer Methode und den Einsatz von Techniken, begründet also ,,Art und Weise des wissenschaftlichen Vorgehens" (= Methode; ebenda).

Ferner muß auf die Unterscheidung zwischen Methode, Methodik und Methodologie gedrungen werden, die insbesondere beim Gebrauch der zugehörigen Adjektive zu oft verwischt wird — in etwa vergleichbar mit der Konfusion bei der Verwendung der Ausdrücke „technisch“ und „technologisch“.

Unter „Methodologie“ versteht man im allgemeinen die Theorie der wissenschaftlichen Methoden. Die begriffliche Präzision läßt sich noch erhöhen, indem man gewissermaßen auf mittlerer Abstraktionsebene den Ausdruck „*Methodik*“ gebraucht. Dessen Begriff soll für den jeweiligen Regelkanon bestimmter Methoden stehen.

Die Theorie der wissenschaftlichen Methoden läßt sich unterteilen in eine allgemeine und in eine spezielle Methodologie. Den Gegenstandsbereich der allgemeinen Methodologie bilden diejenigen Methoden, auf die alle Wissenschaften gleichermaßen angewiesen sind, wie z.B. das Definieren oder das deduktive Schließen (vgl. *Speck* 1980: 431). Die spezielle Methodologie begründet Klassifikationsschemata, die die Vielzahl von Methoden einordnen, vornehmlich entsprechend ihrer Verwendung in den verschiedenen Arten von Wissenschaften (z.B. empirisch/nichtempirische). Die wissenschaftssystematische Bedeutung der speziellen Methodologie von Methoden, die häufig mit Gegensatzpaaren operiert: analytisch vs. synthetisch, deduktiv vs. induktiv, axiomatisch vs. konstruktiv, erklärend vs. verstehend bzw. quantitativ vs. qualitativ u.a.m. Der Erkenntniswert solcherart Klassifikationen ist prinzipiell begrenzt. Die Übernahme methodologischer Dichotomien in einzelne Wissenschaften kann sogar zu falschen Frontbildungen führen. So bilden Erklären und Verstehen, die als charakteristische Methoden für die Natur- bzw. die Geisteswissenschaften ausgearbeitet wurden, in den Sozialwissenschaften keinen sinnvollen Gegensatz. Sie ergänzen einander vielmehr (vgl. *Konegen/Sondergeld* 1985).

Die Einsicht in den begrenzten Nutzen jeder Klassifikation rechtfertigt auch die vergleichsweise ungewöhnlich anmutende Gliederung des vorliegenden Bandes. Sie klassifiziert die Methoden zur Analyse der internationalen Politik in einer dieser und nur dieser Disziplin angemessenen Weise. Ob eine Methode in bezug auf den Gegenstand einer Untersuchung als adäquat gelten kann, ist im übrigen ein methodisches Gütekriterium. Weitere Gütekriterien, und zwar empirisch-analytischer Herkunft, werden in den Konzepten von Validität (Gültigkeit = wird auch das gemessen, was man —

ausgehend vom Bedeutungsinhalt eines Begriffes — messen will?) und Reliabilität (Verläßlichkeit = führt die wiederholte Anwendung einer Methode unter gleichen Bedingungen zu gleichen Ergebnissen?) formuliert.

Das, was Wissenschaft gegenüber anderen Lebensbereichen auszeichnet, ist, daß die in ihr verwendeten Methoden des Erkenntnisgewinns offengelegt und begründet werden (sollen). Dadurch soll die intersubjektive Nachvollziehbarkeit und Überprüfbarkeit ihrer Ergebnisse ermöglicht werden. Allenfalls durch den Diskurs der Forscher über wissenschaftliche Erkenntnisse und ihr Zustandekommen wird subjektiv gemeinter Sinn (zu nichts anderem führen selbst methodisch ausgefeilteste Untersuchungen, da sie an ihren theoretischen Bezugsrahmen gebunden sind) zu „objektiver Faktizität" (*Kriz* 1981: 142).

Grundvoraussetzung für Intersubjektivität ist, daß die Vieldeutigkeit der gebrauchten Begriffe eingegrenzt wird, und zwar durch das Verfahren der Definition. Methodologisches Allgemeingut ist heute eine der analytischen Wissenschaftslehre entstammende Unterteilung in Real-, Nominal- und operationale Definition. Die Realdefinition versucht, über die Bestimmung des Wesens (der „Wahrheit") einer Erscheinung vollständig und unabänderlich das Objekt eines sprachlichen Ausdrucks zu erfassen (→ Methodologischer Essentialismus). Die Nominaldefinition dagegen grenzt die Bedeutung eines Ausdrucks ein und bestimmt damit — ohne Anspruch auf Wahrheit — einen Begriff. Dies geschieht durch die Gleichsetzung eines durch Zeichen zum Ausdruck gebrachten Begriffs, des Definiendums, mit einer Folge von zeichenhaft ausgedrückten Begriffen, dem Definiens, das den gemeinten Vorstellungsinhalt des Definiendums bezeichnet. Die Nominaldefinition legt nur fest, mit welchem Wort wir einen Gegenstand präzise bezeichnen wollen, der die gemeinten, für einen Forschungsprozeß relevanten Eigenschaften hat (sprachliche Form: „Ich verstehe unter .... das und das."). Das Problem der Realdefinition ist ihre prinzipielle Unmöglichkeit , das der Nominaldefinition ihre prinzipielle Begrenztheit. Ursache beider Probleme ist der infinite definitorische Regreß. Diese unendliche Verpflichtung zur Definition rührt daher, daß eigentlich jeder zu einer Definition verwandte Begriff seinerseits definiert werden müßte. Der Vorzug der Nominaldefinition im Vergleich zur Realdefinition liegt in ihrem grundsätzlichen Verzicht auf den Wahrheitsanspruch.

Die Nominaldefinition soll zweckmäßig sein in bezug auf einen jeweils gegebenen Forschungs- und Darstellungskontext. Ihr Sinn liegt mithin allein in ihrer Verständigungsfunktion. Durch die Beschäftigung mit der operationalen Definition geraten wir vollends auf das Grenzgebiet zur naturwissenschaftlichen Methodologie, die Vorbild der emprisch-analytischen Richtung in den Sozialwissenschaften ist. Zugleich steigen wir damit auf die Ebene der (Erhebungs-)Techniken und der (Forschungs-)Instrumente hinab.

In der Physik werden die Variablen (Eigenschaftsausprägungen, hinsichtlich derer die physikalischen Objekte verglichen werden) operational definiert (vgl. *Kriz* 1981: 121). ,,Die physikalischen Begriffe unterscheiden sich von denen des Alltags und denen mancher anderer Wissenschaften dadurch, daß hier nur solche Begriffe Eingang finden, die als meßbare Größe erfaßt werden können. ... Die Definition einer physikalischen Größe besteht wesentlich in der Angabe eines Meßverfahrens (= Operation; d. Verf.)" (*Höfling* 1968: 19).

Methodische Probleme etwa der modernen Elementarteilchenphysik und u.a. davon inspirierte methodologische Überlegungen lassen diese Auffassung selbst für die Naturwissenschaften als ein in weiten Bereichen unerreichbares Ideal erscheinen. In den Sozialwissenschaften ist es aufgrund zweier Probleme von vornherein angebracht, statt von operationaler Definition von Operationalisierung zu sprechen: 1. Die in den Sozialwissenschaften interessierenden Variablen können — bis auf wenige Ausnahmen — nicht unmittelbar beobachtet bzw. direkt gemessen werden. ,,Latente" Variablen, komplexe theoretische Begriffe (z.B. ,,Sozialstatus") müssen in ,,manifeste" Variablen, Indikatoren (z.B. Einkommen, Bildungsgrad, Besitztümer etc.) zerlegt werden, wobei immer ein nicht operationalisierbarer Bedeutungsrest verbleibt. Zwischen dem, was man sozialwissenschaftlich an Realität begreifen, d.h. auf einen Begriff bringen will, und dem, was man an sozialer Wirklichkeit messen, d.h. auf Zahlen abbilden kann, besteht also keine direkte Beziehung. 2. Die Sprache und die in ihren Ausdrücken transportierten sozialen und damit werthaltigen Bedeutungen lassen sich weder ausschalten noch vollends ,,reinigen". Denn die Sprache ist gleichermaßen Werkzeug der Erkenntnis und der Kommunikation in den Sozialwissenschaften wie in deren Gegenstandsbereich, der sozialen Wirklichkeit. Selbst ,,harte", eindeutig quantifizierbare Indikatoren wie Einkommenshöhe oder Alter sind ummäntelt mit sozialen Bedeutungszuweisungen, die es in der methodischen Anlage einer Untersuchung zu reflektieren gilt. Außerdem muß festgehalten werden, daß sozialwissenschaftliche Untersuchungen oftmals über ein deskriptives Niveau nicht hinausgelangen (können). Das soll heißen, sie beschreiben, ohne zu messen — weshalb sie dennoch nicht als unempirisch eingestuft werden müßten (vgl. *Konegen/Sondergeld* 1985).

Abschließend soll der Methodenbegriff gegenüber „Technik" und „Instrument" abgegrenzt werden. Abweichend vom häufig anzutreffenden Sprachgebrauch wollen wir der Eindeutigkeit halber „spezielle Methoden" wie die Inhaltsanalyse oder die Befragung als (Erhebungs-) „Techniken" bezeichnen. Unter einem (Forschungs-) „Instrument" wollen wir das für die Zwecke einer jeweiligen Untersuchung entwickelte Werkzeug, z.B. einen Fragebogen oder ein inhaltsanalytisches Kategorienschema, verstehen. Der Begriff des Verfahrens wird hier als umfassender Oberbegriff für Methoden, Techniken und Instrumente verwandt; „Forschungsstrategie" und „Methode" werden als äquivalent begriffen.

Literatur

Mittelstraß, J. (Hrsg.), 1984, Enzyklopädie Philosophie und Wissenschaftstheorie, Bd. 2, Mannheim, Wien, Zürich;

Narr, W.-D., 1972, Logik der Politikwissenschaft — Eine propädeutische Skizze, in: Kress, G./Senghaas, D. (Hrsg.), Politikwissenschaft. Eine Einführung in ihre Probleme, Frankfurt/M.;

Historisches Wörterbuch der Philosophie, 1980, herausgegeben von Joachim Ritter und Karlfried Gründer, Bd. 5, Darmstadt ;

Speck, J. (Hrsg.), 198O, Handbuch wissenschaftstheoretischer Begriffe, Bd. 2, Göttingen;

Konegen, N./Sondergeld, K., 1985, Wissenschaftstheorie für Sozialwissenschaftler, Opladen;

Kriz, J., 1981, Methodenkritik empririscher Sozialforschung, Stuttgart;

Höfling, O., 1971, Lehrbuch der Physik, Bonn;

N. Konegen / K. Sondergeld

3. Methodologische Grundpositionen der Lehre von den Internationalen Beziehungen. Eine retrospektive Skizze

Trotz ihrer im Vergleich zu anderen wissenschaftlichen Disziplinen relativ kurzen, erst zu Beginn der 20er Jahre unseres Jahrhunderts einsetzenden Geschichte (Näheres *Meyers* 1981: 15ff) ist die Entwicklung der Lehre von den Internationalen Beziehungen bis heute durch drei grundsätzliche Kontroversen geformt worden: durch die in den 30er und 40er Jahren geführte Debatte zwischen Idealisten und Realisten (Grundpositionen bei *Carr* 1974), durch die die 50er und 60er Jahre in ihren Bann schlagende Auseinandersetzung zwischen Traditionalisten und Scientisten (Grundpositionen bei *Knorr/Rosenau* 1969) und schließlich durch die anfangs der 70er Jahre anhebende, noch nicht beendete Diskussion zwischen ,,Globalisten" und ,,Staatszentrikern" (Grundpositionen bei *Maghroori/Ramberg* 1982). Während die erste und die dritte dieser Kontroversen im wesentlichen inhaltlich geprägt sind, steht bei der zweiten die Entscheidung über unterschiedliche methodische Zugriffe auf den Gegenstand ,,Internationale Beziehungen" im Vordergrund. Genauer: im Kontext der ursprünglichen Idealismus-Realismus-Debatte ebenso wie im Kontext der Auseinandersetzung zwischen ,,Globalisten" (die, orientiert am Leitbegriff der Interdependenz, auf die Erforschung und theoretische Durchdringung der Phänomene Transnationaler Politik zielen) und ,,Staatszentrikern" (die einen gleichsam revitalisierten, methodisch bewußteren Realismus vertreten) geht es primär um die Festlegung und Differenzierung eines ,,wissenschaftlichen Weltbildes". Eines (Vor-)Verständnisses, das eine je spezifische Sicht des internationalen Systems, seiner (Haupt-)Akteure und der zwischen diesen bestehenden Struktur- und Funktionsbeziehungen ebenso determiniert wie es die Formulierung forschungspragmatischer Fragestellungen, die Bestimmung der von der Disziplin zu lösenden Probleme und die Wahl der hierzu dienlichen Mittel anleitet. Demgegenüber hat *Vasquez* (1983) in einer empirisch wohlfundierten Studie jüngst nachgewiesen, daß die von den Scientisten vertretenen inhaltlichen Grundpositionen, ihr Vorstellungsbild von internationaler Politik, mit denen des Realismus weitgehend deckungsgleich sind: die verhaltensorientierte, quantitativ verfahrende Forschung habe ihre zugegeben präziseren sozialwissenschaftlichen Methoden im wesentlichen dazu benutzt, „... to reformulate and test propositions present in the traditionalist literature ..." (*Vasquez* 1976: 207).

Insofern wird eine methodengeschichtliche Skizze anknüpfen müssen an eine — wenn auch knappe — Kontrastierung der idealistischen und der realistischen Grundprämissen: bedingen doch die beiden Positionen eignenden unterschiedlichen Erkenntnisinteressen, Fragestellungen und Gegenstandssichten auch einen je andersartigen methodischen Zugang zu ihrem Erkenntnisobjekt. So begreift der Realist zunächst den souveränen Territorial- (*Herz* 1974: 63ff), dann den Nationalstaat (*Morgenthau* 1963: 69ff) als (analytische) Grundeinheit der internationalen Politik, weist ihm als Grundziel seines Handelns die Sicherung der eigenen Existenz und Unabhängigkeit zu, betrachtet Selbsthilfe, (militärische) Macht und Bündnisse als einzig verläßliche Mittel zur Verwirklichung dieses Grundzieles und entwickelt ein Vorstellungsbild internationaler Politik, das diese in einem fragmentierten Milieu (*Hoffmann* 1970: 28) ansiedelt, in dem das Fehlen einer den Akteuren übergeordneten Macht diesen die Freiheit läßt, ihre Ziele mit Gewalt zu verfolgen. Gekennzeichnet von einem Überwiegen konflikthaften über kooperatives Verhalten, von der ständigen Gefahr des Umschlagens der Konflikte in tatsächliche Gewaltanwendung, läßt sich Weltpolitik am ehesten noch als ein im Ausgang ungewisses permanentes Wettbewerbsverhältnis ihrer Akteure fassen, als ein Nullsummenspiel, in dem der Machtzuwachs einer Partei nur auf Kosten eines entsprechenden Machtverlustes anderer erfolgen kann. Im Gegensatz setzt der Idealist an die Stelle des analytischen Bezugsmodells eines offenen, multipolaren, zentraler Sanktionsmöglichkeiten entbehrenden Staatensystems die Vorstellung der Völkergemeinschaft als einer — gemeinhin als „Weltgesellschaft" bezeichneten — kosmopolitischen Gesellschaft, die entsteht aus Kooperation und Zusammenschluß vernunftgemäß handelnder, die Verwirklichung ehtischer Normen verfolgender Individuen. Die Neuordnung der internationalen Beziehungen durch ein Gewebe internationaler Organisationen, die unter Rekurs auf die Prinzipien der kollektiven Sicherheit, der friedlichen Streitbeilegung und des „peaceful change" internationale Konfliktquellen eliminieren, soll Friede und Harmonie durch die Ausschaltung konventioneller Machtpolitik herstellen. Im Verein mit rationaler Aufklärung über das Postulat einer alle gesellschaftlichen Ebenen durchziehenden Interessenharmonie mag die Erziehung der Menschen zur Ausrichtung ihres politischen Handelns an dieser Interessenharmonie den Weltfrieden zusätzlich sichern (Ableitung und Belege bei *Meyers* 1984: 191ff). Im Vertrauen auf die Mehrung ökonomisch knapper Güter durch wissenschaftlich-technischen Fortschritt und eine arbeitsteilige, freihändlerisch organisierte Weltwirtschaft geraten die internationalen Beziehungen zu einem Nicht-Nullsummenspiel, in dessen Rahmen der einzelne, indem er seine vernunftbegründeten Interessen verfolgt, zugleich unbewußt die Interessen seiner staatlich verfaßten Gemeinschaft befördert, in dessen Rahmen aber auch die Nationen „... in serving themselves serve humanity ..." (*Carr* 1974: 45).

Angesichts einer solcherart umschriebenen Sicht des Gegenstandes wundert es wenig, daß in der idealistischen Orientierungsphase der Disziplin ein Überwiegen völkerrechtlicher Untersuchungsansätze und Methoden zu verzeichnen ist, die allenfalls ergänzt werden durch herkömmliche, teils eher deskriptiv-institutionenkundliche, teils eher politikwissenschaftlich-institutionsanalytische Fragestellungen. Eine moralisierende, internationalistisch-völkergemeinschaftlich orientierte Perspektive, die auf die Überwindung der internationalen Anarchie zielt und sich am Ideal eines „commonwealth of nations" orientiert, mag freilich unterstellen, daß die für die Entwicklung der internationalen Beziehungen relevante Dimension die der (rechtlichen und ethischen) Normen sei, daß die Erforschung und Fortentwicklung des Friedensvölkerrechts, des Rechts der internationalen Organisationen und der internationalen Schiedsgerichtsbarkeit ihre Aufmerksamkeit in weit höherem Maße beanspruchen dürfe als die Untersuchung des faktischen Akteursverhaltens. Das mochte man allenfalls im Hinblick darauf beurteilen, inwieweit es mit den vorgegebenen Normen korrelierte bzw. von ihnen abwich und welche reformerischen (Zucht-) Mittel im letzteren Fall anzuwenden waren, um den normdevianten Akteur wieder auf den

Pfad einer vernünftigen, durch Einsicht erkennbaren Tugend zurückzugeleiten. Sie mußte aber in dem Moment scheitern, in dem solche Akteure (Japan, NS-Deutschland, Italien) an ihrer Devianz beharrlich festhielten und — nicht zuletzt, weil sie in den 30er Jahren damit Erfolg hatten — die Meinung jener bestärkten, die von einem Verständnis der internationalen Politik als Machtpolitik nicht lassen wollten (näheres *Meyers* 1981: 45ff). Insofern suchte der aufkommende Realismus unter Einsatz historischer, interessen- und konstellationsanalytischer, synoptischer und topischer Verfahren und Methoden Formen, Bedingungen und Triebkräfte des internationalen Verhaltens nationaler Akteure zu erfassen. Zugleich ging es ihm darum, deren Ziele, Interessen, politische Machtpositionen ebenso zu ermitteln wie deren Fähigkeit, im Rahmen bestimmter (und bestimmbarer) geographischer, ethnischer, ökonomischer, sozialer, politischer und ideologischer Bedingungen die Instrumente ihrer nationalen Macht zur Sicherung ihrer autonomen Eigenexistenz in einem fragmentierten internationalen Milieu einzusetzen. Diese Fragen sind ein Resultat jener perspektivischen Verschiebung, die knapp umschrieben werden mag mit den Hinweisen auf Abwendung von der Lösung internationaler Probleme und der Reform internationaler Institutionen, auf das Bemühen um Verständnis von Prozessen und Ermittlung von Ursachen internationalen Verhaltens, auf das Denken „... in terms of configurations of events rather than grand single causes ..." (*Dunn* 1949: 82), schließlich auf die systematische Suche nach dem Vergleichbaren, Typischen innerhalb der Vielfalt nationalstaatlich fundierter, individueller Erscheinungen und Bewegungsabläufe der internationalen Politik.

Untersucht man Struktur, Argumentationsduktus und Entwicklung der von manchen unter dem Prädikat einer „Neuen Großen Debatte" (*Kaplan* 1969) etwas voreilig in die Nachfolge der Idealismus-Realismus-Kontroverse erhobenen Auseinandersetzung zwischen Traditionalisten und Scientisten, wird man mit einiger Verblüffung feststellen, daß die Disputanten kaum die inhaltlichen, und schon gar nicht die methodischen Differenzen zwischen Idealismus und Realismus zur Kenntnis nehmen. Vielmehr werden beide in die methodisch definierte Gruppe traditionalistischer Ansätze eingereiht, eine Gruppe, die — positiv betrachtet — sich um sorgsam und überlegt formulierte *Einsicht* in Tatbestände, Entwicklungen und Abläufe der internationalen Politik bemüht. Kontrastiert wird diese Gruppe mit dem Ansatz der Scientisten, die — in bewußter Frontstellung zu den klassischen Ansätzen historisch-soziologischer Politikwissenschaft — nach der Bildung expliziter Hypothesen, deren Überprüfung durch wiederholte Beobachtung und der Anwendung quantitativer und statistischer sozialwissenschaftlicher Untersuchungstechniken — kurz: nach der (empirisch überprüfbaren) *Evidenz* von Aussagen über internationale Phänomene streben (zum real- und ideengeschichtlichen Kontext Näheres bei *Meyers* 1979: 78ff).

Genauer: In idealtypischer Zuspitzung ließe sich die Position der Traditionalisten als eine methodische Orientierung begreifen, die von der Grundannahme ausgeht, daß historische und gesellschaftliche Tatbestände von solchen der Natur klar unterscheidbar seien. Wiewohl eingeräumt wird, daß auch in der Geschichte transepochale Kräfte wirken und wiederholbare Verhaltensmuster erkennbar sind, wird andererseits betont, daß dem Geschichtsprozeß ein beträchtliches, in der menschlichen Freiheit gründendes Element der Unregelmäßigkeit und Unbestimmtheit eignet. Aus diesem Grunde sei es ein Irrtum, annehmen zu wollen, daß der Mensch die Kräfte der Geschichte mittels der gleichen empirischen Methoden beherrschen könne, mit deren Hilfe er die Kräfte der Natur nicht nur zu verstehen, sondern auch zu manipulieren gelernt habe (*Platig* 1967: 60ff). Deshalb bemüht sich der Traditionalist, die Geschichte des politischen Denkens daraufhin zu überprüfen, welche transepochal gültigen Wahrheiten über politische Tatbestände, Handlungsabläufe und Zielvorstellungen von jenen Denkelementen getrennt werden können, die allein das Produkt einer einzigartigen historischen Konfiguration darstellen (*Morgenthau* 1958: 101). Und er versucht ferner, jene Wahrheiten für die Gegenwart nutzbar zu machen — nicht so sehr, indem er für tatsächliche Probleme anwendbare Lösungsvorschläge entwirft, als vielmehr vor allem durch die Ausweitung und Vertiefung der Einsicht in die grundsätzlichen Fragestellungen, aus denen reale Probleme entstehen.

Aus diesen Grundannahmen leitet der Traditionalist eine Anzahl methodischer Folgerungen ab: nämlich einmal die, daß wissenschaftliche Aussagen durch eine explizite Abhängigkeit von Werturteilen gekennzeichnet seien (*Bull* 1969: 20) und daß in diesem Zusammenhang dem Kriterium des Common Sense, d.h. dem auf der

Alltagserfahrung beruhenden gesunden Menschenverstand, bei der Erklärung und Lösung wissenschaftlicher Probleme eine besondere Rolle zukomme — nicht zuletzt, weil jene durch Common Sense abgedeckten Auffassungen und Annahmen in der Regel durch die je persönliche Lebenserfahrung des Wissenschaftlers bestätigt werden können. Zum anderen bedient sich der Traditionalist vorzüglich, wenn auch nicht ausschließlich, geisteswissenschaftlicher Methoden (*Schmitz* 1969: 327ff): d.h. er geht deskriptiv oder normativ, eher ideographisch als vergleichend, und im Bereich der Forschung über internationale Politik in enger Anlehnung an zeitgeschichtliche oder völkerrechtliche Fragestellungen vor. Eben darin spiegelt sich jener traditionalistische Glaubenssatz, der besagt, daß „... since the practice of politics is an art and not a science, understanding politics requires historically based wisdom rather than theoretically grounded explanations ..." (*Waltz* 1975: 1). Drittens schließlich ist die traditionalistische Arbeit praxisbezogen, sieht als ihre wesentliche Aufgabe die Beratung der Regierenden und die politische Bildung der Regierten an, und scheut sich nicht, auf der Grundlage ihrer Forschungsergebnisse zu wertenden Stellungnahmen und Empfehlungen zu gelangen.

Demgegenüber besteht das augenfällige Charakteristikum des Scientismus gerade in der Trennung von Tatsachenbehauptungen und Werturteilen, in dem Bemühen, explizite, d.h. durch Angabe der Gebrauchs- und Schlußregeln präzisierte Begriffssysteme als Voraussetzung für die Aufstellung von Hypothesen zu errichten, die rigorosen empirischen Überprüfungsverfahren unterworfen werden. Indem der Scientist auf die Bildung empirisch-analytischer Theorien über Phänomene der internationalen Beziehungen abstellt, ist er in einen geistesgeschichtlichen Traditionsbezug einzuordnen, als dessen Repräsentanten *John Locke* und der Empirismus, *Montesquieu*, *Comte*, und schließlich der Wiener Kreis um *Schlick*, *Neurath*, *Carnap* und andere genannt werden müssen. Kennzeichen dieses Traditionszusammenhangs ist die Abwendung von überzeitlich-metaphysischen Begründungsversuchen politischen Handelns und die Hinwendung zu einer rationalistischen, auf (physischer) Erfahrung gegründeten Vernunfterkenntnis, die die politische Wirklichkeit aus ihren tatsächlichen, beobachtbaren Erscheinungen heraus deutet. Analog zu den seit der frühen Neuzeit sich entwickelnden, empirisch-analytisch vorgehenden Naturwissenschaften wird der Gegenstand der Lehre von den Internationalen Beziehungen in der Tradition naturwissenschaftlicher Begriffsbildung festgelegt und mit analytischen, dann auch quantifizierenden Verfahren erfaßt.

Dabei wird ein Theorieverständnis entwickelt, das die gesellschaftliche Wirklichkeit ebenso als ein in sich eigengesetzliches Erkenntnisobjekt konstituiert wie die Naturwissenschaften die natürliche Wirklichkeit, und das, so wie jene die Natur, die Gesellschaft auf ihre Manipulierbarkeit hin untersucht. Ziel dieses Unternehmens ist die Bildung von generalisierenden Aussagezusammenhängen, mit deren Hilfe die gesellschaftliche Wirklichkeit rational erklärt werden soll. Freilich schließt auch dieser Anspruch in einem zweiten Schritt den Aufweis unterschiedlicher Handlungsalternativen wie deren unter je bestimmbaren (Rand-) Bedingungen eintretenden Folgen mit ein. Aufgabe der Wissenschaft wird es somit, erfahrbare Erscheinungsweisen des Politischen systematisch zu ordnen und auf diesem Wege zwischen den einzelnen politischen Phänomenen Zusammenhänge aufzuweisen. Zentrales Kriterium ist die Forderung nach der Überprüfbarkeit aller aufgestellten theoretischen Propositionen an der Erfahrung — durch Verifikation oder Falsifikation: Widerspruch der Fakten gegen die theoretische Proposition. Die empirische Theorie soll durch formal widerspruchsfreie Ableitungen Erklärungen und Voraussagen sozialer Sachverhalte ermöglichen, d.h. die Entwicklung von Gesetzesaussagen mit wenn-dann-Charakter erlauben.

Daneben zeichnet sich der Scientist durch ein weiteres Charakteristikum aus: indem er Politik als eine spezifischere Form des allgemeinen Verhaltens von Individuen in bestimmten Situationen begreift, zielt sein Erkenntniszugriff auf die „... in terms of the observed and observable behavior of man ..." (*Dahl* 1961: 76ff) definierten Erscheinungen der Politik. Im Gegensatz zur eher institutionenorientierten Perspektive des Traditionalisten ist sein Ziel die Entwicklung einer Wissenschaft des politischen Verhaltens, der politischen Prozesse, die sich nicht nur auf direkt oder indirekt beobachtbare politische Handlungen bezieht, sondern auch auf deren Perzeptions-, Motivations- und Attitüdenkomponenten, denen die politische Identifikation des Menschen ebenso zugeschrieben werden mag wie seine Wünsche und Erwartungen, sein politisches Anschauungssystem, seine politischen Werte und Zielvorstellungen. Das heißt — quer durch alle spezialisierten Zweige der scientistischen Schule „... geht das Bemühen, die Rolle der Bewußtseinsphänomene im sozialen Leben zu klären ..." (*Faupel* 1967: 179; zur Diskussion *Schmitz* 1969: 345ff), wobei sie deren Auswirkungen auf Funktion und Leistung politischer Institutionen besonderes Interesse entgegenbringt (*Eulau* 1968: 205ff).

Die einstmals vehement geführte Auseinandersetzung zwischen Traditionalisten und Scientisten — von renommierten Praktikern wie *David Singer* schon recht früh als Scheingefecht (1969: 64) bezeichnet — hat im Laufe der siebziger Jahre ein Gutteil ihrer Schärfe eingebüßt — nicht nur, weil sie sich für die Entwicklung der Disziplin insgesamt als wenig förderlich erwies, sondern auch, weil sich herausstellte, daß die beiden Seiten mehr Gemeinsamkeiten aufzuweisen hatten, als ihre Vertreter anfänglich eingestehen mochten (*Taylor* 1978: 13ff). Die Scientisten erkannten, daß die Hypothesen der Traditionalisten — wiewohl großenteils intuitiv aus dem Fundus des historischen Wissens abgeleitet — sich durchaus in einer Form ausdrücken ließen, die ihre empirische Überprüfung ermöglichte. Die Vorliebe der Scientisten für eindeutig formulierte Aussagen gewann allseitige Anerkennung, weil sie das logische Nachdenken über die internationalen Beziehungen beförderte. Der Einwand der Traditionalisten gegen die Verwendung quantifizierbaren Datenmaterials wurde nicht länger als ein grundsätzlicher angesehen, sondern nur noch in modifizierter Form erhoben: daß nämlich das ausschließliche Vertrauen auf die Beweiskraft quantifizierbarer Faktoren die Gefahr mit sich bringe, solche qualitativen Faktoren zu übersehen, die sich durch statistische Korrelationen nicht erfassen ließen. Und schließlich verschaffte sich die eingangs zitierte These Vasquez' Geltung, derzufolge sich auch die inhaltlichen Grundannahmen scientistischer Arbeiten, vor allem aber deren Vorstellungsbild internationaler Politik als eines Nullsummenspiels, von denen der traditionalistischen Schule — präziser: vom Realismus — in nichts unterscheiden.

Literatur

Bull, H., 1969, International Theory. The Case for a Classical Approach, in: Knorr/Rosenau 1969, S. 20 - 38;

Carr, E.H., 1974, The Twenty Years' Crisis 1919-1939. An Introduction to the Study of International Relations, Nachdruck d. 2. Aufl. 1946 London;

Dahl, R.A., 1961, The Behavioral Approach in Political Science. Epitaph for a

Monument to a Successful Protest, in: American Political Science Review 55, S. 763 - 772;
Dunn, F.S., 1949, The Present Course of International Relations Research, in: World Politics 2, S. 80 - 95;
Eulau, H., 1968, Political Behavior, in: International Encyclopedia of the Social Sciences, Bd. 12, New York, S. 203 - 214;
Faupel, K., 1967, Die Internationale Politik im Rahmen der Sozialwissenschaften: Neuere Entwicklungen, in: Politische Vierteljahresschrift 8, S. 167 - 199;
Herz, J.H., 1974, Staatenwelt und Weltpolitik. Aufsätze zur internationalen Politik im Nuklearzeitalter, Hamburg;
Hoffmann, St., 1970, Gulliver's Troubles oder die Zukunft des internationalen Systems, Bielefeld;
Kaplan, M.A., 1969, The New Great Debate. Traditionalism vs. Science in International Relations, in: Knorr/Rosenau 1969, S. 39 - 61;
Knorr, K./Rosenau, J.N. (Hrsg.), 1969, Contending Approaches to International Politics, Princeton, N.J.;
Light, M./Groom, A.J.R. (Hrsg.), 1985, International Relations. A Handbook of Current Theory, London;
Maghroori, R./Ramberg, B. (Hrsg.), 1982, Globalism Versus Realism. International Relations' Third Debate, Boulder, Colorado;
Meyers, R., 1979, Weltpolitik in Grundbegriffen. Bd. I: Ein lehr- und ideengeschichtlicher Grundriß, Düsseldorf;
Meyers, R., 1981, Die Lehre von den Internationalen Beziehungen. Ein entwicklungsgeschichtlicher Überblick. Erw. Neuaufl. Königstein/Ts;
Meyers, R., 1984, Idealistische Schule, in: Andreas Boeckh (Hrsg.): Pipers Wörterbuch zur Politik. Bd. 5: Internationale Beziehungen, München, S. 191 - 195;
Morgenthau, H.J., 1958, Dilemmas of Politics, Chicago;
Morgenthau, H.J., 1963, Macht und Frieden. Grundlegung einer Theorie der internationalen Politik, Gütersloh;
Platig, E.R., 1967, International Relations Research. Problems of Evaluation and Advancement, Santa Barbara;
Schmitz, M., 1969, Politikwissenschaft zwischen Common-Sense und Scientismus, in: Zeitschrift für Politik 16, S. 325 - 364;
Singer, J.D., 1969, The Incompleat Theorist: Insight Without Evidence, in: Knorr/Rosenau 1969, S. 62 - 86;
Smith, S. (Hrsg.), 1985, International Relations. British and American Perspectives, Oxford;
Taylor, T. (Hrsg.), 1978, Approaches and Theory in International Relations, London;
Vasquez, J.A., 1976, Statistical Findings in International Politics. A Data-Based Assessment, in: International Studies Quarterly 20, S. 171 - 213;
Vasquez, J.A., 1983, The Power of Power Politics. A Critique, London;
Waltz, K.N., 1975, Theory of International Relations, in: Fred. I. Greenstein/Nelson W. Polsby (Hrsg.), Handbook of Political Science, Bd. 8: International Politics, Reading, Mass., S. 1 - 86.

R. Meyers

Methoden

1. Analytische Methoden

1.1 Korrelative Methoden

1.1.1 Der Vergleich (V)

Eine Darstellung und kritische Bewertung der Anwendungsmöglichkeiten der vergleichenden Methode in der Analyse der Internationalen Beziehungen erfordert zunächst eine kurze Betrachtung des gegenwärtigen Diskussionsstandes in der Teildisziplin „Vergleichende Regierungslehre/Comparative Politics". Die hier entwickelten, bzw. aus der system-funktionalistischen Schule der Politikwissenschaft (*D. Easton*) übernommenen methodischen und theoretischen Ansätze sind seit etwa Mitte der 60er Jahre vor allem in der amerikanischen politikwissenschaftlichen Diskussion auf ihre Fruchtbarkeit auch in der Disziplin der Internationalen Beziehungen hin überprüft worden (*Rosenau* 1971: 67ff). Neben dieser aus der modernen, systemtheoretisch orientierten „Comparative Politics" entwickelten Forschungsrichtung hat der historisch-soziologisch fundierte V. (*R. Aron/St. Hoffmann*), besonders wenn er auf der Grundlage eines strengen Methodenbewußtseins betrieben wird, seinen nicht nur traditionell berechtigten Platz in der Lehre der Internationalen Beziehungen.

Die vergleichende Methode wird in der historischen und in den Gesellschaftswissenschaften schon seit der Antike angewandt. Als Beispiele hierfür mögen *Aristoteles, Machiavelli, Montesquieu* oder *Bagehot* stehen. In der modernen Politikwissenschaft ist seit etwa Mitte der 50er Jahre aus der Kritik an der Vergleichenden Regierungslehre (Comparative Governement) eine in ihrem Methoden- und Selbstverständnis weiterentwickelte und gewandelte Disziplin (Comparative Politics) entstanden. In diesem — im deutschen Sprachgebrauch nur schwer nachzuvollziehenden — Bezeichnungswandel wird deutlich, daß sich diese Disziplin nicht nur mit dem Regierungs- und Institutionensystem befaßt, sondern das gesamte politische System einschließlich der strukturellen und prozessualen Elemente unter Einbeziehung der historischen, gesellschaftlich-soziologischen, ökonomischen und kulturellen Voraussetzungen und Bedingungen untersucht. Verbunden mit der Abkehr vom häufig einseitig historisch oder institutionell-legalistisch orientierten traditionellen Ansatz in der Vergleichenden Lehre war das weiter ausgreifende Erkenntnisziel, eine empirisch begründete, räumliche und zeitliche Grenzen übersteigende universelle Theorie des politischen Systems zu erarbeiten, der aufgrund festgestellter Regelmäßigkeiten, z.B. in den Stadien der Demokratieentwicklung, darüber hinaus eine — wenn auch begrenzte — Prognosefähigkeit zukommen soll.

Grundlage und Ausgangspunkt dieses Anspruches ist das dem strukturell-funktionalen Ansatz Eastons entlehnte Axiom, daß bestimmte (Input- und Output)Funktionen (z.B. Entscheidungsfindung) in jedem politischen System, wenn auch in einem unterschiedlichen strukturellen Differenzierungsgrad, erfüllt werden müssen. Die hiermit erreichte hohe Generalisierungsebene ermöglicht den V. auch höchst unterschiedlicher politischer Systeme (Ost und West, Entwicklungsländer) und deren Strukturen und Prozesse innerhalb eines relativ einheitlichen Analyserahmens. Diesem wissenschaftlichen Erfolg schreibt Rosenau einen erheblichen „Spill over"-Effekt in bezug auf andere politikwissenschaftliche Teildisziplinen wie der Lehre der Internationalen Beziehungen (*Rosenau* 1971: 74) zu. Auch wenn der V. als Methode in seinen verschiedenen Ausprägungen kein einheitliches Verfahren darstellt, so lassen sich doch gemeinsame Bedingungen und Strukturen ausmachen. So werden stets zwei oder mehrere Phänomene, die weder identisch noch verschieden sind, in bezug auf ein drittes (Vergleichs-) Element verglichen, wobei sich Übereinstimmungen, Annäherungen und Unterschiede ergeben. Hieraus ergibt sich die klassische Unterscheidung in eine Differenz- und Konkordanzmethode des V. (*J.S. Mill*). Immer wiederkehrende Gemeinsamkeiten, bzw. Differenzen lassen sich in einer generellen Aussage formulieren. *Von Beyme* gliedert seine Übersicht über die wichtigsten Vorgehensweisen der vergleichenden Methode in fünf Hauptgruppen (*von Beyme* 1984: 120 ff):

1. In der Suche nach kausalen Zusammenhängen werden einzelne Faktoren isoliert, in Beziehung gesetzt und als unabhängige (konstante) oder abhängige Variable klassifiziert.
2. Mit Hilfe von in der Regel multivariaten Korrelationsanalysen (→ Statistik), die im Falle von vergleichenden Länderstudien einen sehr hohen Mitteleinsatz erfordern, werden empirisch erhobene Datenaggregate auf ihre Zusammenhänge und Beziehungen hin mit dem Ziel ihrer Quantifizierung verglichen.
3. Um einerseits die reine Deskription von Verfassungs- und Institutionensystemen einzelner Länder zu überwinden und andererseits der Gefahr allzu schematischer und formaler Vergleiche einer zu großen Zahl zu unterschiedlicher Systeme zu entgehen, wurde in der Vergleichenden Regierungslehre/Comparative Politics der sog. ,,Area Studies Approach" entwickelt. Die Zusammenfassung räumlich-geographischer, historischer, ökonomischer und kultureller Einheiten soll eine möglichst integrierte, häufig interdisziplinäre Erforschung eines Raumes (Area) ermöglichen.
4. Der V. politischer Strukturen und Prozesse unter strukturell-funktionalen Gesichtspunkten ermöglicht die Konzeptualisierung von Klassifikationen, Typologien oder Rangordnungen. Diese taxonomische Arbeit ist zwar als Teil der Theorienbildung anzusehen, nicht jedoch mit ihr identisch. Für die vergleichende Analyse geht es vor allem darum, ein einheitliches und spezifisches Begriffsinstrumentarium zu entwickeln, das die Deskription und die Einordnung der zu untersuchenden Phänomene auf der Grundlage eines zunächst formalen und generell angelegten Rastersystems ermöglicht.
5. Der funktionalistisch orientierte Ansatz in der vergleichenden Methode führt über die Feststellung substantieller Ähnlichkeiten und Differenzen hinaus, indem er die Frage nach den funktionalen Erfordernissen und der je unterschiedlichen strukturellen Ausdifferenzierung politischer Systeme untersucht. Der funktionale V. wird in der Regel in Verbindung und Durchdringung mit den übrigen skizzierten Vorgehensweisen verwandt.

Die intensivere Berschäftigung der Disziplin der Internationalen Beziehungen mit den neu entwickelten methodischen und theoretischen Ansätzen in der Vergleichenden Regierungslehre erfolgte in den 70er Jahren mit erheblicher Verzögerung. Traditionell ist der Gegenstand der Analyse internationaler Beziehungen die konkrete, historisch und räumlich eingegrenzte Situation eines oder mehrerer Akteure (Staaten) im internationalen System. Diese Einzelfallanalysen, die die Lehre der Internationalen Beziehungen über Jahrzehnte dominierten, stellten die spezifische Entscheidungssituation einzelner nationaler Akteure in den Mittelpunkt; der Vergleich zweier oder mehrerer Einzelfallstudien blieb die Ausnahme, war methodisch eher unreflektiert und unsystematisch. Wie auch in anderen Teildisziplinen der Politikwissenschaft war der Vorbehalt gegenüber der vergleichenden Methode stark verbreitet, die überaus große Anzahl der zu berücksichtigenden Variablen, Bedingungen und Abhängigkeiten einer konkreten Handlungs- und Entscheidungssituation in der internationalen Politik verurteile einen auf die Identifizierung struktureller und funktioneller Gemeinsamkeiten orientierten vergleichenden Ansatz von vorneherein zum Scheitern.

Die Übernahme des strukturell-funktionalen Ansatzes, zunächst in der Vergleichenden Lehre, ermöglichte einen höheren Grad der Generalisierung im Vergleich funktionaler Äquivalente in unterschiedlichen politischen Systemen. Auch die politischen Entscheidungsstrukturen und Institutionen in der Außenpolitik und in den internationalen Beziehungen wurden somit der vergleichenden Analyse besser zugänglich.

Neben diesem ,,Spill-Over"-Effekt eines beeindruckenden Erfolges einer anderen Teildisziplin in ihrer methodischen Fundierung, Systematisierung und Generalisierung liegt ein weiterer Grund für die zunehmende Akzeptanz der vergleichenden Methode in den Internationalen Beziehungen in den quantitativen und qualitativen Veränderungen des internationalen Systems seit dem Zweiten Weltkrieg selbst. Allein die gestiegene Zahl der staatlichen Akteure und die Bedeutung neuer Regionen ließen die ausschließliche Konzentration auf eine einzelne internationale Konstellation und die Anhäufung von Einzelfallanalysen für die Analyse größerer Zusammenhänge und Strukturen des internationalen Systems zunehmend als perspektivlos und unfruchtbar erscheinen (*Rosenau* 1971: 75). Der Wunsch und die wissenschaftliche Forderung nach Strukturierung und Systematisierung erforderte geradezu die Hinwendung zur vergleichenden Analyse auf relativ hoher Generalisierungsebene. Nur durch die Identifizierung von Ähnlichkeiten und Unterschieden in außenpolitischen Entscheidungsprozessen, im außenpolitischen Handeln mehrerer nationaler Akteure ist in der Analyse über den Einzelfall hinaus ein höherer Generaliserungsgrad zu erreichen (*Rosenau* 1971: 77). Dieser Weg verspricht gleichzeitig vertiefte Erkenntnisse über strukturelle Bedingungen und funktionale Erfordernisse sowohl einzelner außenpolitischer Akteure als auch des Systems der internationalen Beziehungen insgesamt.

Während der V. im strukturell-funktionell orientierten Ansatz der modernen Vergleichenden Lehre sich im wesentlichen auf die politischen Systeme der Gegenwart bezieht, versuchen die Vertreter einer anderen, traditionellen, aber nach wie vor einflußreichen Richtung in der Lehre der Internationalen Beziehungen mit Hilfe des historischen V.s einer Theorie des internationalen Systems näher zu kommen. Die Hauptvertreter dieser historisch-soziologischen Richtung sind *Raymond Aron* und *Stanley Hoffmann.* Die ihr zugrundeliegende induktive Methode verzichtet bewußt auf frühzeitige, kurzschlüssige Verallgemeinerungen, obwohl auch hier — wie in der Vergleichenden Regierungslehre — generalisierende Aussagen über die Struktur des internationalen Systems als Teil der Theoriebildung ein wesentliches Forschungsinteresse darstellen.

Ausgangspunkt der historischen Soziologie *R. Arons* ist die Analyse verschiedener ,,diplomatischer Konstellationen", beziehungsweise konkreter ,,historischer Situationen" (*Hoffmann* 1960:174). Hierbei sollen die spezifischen Variablen der jeweiligen historischen Systeme der internationalen Beziehungen herausgearbeitet werden. Der zweite Schritt besteht dann im Vergleich dieser historischen, aus den konkreten Situationen abgeleiteten Systemen internationaler Politik untereinander. Als Vorstufe der Theoriebildung gelten die anhand des V.s von Gemeinsamkeiten, Unterschieden und Annäherungen in den unterschiedlichen Situationen gefundenen Typologien internationaler Systeme, der außenpolitischen Entscheidungsprozesse und Akteure und der von ihnen verfolgten spezifischen (Außen-)Politik. Auch der V. und die Typologie ausgewählter Einfluß- und Bedingungsfaktoren — wie die öffentliche Meinung oder die wirtschaftliche Situation — können in dieser historisch-qualifizierenden Sicht angemessen berücksichtigt werden. Zu einer abgeschlossenen Theorie der Internationalen Beziehungen gehört nach *Aron* und *Hoffmann* auch der nach gegenseitigen Wirkungen fragende V. zwischen den nationalen politischen Systemen untereinander sowie zwischen diesen und dem größeren System der Internationalen Beziehungen, dessen Teile sie sind. An dieser Stelle berühren sich beide mit der Methode des V.s in den Internationalen Beziehungen; die nationale-staatliche und die internationale Ebene werden jeweils als Systeme betrachtet, deren Strukturen und Funktionen miteinander auf hoher Generalisierungsebene vergleichbar sind.

Literatur

von Beyme, K., 1984, 5. überarbeitete Neuausgabe, Die politischen Theorien der Gegenwart, München;

Hoffmann, St. (Hrsg.), 1960, Contemporary Theory in International Relations, Englewood Cliffs, N. J.;

Rosenau, J. N., 1971, Comparative Foreign Policy: Fad, Fantasy or Field. In: ders., The Scientific Study of Foreign Policy, New York/London;

Wilkinson, D., 1969, Comparative Foreign Relations, Belmont, Cal.

N. Lepszy

1.1.2. Forschungsstrategie und Methodik nach dem Gitter-Modell

Das Verfahren nach dem Gitter-Modell von *E.-O. Czempiel* dient als Verfahrensraster zur Analyse internationaler Beziehungen. C.'s Ausgangspunkt ist die in den letzten Jahren etwas vernachlässigte aber grundlegende Frage, was überhaupt unter der internationalen Politik bzw. den internationalen Beziehungen zu verstehen sei. Dieses Problem löst der Autor durch eine Erweiterung des von *David Easton* entwickelten Politikbegriffs, derzufolge Politik verstanden wird als die herrschaftliche Zuweisung von Werten aller Art (z. B. Subventionen, Strafen) (= autoritative Wertallokation) durch das politische System mit gesellschaftsweiter Verbindlichkeit, insbesondere in den Sachbereichen (physische) Sicherheit und (wirtschaftliche) Wohlfahrt. C. fügt dem noch den Sachbereich Herrschaft hinzu und erweitert den *Easton*schen Ansatz in der Weise, daß er a) der durch Verfassung und Gesetz legitimierten Wertzuweisung des politischen Systems die faktische Allokationskompetenz der gesellschaftlichen Großgruppen hinzufügt und b) die Definition auf den Sachbereich der internationalen Politik erweitert, indem er davon ausgeht, daß sich die politischen Systeme (und gesellschaftlichen

Akteure) im internationalen Kontext genauso verhalten wie die großen gesellschaftlichen Akteure im nationalen, d. h., sie können ihre Entscheidungen zwar nicht rechtsverbindlich durchsetzen, aber doch mit einem hohen Grad von Verbindlichkeit. ,,Als internationale Politik haben demzufolge zu gelten die Summe der sich über Zeit durchhaltenden, aber veränderlichen Muster, die auf den Sachbereichen Sicherheit, Wirtschaft und Herrschaft die Handlungszusammenhänge bilden, die zwischen den politischen Systemen, zwischen den gesellschaftlichen Umfeldern, zwischen politischen Systemen und gesellschaftlichen Umfeldern und vice versa verlaufen, sowie diejenigen spezifisch auf diese Handlungszusammenhänge gerichteten Anforderungs-Umwandlungsbeziehungen zwischen politischen Systemen und ihren jeweiligen gesellschaftlichen Umfeldern" (1981a: 134).

Im Anschluß an seine Kritik gegenüber den bisher entwickelten Modellen internationaler Politik, wie z. B. dem Modell der Staatenwelt, dem der Weltgesellschaft, dem der Welt als Wachstumseinheit, dem Modell der Welt als Weltmarkt und als System, die C. als monokausal und zu wenig komplex ablehnt, empfiehlt er das Modell des dreidimensionalen, asymmetrischen und gebrochenen Gitters. In diesem Gitter stellen die Knotenpunkte die Akteure dar und die Verbindungsstäbe zwischen ihnen die Handlungszusammenhänge. ,,Das Gitter muß asymmetrisch sein, weil die Handlungszusammenhänge der Anzahl und der Intensität nach unterschiedlich ausgeprägt sind ... Das Gitter muß gebrochen insofern sein, als Handlungszusammenhänge nur teilweise miteinander verbunden sind. Sie haben ihre Grenzen, können sogar isoliert sein" (1981b:103). (siehe Graphik S. 36)

Die wichtigsten Akteure in diesem Modell sind laut C. die politischen Systeme, die wiederum mindestens in Regierung und Parlament und Bürokratie unterteilt werden müssen, sowie die transnationalen Unternehmen, die Parteien, Verbände und nicht-staatliche Organisationen und die Medien. Die wichtigsten Konfliktobjekte sind Macht und Gewinn.

Stark vereinfacht wäre (ein Ausschnitt) des Gitter-Modells etwa folgendermaßen vorstellbar(S. Abb. 1). Die Knotenpunkte stellen, wie bereits erwähnt, die Akteure dar und die Verbindungslinien die Interaktionen zwischen ihnen, wobei die unterschiedliche Dicke der Verbindungslinien die unterschiedliche Intensität der Interaktionen verdeutlicht.

Abbildung 1:

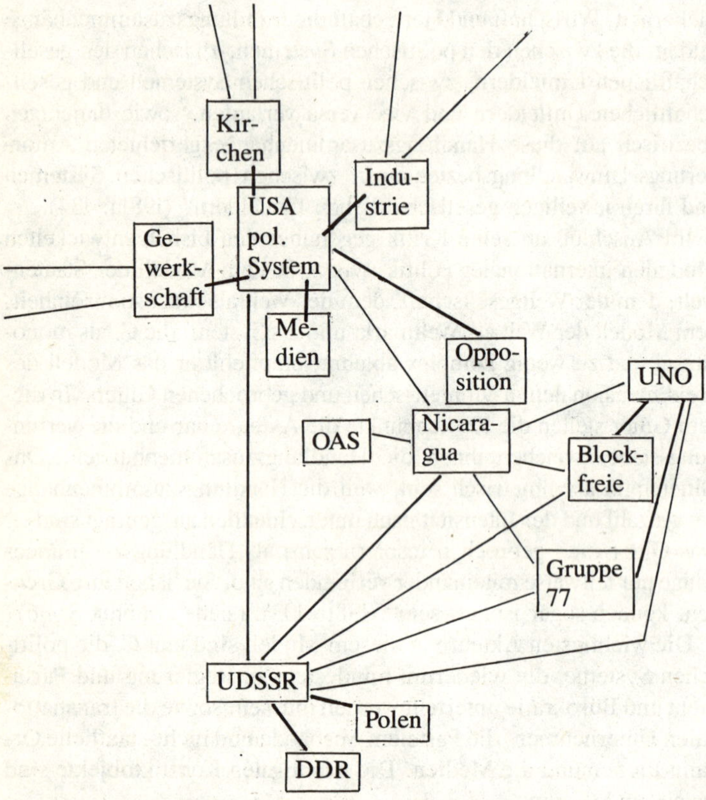
Kirchen
Industrie
USA pol. System
Gewerkschaft
Medien
Opposition
UNO
OAS
Nicaragua
Blockfreie
Gruppe 77
UDSSR
Polen
DDR

C.'s Gitter soll in erster Linie dazu dienen, sich den abstrakten Forschungsgegenstand ,,Internationale Beziehungen" vergegenständlichen zu können. Es dient der Konkretisierung. Gleichzeitig ist es jedoch nicht nur Modell der Internationalen Beziehungen, sondern auch Methode und Verfahren zur Erforschung derselben, indem Akteure und Interaktionen in das ,,Gitter" eingeordnet werden können. Welche Akteure und Interaktionen der Forscher untersucht, bleibt seiner eigenen Beurteilung über die wahrscheinliche Wichtigkeit einzelner Akteure und Interaktionen überlassen.

Allerdings sollte bei dieser Vorauswahl des spezifischen Forschungsgegenstandes das erkenntnisleitende Interesse im Frieden bestehen, der C. zufolge ,,ein Prozeßmuster des internationalen Systems ist, das gekennzeichnet ist durch abnehmende Gewalt und durch zunehmende Gerechtigkeit. Angewandt auf das Gitter-Modell der internationalen Politik bedeutet das, daß alle Handlungszusammenhänge daraufhin zu untersuchen sind, ob in ihnen und durch sie Gewalt vermindert und Gerechtigkeit vermehrt wird." (1981b: 33).

Doch auch unter dieser Einschränkung bleibt es dem Wissenschaftler überlassen, ob es zuallererst wichtig ist z. B. die europäische Integration, die amerikanische Lateinamerikapolitik oder die sowjetische Intervention in Afghanistan zu analysieren.

Als empirisches Material kann demzufolge alles dienen, was bisher in empirischen Studien über die internationalen Beziehungen herangezogen wurde: Akten, Verträge, Reden, Zeitungsausschnitte, sozioökonomische Aggregatdaten, militärische Kräftevergleiche und vieles andere mehr.

Desweiteren kann C.'s Verfahren eine Vielzahl unterschiedlicher Aggregationsniveaus der Analyse aufnehmen. ,,Der Wissenschaftler muß sich für ein Niveau entscheiden und dessen Auswahl begründen." (1981a: 139). Das Reduktionsniveau der Analyse muß festgelegt werden: ,,dem des politischen Systems, des Kabinetts, der Ministerien, einzelner Abteilungen oder Büros? Tritt die Legislative als Akteur auf oder nur einzelne Kammern, einzelne Ausschüsse? Ist die Gesamtpartei in Handlungszusammenhänge verwickelt oder nur einzelne Teile?" (1981b: 112)

Allerdings empfiehlt C. eine Senkung der bisher vorherrschenden Aggregationsniveaus. Mikroanalytische Untersuchungen sollten an die Stelle der weitgehend makroanalytischen Studien treten.

Zum Schluß soll C's Methode an einem konkreten Beispiel verdeutlich werden. Nehmen wir z. B. das Thema „Die Bundesrepublik und die Dritte Welt". Ein Wissenschaftler möchte feststellen, ob die Außenbeziehungen der BRD zu den Entwicklungsländern zu mehr Gerechtigkeit in der Welt beitragen oder bestehende Abhängigkeiten und Ungleichheiten verstärken. Dies ist sein erkenntnisleitendes Interesse. Anschließend muß er sich über die Frage im klaren werden, ob er alle Außenbeziehungen der BRD zu allen Staaten der Dritten Welt analysieren will oder nur einzelne Aspekte dieser Beziehungen zu einigen wenigen Staaten. Ersteres ist offensichtlich unrealistisch. Also entscheidet er sich dafür, als Akteure nur das politische System der BRD und die Industrieunternehmen, sowie das politische System Ghanas auszuwählen, das als ein ziemlich typisches Entwicklungsland bezeichnet werden kann. Aus der Vielzahl der sich anbietenden Interaktionen wählt er a) die deutschen Handelsbeziehungen zu Ghana, b) die deutschen Direktinvestitionen und c) die Entwicklungshilfe der BRD gegenüber diesem Staat aus. Als empirisches Material dienen Zeitungsartikel, Interviews in deutschen Unternehmen, Ministerien und der Botschaft in Ghana, sowie ghanaischen Politikern und Daten über die Handelsbeziehungen, sowie die deutschen Direktinvestitionen und die Entwicklungshilfe. Die Ergebnisse, zu denen der Wissenschaftler in diesem Fallbeispiel kommt, werden dann, um es plastisch auszudrücken, in die bereits bestehenden Teile des Gitter-Modells eingebaut und lassen bereits für die zukünftige Forschung Rückschlüsse auf die Beschaffenheit ähnlicher Gitterteile zu.

Literatur

Czempiel, E.-O., 1981a, Neue Kleider, aber kein Kaiser? Ein Diskussionsbeitrag zu den analytischen Problemen der internationalen Politik, in: Politische Vierteljahresschrift, 22. Jg., H. 2, S. 127 - 143;

Czempiel, E.-O., 1981b, Internationale Politik. Ein Konfliktmodell, Paderborn/München/Zürich.

H.-P. Schneider

1.1.3. Statistik und szientifisches Verfahren

Das szientifische Verfahren analysiert internationale Beziehungen, indem es auf naturwissenschaftliche Erkenntnismethoden zurückgreift. Der Grundgedanke ist relativ einfach.

In einem „Küchenexperiment" kann man folgende Beobachtung machen: Ein Frühstücksei ist hart, wenn der Sand der Eieruhr die Fünf-Minuten-Marke erreicht. Diese Beobachtung ist jedoch unzulänglich. Sie gilt als allgemeines Gesetz nur unter der Bedingung, daß dem Hühnerei Wärmeenergie zugeführt wird. Der Analogieschluß von der Sandmenge auf den Aggregatzustand des Eies erweist sich als falsch, käme das Energiegesetz nicht zur Anwendung.

Das szientifische Verfahren sucht in der internationalen Politik nach vergleichbaren erklärenden Gesetzen. Deskriptive und Inferenzstatistik bilden die Grundlage zur Analyse. Ziel ist es, internationale Entwicklungen und Ereignisse zu prognostitzieren (*Singer* 1973).

Vordergründig unterscheiden sich die bei der Analyse internationaler Politik gewonnenen „Naturgesetze" von denen der Naturwissenschaft darin, daß ihre allgemeine Gültigkeit in Wahrscheinlichkeitsprozenten ausgedrückt wird. Dabei geht man von der Vorstellung aus, daß es unmöglich ist, sämtliche Einflußgrößen auf zukünftige Ereignisse jemals zu kennen oder nachzuweisen. Jedes Theorem erklärt deshalb nur zu einem bestimmten Wahrscheinlichkeitsgrad ursächliche Beziehungen zwischen statistischen Datengruppen (z. B. wirtschaftlicher Entwicklung und außenpolitische Aggressivität). Mit Hilfe von historisch-statistischen Analysen, Experimenten und Analogieschlüssen von anderen Wissenschaftsdisziplinen auf die Analyse internationaler Politik zeichnet der wissenschaftliche Politikberater ein desto konturierteres Bild von der Wirklichkeit, je mehr Wahrscheinlichkeitsaussagen empirisch überprüft, bestätigt oder korrigiert werden und damit dem Politiker als zuverlässige Handlungsgrundlage dienen können.

Im Unterschied zu anderen wissenschaftstheoretischen Ansätzen in der internationalen Politik, welche Theoriebildung ob der komplexen Zusammenhänge für unmöglich halten oder von einer Theorie einzelne zu erwartende Entwicklungen ableiten (Deduktionsschluß), schließt der Szientifist vom einzelnen auf das Ganze (Induktionsschluß).

Dieses Vorgehen setzt

- eine umfassende Datenbasis,
- die sachgerechte Anwendung statistischer Analyseverfahren, welche die Beziehungen zwischen Datengruppen beschreiben und erklären sollen, und
- das Wissen um den Behelfs- und Vorläufigkeitscharakter von empirischen Ergebnissen und Analogien aus sozialpsychologischen, soziologischen und naturwissenschaftlichen Disziplinen zur Theoriebildung voraus.

In der Physik ist es relativ unproblematisch, Daten zu erheben. Ein Thermometer mißt die Temperatur in Celsius, eine Uhr die Zeit in Sekunden, eine Waage das Gewicht in Gramm. Zur Analyse internationaler Politik stehen allgemein anerkannte Meßgrößen nicht zur Verfügung. Zunächst muß daher eine Forschungsfrage — z.B.: Unter welchen Bedingungen sind Nationalstaaten aggressiv? — operationalisiert, d. h. meßbar werden. Dazu zergliedert der Forscher das Problem in Hypothesen (z.B.: Staaten sind aggressiv, wenn ...), aus denen er deutlich von einander abgegrenzte Variablen (z.B.: Staatsbesuch, Mobilmachung, Krieg) ableitet. Deren Ausprägungen werden in numerische Daten transformiert (z.B.: Zahl der Kriege).

Ein Beispiel: Es sollen Indikatoren für Kriege gewonnen werden. Nach einer traditionellen historischen Analyse oder einer Befragung von Experten erscheinen die Variablen „Mitgliedschaft in internationalen gouvernementalen Organisationen (IGO)“, „innenpolitische Konflikte“, „Militärausgaben“ und „wirtschaftliche Stabilität“ als dominante Einflußgrößen auf Kriegsausbrüche. Aus statistischen Jahrbüchern, Haushaltsplänen, Zeitungen und/oder Geheimdienstinformationen werden dazu die quantitativen Daten für einen zeitlich und geographisch festgelegten Raum erhoben. Eine solche Erhebung setzt jedoch drei Bedingungen voraus.

1. Die statistischen Daten müssen zugänglich und verläßlich sein. Es nützt wenig, die Höhe der Militärausgaben eines Staates dem Haushaltsplan zu entnehmen, wenn offensichtlich die Angaben aufgrund politischer Opportunitäten frisiert sind. Die Analyse dieser Daten würde zu gefährlichen Interpretationen führen.
2. Die Daten müssen valide (gültig) sein. Kann z. B. die Höhe des Bruttosozialprodukts oder der Arbeitslosen ein Maß wirtschaftlicher Stabilität sein?

3. Außerdem ist zu klären, welches Skalenniveau die Daten haben; insbesondere, wenn bestimmte Erkenntnisse nur mit Analyseverfahren gewonnen werden können, welche ein bestimmtes Skalenniveau voraussetzen.

Man unterscheidet im wesentlichen drei Skalenniveaus. Die Nominalskala differenziert Merkmale ohne Gewichtung. Man ordnet den Merkmalen zur Unterscheidung Werte zu, ohne daß diese etwas über die Beziehung der Merkmale aussagen. Erhält z. B. in einer Analyse des Mittelamerikakonflikts der Staat Nicaragua den Wert eins und die USA den Wert zwei, heißt das nicht, zwei sei mehr oder gar doppelt so viel wie eins oder eins wäre — wie bei Schulnoten — besser als zwei. Beide Werte bezeichnen lediglich jeweils einen Staat. Korrelationsanalysen sind auf diesem Niveau nicht möglich.

Ordinalskalierte Daten unterscheiden dagegen die Variablenausprägungen qualitativ. In einer Analyse der bundesdeutschen Entwicklungspolitik von 1960 - 80 wird z. B. die Variable ‚politische Nähe eines Dritte-Welt-Staates' in Werten zwischen +1 und +5 differenziert. Staaten mit dem Wert +1 stehen dem Westen näher, als Staaten mit dem Wert +5 (vgl. *Beine/Bellers* u. a. 1984: 24). Die Angaben sagen jedoch nichts über den Abstand zwischen den Werten aus. Auf ordinalem Niveau lassen sich Spearman'sche und Kendal'sche Rangkorrelationen berechnen.

Daten, die diesen Abstand beschreiben, haben metrisches Skalenniveau. Die Höhe des Bruttosozialprodukts in US-$ oder die Anzahl der Mitgliedschaften in internationalen gouvernementalen Organisationen sind auf diesem Niveau skaliert. Ein Staat, der 30 Organisationen angehört, arbeitet in 20 solcher Zusammenschlüsse mehr oder dreimal so oft mit, als ein Staat, der lediglich in zehn IGOen Mitglied ist. Der Pearson's Produkt-Moment-Korrelationskoeffizient kann mit metrisch skalierten Daten berechnet werden. (→ mathematische Darstellungsweise)

Die unter diesen Voraussetzungen erhobenen Daten erlauben eine Beschreibung des Faktischen. Sie sagen jedoch nichts über ihren inneren Zusammenhang.

Für die Sozial- und Wirtschaftswissenschaften sind zur Beschreibung solcher Zusammenhänge eine Vielzahl von Analyseverfahren entwickelt worden, die zur Analyse internationaler Politik ebenso angewendet werden können (*Schuchard-Fischer* u.a. 1982). Zwei

Verfahren, die Korrelations- und die Regressionsanalyse, sollen hier exemplarisch vorgestellt werden:

Die Korrelationsanalyse mißt den Zusammenhang zwischen zwei Variablen, der in einem Koeffizienten (r), welcher Werte zwischen -1 und +1 annehmen kann, ausgedrückt wird. Je-desto-Beziehungen beschreibt er nicht.

In der bereits genannten Untersuchung zur Entwicklungspolitik der Bundesrepublik Deutschland werden acht wirtschaftliche, demographische und politische Variablen von Dritte-Welt-Staaten (z. B. BSP) pro Jahr erhoben und mit der Höhe der Entwicklungshilfe in DM der Bundesregierung korreliert. Es sollen Erkenntnisse über den Zusammenhang zwischen der Entwicklungspolitik und dem wirtschaftlichen oder politischen Interesse der Bundesrepublik sowie der wirtschaftlichen und politischen Stabilität der Dritte-Welt-Staaten gewonnen werden.

Zwischen 1960 und 1980 korreliert keine Variable mit der Höhe der Entwicklungshilfe; weshalb man von einer komplexeren Vergabestruktur ausgehen muß. Diese Vielschichtigkeit wird in der Analyse mittels zeitlicher und regionaler Differenzierung offenbar.

1. Z. B. ergeben Korrelationsanalysen für jedes einzelne Jahr, daß lediglich zwischen dem Pro-Kopf-Einkommen von Dritte-Welt-Staaten und der Entwicklungshilfe in den Jahren 1960 - 62 und 64 ein signifikanter Zusammenhang besteht; der Armutsindikator also gegenüber den Variablen ,,Export" , ,,Import der Bundesrepublik mit der Dritten-Welt" , bzw. ,,Rohstoffvorkommen in der Dritten-Welt?" u.a. deutlich dominiert.
2. Die regionale Beschränkung z.B. auf den Mittleren Osten verdeutlicht hingegen, daß zwischen 1960 und 1980 alle Variablen mit Ausnahme des Pro-Kopf-Einkommens und der Anzahl von Regierungswechseln im Entwicklungsland hohe Korrelationen mit der Entwicklungshilfe aufweisen. Den höchsten Koeffizienten von +0.82 nimmt die Korrelation Bevölkerung mit Entwicklungshilfe an; d.h.: Bevölkerungsreiche Staaten erhalten in der Regel mehr Entwicklungshilfe als bevölkerungsarme Staaten.

Die Regressionsanalyse unterstellt eine Wirkungsrichtung. Der Zusammenhang zwischen den unabhängigen Variablen und der abhängigen Variable läßt sich als Je-desto-Beziehung beschreiben. Sie stellt sich graphisch als eine Gerade im Koordinatensystem und numerisch im Regressionskoeffizienten dar, dessen Erklärungsanteil in % das Bestimmtheitsmaß (r square) angibt.

Eine Analyse über Ursachen militärischer Konfrontationen wendet dieses Verfahren zur Bestimmung von Erklärungsanteilen an, mit welchen die Indikatoren „Machtstatus" und „Machtmobilität" von Staaten im internationalen System (unabhängige Variable) verantwortlich sind (vgl. *Eberwein/Reuß* 1983: 163ff). Es liegen metrisch skalierte Daten für die Variablen aus den Jahren 1900 - 76 vor, wobei ein Gewichtungsfaktor für die erst später gebildeten Staaten die dadurch bedingte Überbewertung ausgleicht. Aus früheren Untersuchungen ist bekannt, daß der Machtstatus (Groß-, Mittelmacht, Kleinstaat) positiv mit der Häufigkeit der Verwicklung in militärische Konflikte und Kriege korrelliert. U.a. ergibt die Regressionsanalyse folgende Ergebnisse:

		Mittlere Konflikthäufigkeit pro 5-Jahresperiode für	
		angreifende	beteiligte
		Nationen	
r-square(Status)	ungewichtet	0.35	0.61
	gewichtet	0.64	0.75
r-square(Mobil)	ungewichtet	0.02	0.03
	gewichtet	0.09	0.09

Abbildung 1. Ergebnisauszug der Regressionsanalyse: Erklärungsanteile für die mittlere Konflikthäufigkeit der unabhängigen Variablen Machtstatus und Machtmobilität.

(Quelle: Eberwein, Reuß 1983: 163ff)

Die Werte besagen u. a.:

— Langfristig, also durch Gewichtung bereinigt, erklärt der Machtstatus eines Staates zu 64 % die mittlere Konflikthäufigkeit initiierender Staaten; zu 75 % deren Beteiligung.
— Dagegen wirkt die Machtmobilität, welche in einem Index für Machtstatuswechsel in zwölf Perioden erfaßt wird, langfristig jeweils nur in 9 % der Fälle auf die mittlere Konflikthäufigkeit von Staaten.

Darüber hinaus erklärt Mobilität weniger als ein Prozent der durch den Status nicht erklärten Restschwankungen (Residuen), so daß die ohnehin geringen Anteile des Mobilitätsindikators als bereits in den Anteilen des Machtstatus enthaltenen Effekte zu interpretieren sind. Anders ausgedrückt: Die Machtmobilität ist keine unabhängige Variable. Langfristig bedeutet das: Je mehr der Machtstatus mittelfristig z. B. durch Rüstungsexporte verschoben wird, desto eher neigen diese Staaten zu gewaltsamen Konfliktlösungsversuchen.

Wie oben bereits angedeutet, fügen sich im szientifischen Verfahren Einzelbefunde mosaikartig zu einer Theorie zusammen, wobei die Wirklichkeit jedoch nicht zu 100 % erfaßt werden kann. Sie behält den Charakter des Vorläufigen und Wahrscheinlichen und wird ständig durch neue empirische Ergebnisse erweitert, präzisiert oder modifiziert. Sie dient also gleichzeitig der Formulierung neuer Hypothesen. Die Annahme von Kausalität stellt dabei ein Hilfsinstrument dar, aus welchem neue Forschungsfragen, Hypothesen und Variablen abgeleitet werden. Als solche können analoge Theorien und Modelle aus anderen Wissenschaftsdisziplinen zur Hypothesenbildung beitragen. In der oben angeführten Machtstatusanalyse wird das internationale System analog zum Machtstatusmodell der Gruppendynamik interpretiert, mit welchem das Verhalten von Individuen in Gruppen oder bei der Gruppenbildung beschrieben wird. Ebensogut hätten Gleichgewichtstheorien oder kybernetische Modelle die Hypothesenbildung beeinflussen können. Die Schlußfolgerung, hoher Machtstatus bewirke naturnotwendig Gewalt, überforderte deshalb die Aussagekraft dieses Verfahrens. Das Ergebnis bezeichnet lediglich einen historisch nachweisbaren systematischen Zusammenhang.

Das szientifische Verfahren macht sich die Entwicklung der Mikroelektronik (Computer, EDV) der Analyse internationaler Beziehungen zunutze. Politische Entscheidungen sollen rationaler vorbereitet werden können, indem Annahmen, die nicht empirisch begründbar sind, nicht als Entscheidungsgrundlage zugelassen werden. Je verläßlicher die Wahrscheinlichkeitsaussagen sind, desto geringer ist die Wahrscheinlichkeit, daß auf deren Grundlage Fehlentscheidungen getroffen werden. Der Wahrscheinlichkeitscharakter der empirischen Befunde wirft aber die Frage nach dem Nutzen des großen und kostspieligen Forschungsaufwandes auf. Dies ist zugleich die Frage nach der präzisen und seriösen Anwendung statistischer Analyseverfahren.

Angesichts der Vorläufigkeit der Aussagen darf deren Signifikanz nicht zur Überinterpretation verleiten. Insbesondere jene unerklärten Restwahrscheinlichkeiten müssen, trotz ihrer statistischen Geringfügigkeit, stets im Auge behalten werden.

Literatur

Beine, Hg./*Bellers, J.* u.a., 1980, Externe Bestimmungsfaktoren der Entwicklungspolitik der Bundesrepublik Deutschland 1960 - 1980, Münster

Eberwein, W.-D. (Hrsg.), 1983, Politische Stabilität und Konflikt. Neue Ergebnisse der makroquantitativen Politikforschung, PVS-Sonderheft 14/83;

Eberwein, W.D./Reuß, F., 1983, Zur Gewalt verdammt? Militärische Konfrontation, Machtstatus und Mobilität, in: PVS-Sonderheft 14/83, S. 163ff

Gabriel, O.W. (Hrsg.), 1978, Grundkurs Politische Theorie, Köln;

Schuchard-Fischer, Ch. (Hrsg.), 1978, 2. Aufl., 1982, Multivariate Analyseverfahren, Berlin - Heidelberg - New York;

Singer, J., 1974, Die szientifische Methode. Ein Ansatz zur Analyse internationaler Politik, Teil 1 in: PVS 4/73, S. 471ff, Teil 2 in: PVS 1/74 S. 3ff

E. Unland

1.1.4 Isomorphie-Verfahren (IV)

Mit dem Verfahren der Isomorphie (wörtlich: Gleichgestaltigkeit) können Ansätze, Theoreme oder Theorien von einer Wissenschaftsdisziplin, in der sie ursprünglich entwickelt wurden, auf eine (oder mehrere) andere übertragen werden (hier die Politikwissenschaft bzw. die Internationale Politik), um in dem neuen Bereich heuristisch neue Forschungsperspektiven aufzuzeigen, aber auch u.U. darüber hinaus neue Erklärungen und Gesetzesaussagen abgeben zu können. Voraussetzung ist dabei die plausible Vermutung für eine Strukturähnlichkeit oder Äquivalenz zwischen den Wissenschaftsdisziplinen, bzw. sogar zwischen Natur- und Sozialwissenschaften insgesamt. Der Anwendungsbereich dieser Methode ist prinzipiell unbegrenzt. Sie kann auf und zwischen alle Wissenschaften bezogen werden, sowie überhaupt, wie schon *Leibniz* aufzeigte, eine grundsätzliche Isomorphie zwischen den Dingen sowie den Worten über diese Dinge besteht.

Der in der Mathematik vor allem verwandte Begriff der Isomorphie bezeichnet eine grundlegende Relation zwischen mathematischen Gebilden (M, M'), die als eine strukturierte Menge von Objekten definiert werden. Isomorph sind sie dann, wenn jedem Element von M eindeutig ein Element von M' zugeordnet werden kann. Dem jeweiligen Element sowohl aus M als auch aus M' müssen zusätzlich die gleichen Prädikate zukommen. Beide Mengen sind isomorph: M entspricht M' als Abbildung von M im Hinblick auf die Relation ,,größer als" (= Prädikat).

Das bekannteste IV in der Politikwissenschaft überhaupt ist die Systemtheorie und daran anknüpfend die Übertragung der in der Informationstheorie entwickelten Kybernetik auf politische Prozesse aller Art. Grundannahmen sind hier, daß alle Natur- und sozialen Phänomene in Systemen geordnet sind, zwischen deren Elementen (Subsystemen) regelmäßige und typische Beziehungen bestehen. Zwischen diesen Subsystemen und den Systemen selbst werden Informationen aller Art (von Nachrichten bis zum Warenverkehr) ausgetauscht, die von einem System ausgehen (Output), von einem anderen aufgenommen und verarbeitet (Input) sowie evtl. zum Ursprungssystem wieder zurückkehren (Rückkopplung, feed back). *K.W. Deutsch* hat in eindrucksvoller Weise diese Begrifflichkeit für die Politikwissenschaft fruchtbar gemacht.

Ein schon älterer, aber bis heute fortwirkender Isomorphismus in der Disziplin der Internationalen Politik entstammt dem Zeitalter der (materialistisch-mechanischen) Aufklärung des 18. Jh., als zum erstenmal soziale Prozesse analog naturwissenschaftlichen betrachtet wurden. Das in den Naturwissenschaften entdeckte Gleichgewichtsprinzip (z. B. zwischen den Gestirnen) wurde auf die Staatenwelt übertragen, deren Stabilität vom Gleichgewicht der Kräfte abhängig sei, so wie heute das Ost-West-Gleichgewicht als eine Bedingung des Friedens angesehen wird.

Gerade dieses Beispiel macht jedoch — bei aller heuristischen und explikativen Fruchtbarkeit dieser Methode — deren Grenzen und Gefahren deutlich: Staaten sind nicht einfach Gestirnen gleichzusetzen, die mechanistisch aufeinander bezogen sind, sie sind vielmehr soziale Gebilde, die auch aus sich selbst heraus durch interne Prozesse agieren und reagieren. Ein Isomorphismus, der nur Teilmengen zu erfassen vermag unter Vernachlässigung wesentlicher anderer, verkommt zur Metapher.

In ähnlicher Art und Weise verwenden *Senghaas* und *Deutsch* Modelle aus der Individual-Psychologie zur Erklärung von Prozessen in der Internationalen Politik. Die Grundkategorien der Freud'schen Psychoanalyse (Trieb: Es; Ich: Bewußtsein; Überich: Realität, Gesellschaft), die möglichen Konflikte zwischen diesen Instanzen (Ich versus Überich; Konflikte im Ich; Es versus Ich usw.) sowie die individuellen Abwehr-Mechanismen des Ich gegen Anforderung von Gesellschaft und Realität überhaupt (Verdrängung, Projektionen, Feindbild-Aufbau, Autismus) werden zur Analyse von außenpolitischen Entscheidungsprozessen in Nationalstaaten herangezogen, um so das oft irrationale Verhalten von Nationalstaaten rationalen Klärungen näherzuführen. Hier wird die Isomorphie-„Transplantation" dadurch erleichtert, daß die Entscheidungsträger auch Individuen sind; nichts desto trotz stellen sie einen anderen Gegenstandsbereich als den Freuds dar, da es sich um Funktionsträger in komplexen Organisationen handelt und die individuellen Erscheinungen Ausfluß kollektiver Prozesse sind. So vermuten *Deutsch/Senghaas,* daß die Überlastung eines politischen Systems (= Ich) durch eine hochkomplexe außenpolitische Umwelt z.B. zu außenpolitischen Feindbildern (= Projektionen) oder gar zur völligen sozialpsychologisch-kollektiven Abkapselung eines politischen Systems gegenüber einem anderen (= Autismus) und daraus folgender Introversion und Aggression gegenüber diesem anderen führen kann, um so die belastende Überkomplexität zu reduzieren. (Feindbild „der böse Russe", bzw. der „Amerikaner", mit dem alle Geschehnisse der internationalen Politik angeblich erklärt werden.) *Senghaas* erklärte die Rüstungsdynamik der USA z. T. mit dem Autismus-Begriff, da — wie er empirisch festgestellt zu haben glaubt — die Aufrüstung der USA nicht mehr in Reaktion auf analoge Aufrüstungen in der UdSSR erfolge, sondern weitgehend aufgrund rein innergesellschaftlich determinierter Interessen, Wunschvorstellungen und Realitätswahrnehmungen von Akteuren der Vereinigten Staaten von Amerika.

Literatur

Carnap, R., 1954, Einführung in die symbolische Logik, Wien;

Deutsch, K. W., 1969, Politische Kybernetik: Modelle und Perspektiven, Freiburg i. Br.

Deutsch, K. W.,/Senghaas, D., 1971, Die brüchige Vernunft von Staaten, in: D. Senghaas (Hrsg.), Kritische Friedensforschung, Frankfurt/M., S. 105 - 163

J. Bellers

1.1.5 Input-Output-Analyse

Bei der Input-Output-Analyse handelt es sich um eine aus den Wirtschaftswissenschaften stammende kreislauftheoretische Methode: für jeden Sektor einer Wirtschaft (z. B. Export/Import, Energiewirtschaft, Landwirtschaft) werden Produktion (Output) und Verbrauch (Input) für eine bestimmte Region und einen bestimmten Zeitraum bestimmt, wobei der Output eines Sektors gleichzeitig auch Input eines (anderen) Sektors ist. Ein Zweck der Input-Output-Analyse ist, festzustellen, welche Outputmengen eines oder mehrerer Sektoren erforderlich sind, um eine Nachfragedeckung an Gütern des Endbedarfs (z. B. Autos) zu gewährleisten.

Basis jedes Input-Output Modells ist eine zweidimensionale Matrix (siehe Graphik), in der die Werte der jeweiligen Sektoren eingetragen werden. Die Zeilen (Sektoroutput) enthalten die Erlöse des jeweiligen Sektors, die Spalten (Sektorinput) die Kosten. Für jedes Produkt müssen Vorleistungen (z. B. Rohstoffe, Investitionen von Maschinen) erbracht werden, sie bilden die Inputkoeffizientenmatrix (hier nicht wiedergegeben). Der Rest der Zeile ist die Endnachfrage (Produktion), die Summe von beiden ist der sektorale Bruttoproduktionswert. Umfang und Aufbau einer Matrix richten sich nach dem Erkenntnisinteresse und nach dem verwendeten Modell.

Der folgende Ausschnitt einer hier nur exemplarisch herausgegriffenen Matrix stammt aus *Evans/Hoffenberg* und gibt in Millionen US Dollar die Werte für die USA wieder. Von der Endnachfrage wurden nur die privaten Haushalte gewählt, die vollständige Matrix hat 50 Zeilen und Spalten und ist in diesem Rahmen nicht in ihrem ganzen Umfang darstellbar. Alle Zahlen sind gerundet, Punkte bedeuten einen Wert unter einer Million Dollar.

	L	E	T	Txt	H	C	D	Endnachfrage Haushalte
Landwirtschaft	11	15	1	2	192	1	-	10
Ernährungsindustrie	2	5	15	60	.	685	.	22
Tabak	-	-	828	-	-	1	-	1
Textilindustrie	64	2	-	4	285	13	25	1
Holzindustrie	148	81	18	2	1	45	1	67
Chemie	830	1	85	800	26	3	97	1
Druck + Verlag	-	39	-	2	-	-	16	2

Grundsätzlich unterscheidet man zwischen statistischen und dynamischen Modellen. Der Unterschied zwischen beiden liegt darin, daß zur Realisation von dynamischen Modellen nicht nur Daten eines einzigen Zeitraums benötigt werden, sondern von mehreren Zeiträumen. Statistische Modelle sind rein deskriptiv, während sich dynamische Modelle für den Nachweis von Kausalitäten eignen, da zwischen mehreren verschiedenen Zeiträumen verglichen werden kann.

Für beide Modelle gibt es die gleichen Untertypen: offen, geschlossen und linear programmierte Modelle. Offenes und geschlossenes Modell unterscheiden sich dadurch, daß beim geschlossenen Modell in der Volkswirtschaft Gleichgewicht herrschen muß. Modelle der linearen Programmierung dienen zur Maximierung einer Zielfunktion. Diese muß vorher definiert werden, z. B. bei einem Betrieb die Auslastung der Kapazität mit dem größten Gewinn oder für eine Volkswirtschaft die maximale Zahl der Arbeitskräfte.

Alle Untertypen lassen sich in regionale und interregionale Modelle unterteilen. Regionale Modelle beziehen sich nur auf eine definierte Region, die dann in Sektoren aufgeteilt wird, bei interregionalen Modellen gibt es mehrere Regionen (z. B. Staaten), deren Interdependenzen untersucht werden können.

Auswertungen können unter zwei Aspekten erfolgen: ex post und ex ante. Bei der ex-post-Auswertung wird das Modell für einen bereits abgeschlossenen Zeitraum durchgerechnet und mit den bereits vorhandenen Daten verglichen. Es ist also ein Gütetest des Modells möglich. Ist das Modell genügend gut, kann auch eine Prognose für einen kommenden Zeitraum erstellt werden (ex-ante-Auswertung). (→ Prognosetechniken)

Welches Modell man letztendlich wählt, hängt vom Erkenntnisinteresse ab. Realisiert werden können die Modelle allerdings nur mit Computerhilfe. Der Datenbedarf gerade bei dynamischen Modellen ist sehr hoch. Datenquellen in der Bundesrepublik sind die statistischen Ämter und die Organisationen der Arbeitgeber (Institut der deutschen Wirtschaft etc.).

Input-Output-Analysen sind nicht einfach, weil sie von sehr vielen Annahmen ausgehen, die wegen der besseren Handhabbarkeit als gegeben vorausgesetzt werden. Ein Problem ist die Einteilung in Sektoren. Es gibt Produkte, deren Teile in mehreren Sektoren hergestellt werden (z. B. Autos: Sektoren Metallverarbeitung, Handel, Textil (für die Sitze)). Weiterhin werden konstante Preise für den jeweiligen Zeitraum innerhalb eines Sektors angenommen. Weil einige Daten nicht immer vorliegen, werden sie aus dem Modell genommen (endogenisiert) und durch entsprechende Koeffizienten ersetzt. Um mit Mengen (und nicht mit Preisen) arbeiten zu können, werden die Preise konstant gehalten und normiert, so daß Preise und Mengen gleichgesetzt werden können. Über die Produkte wird angenommen, daß sie in einem Prozeß innerhalb eines Sektors produziert werden können (was leicht zu widerlegen ist, Beispiel Auto) und daß alle Produkte eines Sektors homogen sind.

Eine Anwendung im System der Internationalen Beziehungen ist die von *Chantraine, Pecci-Boriani* und *Persennaire* (*Stäglin* 1982: S. 27 - 58). Sie führten einen Strukturvergleich der EG-Staaten Frankreich, Italien und Bundesrepublik Deutschland 1975 auf dem Energiesektor durch. Unterschiedlich ist der Umfang der verbrauchten Primärenergie und der Aufwand an Energie pro Einheit der Produktion. Die Bundesrepublik verbraucht am wenigsten, Italien am meisten Energie je Produktionseinheit.

Damit wird auch versucht, den Grad der Integration innerhalb der EG auf bestimmte Faktoren (u.a. Importabhängigkeit) zurückzuführen. Die Importabhängigkeit der Bundesrepublik ist z.B. im Gegensatz zu allen anderen EG-Staaten 1970 und 1975 mehr vom privaten Konsum als vom ,,fixed capital" abhängig. Die vier großen EG-Staaten (F, I, GB, D) sind dabei 1970 nicht so stark vom Import abhängig wie die restlichen EG-Staaten, d.h. der Grad der Integration ist geringer.

Literatur

Evans/Hoffenberg 1952, The Interindustry Relations Study for 1947, in: The Review of Economics and Statistics, May 1952, S. 142;

Leontief, W. 1951, The Structure of American Economy 1919 - 1939, New York;

Stäglin, R., (Hrsg.) 1982, Internationale Use of Input-Output Analysis. Proceedings of an International Conference on Input-Output, Dortmund, May 1982, Göttingen

H. Klein

1.2 Indikatorische Methoden

1.2.1 Indikatoren zur Messung nationalstaatlicher Macht

Seit der Entwicklung des Staates bzw. Nationalstaates zum wichtigsten Akteur in den internationalen Beziehungen sind in politischer Theorie und Praxis immer wieder Versuche unternommen worden, die Macht des Nationalstaates nach bestimmten Verfahren einzuschätzen oder gar zu berechnen. Während die Einschätzung politischer Stärke schon immer zum Handwerk von Politikern gehörte, sind Versuche zur Messung nationalstaatlicher Macht relativ neuen Datums. Die Versuche nationalstaatliche Macht einzuschätzen, beginnen mit der Identifikation ihrer Grundlagen. *Machiavelli* stellte sich die Frage, ob es besser wäre für einen Staat, Gold oder Waffen zu besitzen. Es wundert nicht sehr, daß er sich für Waffen entschied, denn — so seine Überlegung — mit Waffen könne man Gold von denen holen, die keine Waffen besäßen. Andererseits brauche man Menschen und Geld, um ein brauchbares Heer aufstellen zu können. Denn ,,die wichtigsten Grundlagen, die alle Staaten haben müssen, ... sind gute Gesetze und ein gutes Heer. Da es aber keine guten Gesetze geben kann, wo ein gutes Heer fehlt ... will ich nur vom Heerwesen sprechen" (*Machiavelli* (1532): 1955, XII. Kap., 49).

Militärische Stärke und wirtschaftliche Kraft werden bis auf unsere Tage als die wichtigsten Grundlagen nationaler Macht angesehen. Die Macht Österreichs, so philosophiert *Friedrich der Große* in seinem Testament von 1752, beruhe darauf, ,,sein Heer zu reorganisieren, seine Finanzen zu ordnen ..., ferner sich durch Bündnisse zu stärken." (*Friedrich der Große* (1752): 1974, 57). *Clausewitz* sieht ebenfalls in der militärischen Stärke definiert als Produkt aus der ,,Größe der vorhandenen Mittel" (Streitkräfte, Land, Bevölkerung) und Bundesgenossen einerseits und der ,,Stärke der Willenskraft" andererseits das Mittel ,,zur Durchsetzung eines Willens" (*Clausewitz* (1832): 1963, 14/16). An dieser Einschätzung hat sich bis auf unsere Zeit nichts wesentlich geändert. Die Verfügung über ökonomische und militärische Ressourcen sind nach wie vor die entscheidenden Indikatoren für nationalstaatliche Macht (vgl. Tab. 1).

Nationalstaatliche Macht ist jedoch nicht nur eine absolute Besitzgröße, sagt *Hobbes*, sondern besitzt einen Vergleichswert.

,,Wenn alle Menschen sie (ein bestimmtes Gut wie Ruhm, Ehre oder — so kann man analog hinzufügen — Macht, d.Vf.) haben, so hat keiner sie, da ihr Wesen in der Vergleichung und dem Vorzuge vor anderen liegt" (*Hobbes* (1642): 1959, 78). Erst relative Macht ist Macht. Zu absolutem Besitz und relativer Größe hat Macht eine dritte Ausstattung: sie ist eine Relationsgröße, d.h. Macht kann nur in sozialen Beziehungen ausgeübt werden. ,,Power are relations, not agents" sagt *Locke*. Nicht nur die Einschätzung nationaler Macht hängt von anderen Staaten ab, sondern auch ihre Durchsetzung.

In der Folge sind zahlreiche Versuche unternommen worden, nationalstaatliche Macht sowohl als Besitz- als auch als Relationsgröße zu berechnen. Dabei treten Probleme auf, die ganz allgemein Probleme der empirischen Sozialforschung sind. In drei Schritten können diese dargestellt werden.

In einem ersten Schritt geht es um die theoretische Konstruktion eines nationalstaatlichen Machtkonzeptes, das in seinen Grundlagen zunächst den allgemeinen Machtbegriff aufgreift wie er im Anschluß an die englischen liberalen Klassiker (*Hobbes, Locke*) von *Max Weber, Robert Dahl, James March* u.a. diskutiert worden ist. *Dahl* hat fünf Dimensionen des Machtbegriffs hervorgehoben.

1 — Worauf beruht Macht (Machtgrundlagen)?
2 — Mit welchen Mitteln werden Machtressourcen mobilisiert, politisch eingesetzt (Machtmittel)?
3 — Ein wieviel an Macht muß eingesetzt werden, um die Wahrscheinlichkeit zu erhöhen, einen anderen zu einer gewünschten Handlung zu bringen (Machtfülle)? Es geht also um die Frage der Dosierung im Einsatz bestimmter Mittel in bestimmten Bereichen.
4 — In welchem Bereich politischer Aktionen kann einem anderen gegenüber ein bestimmtes Interesse durchgesetzt oder erzwungen werden (Machtbereich)? Wo handelt jemand auf Geheiß eines anderen?
5 — Wie groß ist die Menge von Individuen, über die ein bestimmter Machtträger Macht hat (Machtwirkung)? Im Bereich der internationalen Beziehungen sind damit auch regionale Einwirkungen angesprochen. Je nach Ausstattung und Einsatz können Wirkungen auf regional begrenztem Gebiet erzeugt werden (sog. Subimperien) oder der Staat, der die relativ

größte Machtausstattung hat, vermag globale Herrschaft auszuüben (wie z.B. United Kingdom im 19., die USA im 20. Jh.).

Welche dieser Merkmale des Begriffs Macht soll man als Definitionsgrundlage für einen quantitativen Begriff verwenden? Im allgemeinen werden die Machtgrundlagen und die Mittel ihres Einsatzes als entscheidende Merkmale des Machtbegriffs hervorgehoben, wohl auch deshalb, weil entsprechende Indikatioren leichter meßbar sind. Mit der Wahl dieser Aspekte des Machtbegriffs ist jedoch noch nichts über die Macht als Relationsgröße ausgesagt, sondern nur einiges über den Besitz- oder Potentialaspekt. *Dahl* wählt daher die drei letztgenannten Aspekte als Definitionsgrundlage und entscheidet sich für die Machtfülle als den den Machtbegriff am ehesten erfassenden Gesichtspunkt. Die „Machtfülle (= Macht) von A über a in Hinsicht auf die Handlung x bei Anwendung der Mittel w ist gleich der Wahrscheinlichkeit, mit der a die Handlung x tut, wenn A die Mittel w anwendet, minus der Wahrscheinlichkeit, mit der a die Handlung x ausführt, wenn A die Mittel nicht anwendet“ (*Dahl* 1957: 344). Mit dieser Konzeption als Differenz zwischen zwei Handlungswahrscheinlichkeiten hat *Dahl* die Wirkung bestimmter Mittel in sozialen bzw. politischen Beziehungen im Auge und nicht nur den Besitz an Machtmitteln. Neuere Versuche gehen in ähnliche Richtung, wenn sie den Machtbegriff als Ursache-Wirkungs-Verhältnis sehen. „Macht ist die Verursachung bestimmter Handlungen durch bestimmte Präferenzen“ (*Nagel* 1975: 24).

Macht soll an Handlungsergebnissen gemessen werden u.z. genauer an denen, die kausal durch bestimmte Präferenzen ausgelöst worden sind. „Power-over-others is identified with the causal impact of one actor's preferences on another actor's behavior“ (*Bartels* 1984). Die Wirkung, die aus Machtverhältnissen folgt, wird somit zum entscheidenden Merkmal. Aufgrund der Schwierigkeit, geeignete Indikatoren vor allem für den Wirkungsaspekt zu bilden und zu operationalisieren, konzentriert sich die Forschung auf den Potential- und Instrumentalaspekt des Machtkonzepts.

Macht ist die Fähigkeit, andere (Personen, Gruppen, Institutionen) zu einem gewünschten Verhalten (Handlungen, Entscheidungen, Meinungen) zu veranlassen, wobei diese Fähigkeit auf materiellen und immateriellen Ressourcen beruhen kann. Das Verhalten des anderen kann bei Widerstreben durch aktuellen physischen Zwang oder durch strukturelle Gewalt erzeugt werden. Ein beabsichtigtes Verhalten kann aber auch durch Überzeugung oder Überredung zustande kommen. In jedem Fall basiert der Machtbegriff auf einem materiellen oder immateriellen Gut, einer Ressource (possession), die der Machtträger besitzt, nicht notwendigerweise aber der Adressat. Diese Ressource kann in eine Beziehungsrelation eingebracht, also in Einfluß umgesetzt werden.

Die Sechs-Felder-Matrix zeigt in ihrer vertikalen Lagerung von oben nach unten auch den Grad an Legitimation (erzwungen — freiwillig) an und gibt in derselben Richtung den gleitenden Übergang vom Macht- zum Einflußbegriff wieder. Je erzwungener Verhalten ist, um so illegitimer — weil auf Gewaltverhältnissen beruhend — sind die Machtverhältnisse, je freiwilliger Anweisungen befolgt werden, umso legitimer ist das Beziehungssystem. Je mehr konsensuale Überzeugung und Zustimmung beider Seiten vorhanden ist, umso eher sprechen wir von Einflußverhältnissen, je mehr physische oder strukturelle Gewalt vorherrschen von Machtverhältnissen (s. Tabelle S. 55).

Macht- und Einflußbeziehungen können aber nicht immer voneinander getrennt werden. Einfluß, z.B. diplomatischer Einfluß bei Vermittlergeschäften, ist nur möglich, wenn ein bestimmtes Machtpolster im Hintergrund vorhanden ist.

Damit ist der zweite Schritt hin zur Messung nationalstaatlicher Macht erreicht, nämlich das Auffinden geeigneter Indikatoren, die die jeweiligen Machtkonzepte in Zahlen faßbar repräsentieren sollen. Ein Indikator ist somit eine Maßgröße, die ein bestimmtes Phänomen wie Macht bzw. beobachtbare Eigenschaften eines mehrdimensionalen Machtkonzepts messen soll. Für wesentlich gehaltene Aspekte eines theoretischen Machtkonzepts sollen mit einem „empirischen Äquivalent" (*Mayntz* et al. 1971) erfaßt werden. Indikatoren dienen der Wissenschaft als Erkenntnis-, der Politik als Handlungsinstrument.

Das methodische Problem der Indikatorenforschung besteht darin, ob ein Indikator auch das mißt, was er messen will. Welche Gültigkeit also hat ein Indikator?

Als Indikator für die Einschätzung einer Macht- oder Prestigeposition könnte z.B. die Gastgeberrolle für wichtige Konferenzen genommen werden (vgl. Pfetsch 1981). So wird z.B. die Vermittler-

Sechs-Felder-Matrix zum Macht- und Einflußbegriff

Grad des Zwangs und der Legitimität		Art und Nutzung von Ressourcen	
		Ressourcenart, Mittel und Quelle (Machtgrundlagen)	Art der Macht- und Einflußgewinnung (Instrumente)
	Zwang, geringe Legitimation	Physische oder militärische Stärke	Gebrauch von physischer Stärke (Coercive Power), Drohung mit Sanktionen
	Strukturelle Gewalt oder Zwang, geringe oder einseitige Legitimation	Verfügung über knappe Ressourcen, Eigentum, Land, Wirtschaftsstärke	Einsatz von Verhandlungsmacht durch Vereinigung, Monopolisierung in asymmetrischen Beziehungen; z.B. Sanktionen (Ökonomische Macht)
	Konsensual, hohe Legitimität	Überzeugungsfähigkeit: Charisma, Massenappell, Demagogie	Konsensuale Macht: Verführung und Täuschung
		Brauchtum, Gesetz, gemeinsame Interessenlage, Autorität	Angebot von Gewinnen, Überredung, Überzeugung (Consensual Power)

rolle bei internationalen Konflikten von einer angesehenen Schlichtungsmacht übernommen und im eigenen Land organisiert (Berlin 1884/85: Kongokonferenz, Taschkent 1966: indisch-pakistanischer Konflikt, Camp David 1979: israelisch-arabischer Konflikt etc.). Auch der Auftrag, eine wichtige Konferenz im Nord-Süd-Dialog (Unctad, Unido, UN-Weltkonferenzen, Konferenzen der Blockfreien etc.) auszugestalten, ist die Anerkennung einer hervorgehobenen Position des Gastlandes.

Den Relationsaspekt des Machtbegriffs greift z.B. *Cline* (1977) auf, der eine Formel zur Ermittlung der perzipierten (wahrgenommenen) Macht von Staaten entwickelt hat. Die Potentialgrößen Bevölkerung, Landfläche, Produktion und militärische Machtmittel werden vom Forscher subjektiv gewichtet, addiert und mit einem Faktor multipliziert, der aus der Einschätzung der strategischen Absicht und des Willens seiner Durchsetzung berechnet wird. Diese ,,Perzeptionsformel" hat jedoch keine befriedigenden Resultate erbracht (vgl. *Link* 1980: 125).

Die Versuche, geeignete Indikatoren für die Wirkung von Macht in sozialen Beziehungen zu konstruieren, sind bisher nicht sehr überzeugend. Zwar haben insbesondere die Community power Studien bzw. organisationssoziologische Arbeiten in Teilbereichen einige Erfolge aufzuweisen. Eine generell gültige Methode hat die Wirkungsforschung bisher jedoch nicht vorlegen können.

Aus diesen und anderen Gründen ist den Input-Faktoren Machtressourcen und -mitteln Vorrang gegeben worden vor den Output-Faktoren der Machtwirkung. Diese Feststellung gilt auch für andere Bereiche der Indikatorenforschung (Sozialindikatoren, Wissenschaftsindikatoren etc.).

In seiner 1948 erschienenen Arbeit ,,Politics among Nations" führt *Hans Morgenthau* neun Elemente auf, die nationalstaatliche Macht bestimmen (vgl. Tab. 1): neben geographischen, ökonomischen, militärischen, demographischen Faktoren werden auch politische genannt, die erst eine Umsetzung materieller Faktoren ermöglichen. Der Autor macht zwar keine weiteren Angaben, wie man diese Faktoren näher bestimmen kann, doch weist er auf häufig auftretende Fehler und Schwierigkeiten hin: nationalstaatliche Macht könne nur im Verhältnis zu anderen Staaten eingeschätzt werden, obwohl sie dynamischem Wandel unterliegen. Schließlich werde häufig nur einem Faktor Bedeutung beigemessen und andere vernachlässigt. Damit sind wichtige Schwierigkeiten der Bestimmung nationaler Macht genannt: die Auswahl bestimmter Größen, die nationalstaatliche Macht „anzeigen“ (Indikatoren), die Verknüpfung mehrerer Faktoren und deren Wandel in der Zeit, sowie deren Gewichtung. Das hier zu erörternde Problem der Messung wurde von *Morgenthau* als noch nicht lösbar bezeichnet.

Die am häufigsten hervorgehobenen Indikatoren des nationalstaatlichen Machtbegriffs sind mit unterschiedlicher Qualifizierung Bevölkerung, Wirtschaftsstärke und militärische Stärke (vgl. Tab. 1 S. 58/59). Außerdem nennen einige Autoren die Größe des Landes, seine geographische Lage und seine natürlichen Ressourcen. Neben diesen materiellen Indikatoren werden auch genannt die nationale geistige und politische Verfassung, das Prestige, das ein Land genießt sowie die Entwicklungsindikatoren Schulbildung, Urbanisierung und wirtschaftlicher Entwicklungsstand.

Die Verfügung über eine bestimmte Machtressource wurde damit zu dem Indikator des Machtbegriffs gemacht. Man kann auf insgesamt acht Indikatoren für Machtgrundlagen kommen:

— geistige und emotionale Grundlagen wie religiöser Glaube, Zuneigung, Erfahrung, Geschicklichkeit, Wissen, nationale Moral, Ideologie, Charisma
— legale Grundlagen: Amtsautorität, Rechte, politische Verfassung
— Organisation, Kommunikationsfähigkeit, Informationen
— Bevölkerung, Arbeitskräfte, Menschenmaterial
— Rohstoffe, natürliche Ressourcen
— Wirtschaftsstärke, Industrialisierung, Stahl- oder Energieproduktion, BSP, Handel, Urbanisierung
— Land, geographische Lage
— Militärische Mittel (Soldaten, Waffen).

Diese Machtgrundlagen lassen sich entweder durch eigene Anstrengungen oder durch Vereinigung mit anderen (Bündnisse) erweitern. Man kann dann von einer Vereinigungsprämie sprechen.

Neben den Machtressourcen sind auch die Instrumente von Bedeutung, die zur Geltendmachung anderen gegenüber eingesetzt werden können: Manipulation, Überredung, Garantie für Belohnung, Androhung einer Bestrafung, Durchführung von Sanktionen sowie Anwendung nackter Gewalt (*Zelger* 1975: 44/45).

Tab. 1: Indikatoren nationalstaatlicher Macht nach Autoren

	Morgenthau (1948)	Organski (1959)	German (1960)	Fucks (1965)
Bevölkerung	x	x	x	x
Wirtschaftsstärke	Industr. Kapazität	Wi.Entwicklungsland	x	Stahl u. Energieproduktion
Militärische Stärke	Milit. Bereitschaft	—	x	—
Land/Fläche	—	—	x	—
Geographische Lage	x	Fläche, Klima Topographie	—	—
Natürliche Ressourcen	Nahrungsmittel/ Rohstoffe	x	—	—
Nationale Moral	x Nationalcharakter	x	—	—
Pol. Verfassung	Qualität v. Diplomatie u. Regierung	x	—	—
Urbanisierung	—	—	—	—
Bildung	—	—	—	—
Prestige	—	—	—	—

Dechmann (1972)	Singer, Small (1972)	Buchan (1974)	Cox, Jacobson (1974)	Cline (1977)
x	x	x	x	x
BSP Pro-Kopf-Eink.	Energieverbrauch, Eisen- u. Stahlprof.	BSP	BSP BSP/Kopf	Produktion
Militärausgaben	Militärausgaben Streitkräfte	Streitkräfte, Nuklearstrat. Systeme	Nukleare Schlagkraft	x
—	—	—	—	x
—	—	—	—	—
—	—	—	—	—
—	—		—	—
—	—	—	—	—
—	x	—	—	—
Verschulung Studenten Anteil	—	—	—	—
—	—	—	x	—

Die politischen, militärischen, wirtschaftlichen Mittel können mehr oder weniger geschickt eingesetzt werden, um andere zu einem gewünschten Verhalten zu veranlassen, sind aber sicher gekoppelt an vorhandene Machtpotentiale und deren Einschätzung. Das Verhältnis zwischen Machtgrundlagen und den Mitteln ihrer Mobilisierung ist komplex. Es ist keinesfalls so, daß derjenige, der die meisten Ressourcen und die besten Mittel besitzt, diese auch nach seinen Wünschen wirksam werden lassen kann. Es scheint hinsichtlich der Wirkung das ökonomische Ertragsgesetz zu gelten, wonach ein Mehr an Machtmitteln eine abnehmende Wirkung erzeugen kann. Dies ließe sich am Beispiel wirtschaftlicher Sanktionen oder der Drohung mit nuklearer Vergeltung veranschaulichen. Eine große Wirtschafts- und Nuklearmacht ist trotz allem erpressbar oder militärisch schlagbar.

Karl Deutsch hat von der kybernetischen Lerntheorie ausgehend auf die Folgen der Überdosierung von Macht hingewiesen: wenn die Leistungen (output) gegenüber der Empfänglichkeit (input) zu stark überwiegen, ist ein System nicht mehr lernfähig, d.h. nimmt keine Informationen mehr auf und eben dies führt zu seinem Untergang (pathologisches Lernen). Wer zu mächtig wird, hört nicht mehr zu und hat damit kein intelligentes Steuerungssystem mehr, kann nicht mehr reagieren auf Umweltforderungen.

Der dritte Schritt in der Bestimmung nationalstaatlicher Macht ist der der Überführung der gewählten Indikatoren in Operationen zur Messung (Operationalisierung). So kann z.B. der Begriff Reichtum durch die Maßgrößen Pro-Kopf Einkommen oder durch das Bruttosozialprodukt ausgedrückt werden. Militärische Stärke kann durch die Meßgrößen staatliche Militärausgaben, Personen unter Waffen, Zahl nuklearer Sprengköpfe etc. bestimmt werden. Doch wie genau messen diese Größen den angegebenen Sachverhalt? Die Schwierigkeiten der Ermittlung genauer Angaben zu militärischer oder wirtschaftlicher Stärke sind — insbesondere wenn es um Vergleichbarkeit geht — oft genug hervorgehoben worden. Ganz allgemein kann man darüber hinaus feststellen, daß bei der Überführung von Indikatoren in meßbare Größen häufig den der Quantifizierung zugänglichen Bestimmungsgrößen (wie wirtschaftlichen und militärischen Stärkeziffern) der Vorzug gegeben wird und andere vernachlässigt werden (wie z.B. Ideologie, Wille, nationale Moral oder Nationaleigenschaften, historische Erfahrungen etc.).

Bei einer Vielzahl von Indikatoren, die Macht anzeigen sollen, stellt sich die Frage, welche davon sind wichtiger als andere und in welchem Verhältnis stehen sie zueinander. Dieses Problem der Gewichtung kann dadurch gelöst werden, daß die weniger wichtigen Faktoren vernachlässigt und nur bestimmte hervorgehoben werden oder es wird als Maßgröße eine Kombination von verschiedenen Größen gewählt und mathematisch zu einem kombinierten Index verbunden.

Wie technisch das Problem der Gewichtung gelöst worden ist, soll anhand einiger Beispiele gezeigt werden. Dabei soll lediglich auf die Forschungstechnik, nicht auf den Inhalt geachtet werden.

Clifford German hat z.B. die Macht von Staaten durch die vier Indikatoren Wirtschaftskraft, Land, Bevölkerung und militärische Stärke ausgedrückt. Diese vier Indikatoren wurden in Maßgrößen überführt und dadurch gewichtet, daß die jeweiligen absoluten Größen durch zusätzliche Merkmale modifiziert worden sind. Mathematisch geschieht dies durch Hinzufügung oder Abzug einer bestimmten Größe. Am Beispiel Land wurde das nationale Territorium durch Quadratkilometer gemessen. Diese Zahl wurde durch 5, 10 oder 20 geteilt, um so die Dichte der Besiedelung zu erfassen. Die Fläche der USA oder der UdSSR wurde durch 20, die Chinas durch 10 und die der Bundesrepublik durch 5 dividiert. Eine weitere Korrektur der so erhaltenen Zahl wurde angebracht, um die Dichte des Kommunikationsnetzes zu berücksichtigen. Abzüge erhielten für wenig erschlossen gehaltene Länder wie z.B. die Sowjetunion oder China, deren Meßzahlen durch drei geteilt wurden, während die der USA oder die der Bundesrepublik konstant gehalten wurden. Diese Korrekturen werden somit durch zusätzliche Informationen wie Bevölkerungsdichte bzw. Dichte des Verkehrsnetzes (ausgebaute Schienenstrecke pro Fläche) gewonnen und entsprechend der Rangfolge der Dichteziffern diskontiert (Teilung durch 3, durch 2 oder durch 2/3). Entsprechend wird mit den anderen drei Indikatoren verfahren. Die Addition der so gewonnenen vier Ziffern ermöglicht die Einordnung in eine Rangfolge entsprechend der Höhe der Ziffern. Als Rangfolge ergibt sich für das Jahr 1958: USA, UdSSR, U.K., China, Bundesrepublik, Kanada, Japan, Frankreich etc.

Anhand eines anderen Beispiels soll die Ermittlung einer Machtformel demonstriert werden, die die Berechnung auch zukünftiger Machtkonstellationen ermöglichen soll. *Wilhelm Fucks* hat 1965

Macht eines Staates als Produkt aus Produktion (Stahl, Energie) und der Kubikwurzel aus der Bevölkerung bestimmt. Mit der Kubikwurzel soll angezeigt sein, daß die Bevölkerung geringer gewichtet wurde als die Produktion. Neben der sehr elementaren Überlegung, daß Macht durch Menschen und Sachen bestimmt wird, spielt die Annahme eine Rolle, daß reine Bevölkerungszahlen nicht ausschlaggebend sein können. Um wieviel geringer dieser Faktor bewertet werden soll, wird durch alternative Rechnungen und deren Vergleich mit der Realität gewonnen. Während die Berechnung der Formel für ein bestimmtes Jahr in der Vergangenheit ohne weiteres möglich ist, muß die Realität von Machtverhältnissen zum gleichen Zeitpunkt subjektiv eingeschätzt werden. *Fucks* gelangt für 1963/64 in etwa zur gleichen Rangfolge wie *German*: USA, UdSSR, China, Bundesrepublik, Frankreich etc. Dieses Ergebnis ist sicherlich nicht überraschend, zeigt es doch ähnliche subjektive Einschätzungen. Methodisch bedeutet die Aufstellung einer in der Vergangenheit bewährten mathematischen Formel die Möglichkeit zu Prognosen für die Zukunft.

Beide dargestellten Berechnungen beziehen sich ausschließlich auf nationale Potentialgrößen, formulieren also das, was als nationale Machtgrundlagen im Sinne einer Besitzgröße zu veranschlagen wäre. Die Einseitigkeit dieses Vorgehens liegt auf der Hand: ökonomische Stärke ist noch nicht politische oder auch militärische, die Konzentration auf materielle Größen vernachlässigt die Wirkung, die von nicht-materiellen ausgehen kann. So ist z.B. der Nord-Süd-Dialog auf der Seite des Südens eindeutig von politischer Programmatik und Ideologie, von religiösem Fundamentalismus und charismatischen Führern bestimmt. (*Pfetsch* 1981) Auch ein armes und militärisch schwaches Land kann zum Wortführer des Südens werden. Umsetzungsmöglichkeiten bzw. -fähigkeiten (politischer Wille, Energie) sind im Potentialansatz nicht angesprochen. Keinerlei Angaben werden auch gemacht über Verhältnisse zu anderen Staaten und deren Einschätzung der Machtpotentiale. Nationale Macht ist nicht nur eine Funktion von Zustandsgrößen, sondern auch von Vergangenheitserfahrungen, die nur schwer quantitativer Messung zugänglich sind. Als generelle Kritik am Machtstaatskonzept ist hervorzuheben, daß die Bedeutung eines Staates bzw. eines Volkes nicht nur aus ökonomischer, militärischer oder politischer Stärke resultiert, sondern, daß auch kulturelle, wissenschaftliche oder auch sportliche Leistungen durchaus zur Reputation und zum Prestige eines Landes beitragen können. Bleibt als Fazit: die Indikatorenforschung hat sich bisher zu einseitig auf den Potential- und Instrumentalaspekt des nationalen Machtkonzepts konzentriert. Einschätzungen und politische Auswirkungen im internationalen System sind vernachlässigt worden oder haben keine befriedigende Behandlung gefunden.

Literatur

Bartels, L.M., 1984, Power and Influence as a Covariance Structure. Paper delivered at the Annual Meeting of the APSA. Washington;

Dechmann, H.B. 1972, Conflict, Cooperation and Structural Configuration. In: P. Heintz and P.A. Hermandes (Hrsg.): Bulletin Nr. 27 S. 57 - 148 (Soziologisches Institut der Universität Zürich);

Buchan, A., 1974, The End of the Postwar Era. A New Balance of World Power. London;

Clausewitz, C. von, 1963, Vom Kriege (1832). Hamburg;

Cline, R.S., World Power Assessment, Colorado;

Cox, R.W. and Jacobson, H.K., ²1974, The Anatomy of Influence. Decision Making in International Organisations. (Yale Uni Press);

Dahl, R.A., 1957, The Concept of Power. In: Behavioral Science. Bd. 2 Juli 1957 S. 201 - 215;

Deutsch, K.W.,² 1970, Politische Kybernetik. Freiburg

Friedrich der Große, 1974, Das politische Testament von 1752. Stuttgart;

Fucks, W., 1967, Formeln zur Macht, Hamburg;

German, C., 1960, A tentative evaluation of world power. In: Conflict Resolution. Vol IV , Nr. 1, 1960 S. 138 - 144;

Hobbes, Th., 1959, Vom Menschen, vom Bürger (1642). Hrsg.: G. Gawlick (Meiner) Berlin, Bd. 2;

Link, W., 196O, Der Ost-West-Konflikt, Stuttgart;

Locke, J., 1955, An Essay Concerning Human Understanding (1687);

Machiavelli, N., Der Fürst (1532), Stuttgart;

March, J.G., 1966, The Power of Power. In: D. Easton (Hrsg.): Varieties of Political Theory, N.Y., S. 39 - 70;

Mayntz, R. et al., 1969, Einführung in die Methoden der empirischen Soziologie, Köln/Opladen;

Morgenthau, H., 1960, Politics among Nations (1948), N.Y.;

Nagel, J.H., 1975, The Descriptive Analysis of Power, New Haven;

Organski, A.F.K., 1959, World Politics, N.Y.;

Pfetsch, F.R., et.al., 1981, Wirtschafts- und gesellschaftliche Aktionsprogramme der Entwicklungsländer, München/Köln/London;

Singer, D./Small, M., 1972, The Wages of War 1816 - 1965. A Statistical Handbook, N.Y.;
Tucker, R.W., 1977, The Inequality of Nations, N.Y.;
Weber, M., 1956, Wirtschaft und Gesellschaft, Tübingen;
Zelger, J., 1975, Konzepte zur Messung der Macht, Berlin.

F.R.Pfetsch

1.2.2 Geopolitische Methode: Die Messung des Geopotentials

Der Begriff ,,Potential" geht auf das lateinische Wort *potentia* zurück und bedeutet ,,Macht", ,,Kraft". Geopotential ist also im wörtlichen Sinne die ,,Macht des Bodens", oder anders ausgedrückt der ,,Naturschatz der Erde". Dazu gehören die natürlichen Ressourcen (metallische Rohstoffe wie z.B. Eisen, Bauxit, Mangan etc. und nicht-metallische Rohstoffe wie Asbest, Bor, Phosphat etc.), erneuerbare Energieträger (wie Windenergie, Sonnenenergie oder Erdwärme) und nicht-erneuerbare Energieträger (wie etwa Steinkohle, Erdöl, Uran etc.), Klima, Wasserhaushalt, Bodenkapazität sowie Pflanzen- und Tierwelt. Im weitesten Sinne gehört auch der Mensch in diese Aufzählung. Er nimmt insofern eine Sonderstellung ein, als er zugleich Teil, Benutzer und Beherrscher des Potentials der Erde ist.

Die Verteilung des Geopotentials über die Erdoberfläche ist ungleich. Jedes politische Territorium unterscheidet sich von anderen hinsichtlich seiner Form und Größe, seiner Bevölkerung, dem Umfang und der Qualität des Bodens, des Klimas und seiner natürlichen Ressourcen (vgl. *Lüttig* 1978:9ff; *Sprout u. Sprout* 1971: 21). Staaten, die innerhalb ihres Territoriums natürliche Rohstoffe von der Art der oben aufgezählten besitzen, haben also der Definition gemäß gegenüber jenen, die derartige Ressourcen nicht oder nicht in ausreichendem Maße besitzen, eine gewisse ,,Macht". Diese Macht ist umso größer, je mehr der Mensch auf Rohstoffe angewiesen ist. Doch diese Stärke besteht *zunächst nur rein theoretisch*, denn um sie in die Praxis umzusetzen, ist sie an entscheidende Vorbedingungen geknüpft: Macht hat nicht derjenige, der Rohstoffe besitzt, sondern derjenige, der über die technischen Möglichkeiten zu ihrer Ausbeutung verfügt. Die natürliche Verteilung der Ressourcen spielt heute nur noch eine untergeordnete Rolle, da ihre Um-Verteilung den Menschen vor keine unüberwindbaren Hindernisse mehr stellt. Entscheidend ist allein die Verfügungsgewalt über die entsprechenden Technologien zur Lokalisierung, Aufschließung und Nutzung der Rohstoffe. Erst wenn beide Faktoren zusammenkommen (wie etwa im Falle der USA, Canadas, der UdSSR oder der OPEC) führt natürlicher Ressourcenreichtum zu wirtschaftlicher Stärke. Die politische Bedeutung des Geopotentials hat in den letzten Jahrzehnten beständig zugenommen: im Rahmen der internationalen Beziehungen entscheidet der Umfang der natürlichen Reserven eines Staates, oder genauer gesagt der Zugang zu diesen Rohstoffen, über die außenpolitische Macht eines Landes. Die Messung des Geopotentials und die Weiterentwicklung geeigneter Technologien ist somit im Hinblick auf die Erfassung der Rohstoffvorräte der Erde nicht nur als eine ökonomische Notwendigkeit, sondern auch und vielleicht in erster Linie als ein politisches Mittel zur Aufrechterhaltung bestehender Machtstrukturen zu begreifen.

Dieser Tatbestand soll die generelle Bedeutung von Geopotentialmessungen nicht in Abrede stellen. Schon immer ist der Mensch bemüht gewesen, sich möglichst genaue Informationen über die natürlichen Ressourcen der Erde zu verschaffen, da er zur Befriedigung seiner Bedürfnisse auf die Natur angewiesen ist. Doch erst mit zunehmender Industrialisierung und wachsenden Bevölkerungszahlen bei gleichzeitig steigendem Bedarf wurde die systematische Erforschung des Naturraums zum Zwecke seiner optimalen Nutzung erforderlich. Die Methoden, derer man sich dazu bedient, werden beständig verfeinert und haben ganze wissenschaftliche Disziplinen begründet. Das Ziel derartiger mit großem Aufwand betriebener Forschungen ist zum einen die präzise Erfassung der Naturvorräte, zum anderen die Ausarbeitung möglichst genauer Prognosen über die wahrscheinliche Nutzungsdauer dieser Ressourcen bei gegenwärtigem oder steigendem Verbrauch und von Lösungsvorschlägen für zukünftige potentielle Erschließungs- und Entwicklungsmöglichkeiten. In bezug auf nicht-erneuerbare Rohstoffe läßt sich die voraussichtliche Nutzungsdauer unter der Annahme jährlich konstanter Entnahmemengen mit Hilfe der Formel errechnen:

$$\text{Zeit [Jahr]} = \frac{\text{Umfang [Mio. Tonnen]}}{\text{Entnahme}\left[\frac{\text{Mio. Tonnen}}{\text{Jahr}}\right]}$$

nehmen die jährlichen Entnahmemengen im Zeitablauf zu, so verkürzt sich die Nutzungszeit der Ressourcen gegenüber der in der Formel errechneten; das Gegenteil gilt für abnehmende Entnahmemengen (zur Theorie der erschöpfbaren Ressourcen vgl. *Schumann* 1984: 336ff). Schwieriger ist dagegen die Berechnung zukünftiger Entwicklungen in den Bereichen Vegetation und Tierwelt, Bevölkerung und Nahrungsmittelkapazitäten. Gerade die letztgenannten aber sind zu einem zunehmend bedeutsamen Bestandteil von Geopotentialmessungen geworden. Angesichts der großen globalen Probleme, mit denen wir uns heute konfrontiert sehen, sind präzise Untersuchungen zum Bevölkerungswachstum und zu den Nahrungsmittelreserven der Erde besonders dringlich.

Eine der ersten fundierten Studien zur Tragfähigkeit der Erde stammt aus den 1930er Jahren von *W. Hollstein*, der eine Ertragsberechnung (Bonitierung) der verschiedenen Klimazonen (ohne Trockengebiete) vornahm: um die Anbaufähigkeit der einzelnen Kontinente abschätzen zu können, ging *Hollstein* von den in den Klimazonen angebauten Nutzpflanzen (ausschließlich Körnerfrüchte berücksichtigt), den möglichen Anbauflächen und den potentiellen Ernteerträgen bei angenommener europäischer Betriebsführung aus. Die so ermittelten Erträge rechnete er in Kalorien um, wobei für je 1 kg Körnerfrüchte 3300 kcal veranschlagt wurden. Ausgehend von einem vorausgesetzten Normalverbrauch von 2500 kcal pro Kopf und Tag ließ sich so ermitteln, wie viele Menschen die verschiedenen Klimazonen jeweils ernähren konnten. Hochgerechnet auf die gesamte Welt ergab sich ein Grenzwert von 12,1 Mrd. Menschen (*Hollstein* 1937). Weitere Versuche zur Bonitierung der Erde unternahm seit den 50er Jahren *W. Müller-Wille*, der sich im Gegensatz zu seinem Vorgänger auf differenzierteste Statistiken und umfangreiches Datenmaterial der einzelnen Länder und internationaler Organisationen stützen konnte. Anhand der „Klimazonenkarte" von *Troll* und *Paffen* errechnete er mittels Ausplanimetrieren die flächenmäßige Ausdehnung der 5 Makro- und der 42 Mikroklimazonen der Erde (weiter unterteilt in Hoch- und Tiefländer). Mit Hilfe der entsprechenden Statistiken ermittelte er die durchschnittliche Bevölkerungsdichte der einzelnen Klimazonen (globale bioklimatische Typendichte). Multipliziert mit der Fläche der verschiedenen Klimazonen innerhalb der einzelnen Länder ließ sich so die „bioklimatische Bevölkerung" jedes Landes der Welt ausrechnen. Den

Durchschnittswert setzte er einmal in Relation zur geometrischen Bevölkerungs-Weltdichte (1965 = 22,4), um einen ,,bioklimatischen Bonitätsindex" zu errechnen, und weiterhin zur realen durchschnittlichen Bevölkerungsdichte des jeweiligen Landes (Besetzungsquotient). Sein Ziel war es, festzustellen, ,,um wieviel höher oder niedriger ein bestimmter Bereich der Ökumene hinsichtlich seiner Bewohnbarkeit durch den Menschen auf Grund der bioklimatischen Struktur bis heute einzuschätzen ist" (*Müller-Wille* 1978: 34). Seine Untersuchungen ergaben, daß nur Westeuropa, Teile Asiens, Mexiko und Teile Westafrikas (1965) überbesetzt sind, während der Rest der Landfläche (= 72 %) unterbesetzt ist.

Spätere Untersuchungen konzentrierten sich wieder mehr auf Fragen globaler Tragfähigkeit und Ernährungsmöglichkeiten. So bezog der Agrarökonom *Baade* auch zukünftige Nahrungsreserven, wie sie etwa durch die Erweiterung der Anbauflächen, Produktionssteigerungen und die Nutzung des Nahrungspotentials der Weltmeere erschlossen werden können, in seine Berechnungen mit ein und kam zu dem Ergebnis, daß die Erde potentiell 38 - 40 Mrd. Menschen ernähren könne (*Baade* 1960).

Literatur

Baade, F., 1960, Der Wettlauf zum Jahre 2000, Oldenburg;

Hollstein, W., 1937, Eine Bonitierung der Erde auf landwirtscfhaftlicher und bodenkundlicher Grundlage. Petermanns Mitteilungen, Ergänzungsheft 234;

Lüttig, G., 1978, Die Entwicklungsländer mit geringem Geopotential, Hannover;

Müller-Wille, W., 1978, Gedanken zur Bonitierung und Tragfähigkeit der Erde. Westf. Geogr. Studien 35, S. 25 - 26;

Schumann, J., [1]1984, Grundzüge der mikroöknomischen Theorie, Berlin;

Sprout, H. u. M. Sprout, 1971, Ökologie. Mensch - Umwelt, München.

P. Daffa

1.2.3 Die Messung von militärischer Stärke

So lange der Krieg als eine anerkannte und legitim perzipierte Konfliktaustragungsform begriffen und akzeptiert wurde, bildete das Militär für die Politiker ein wichtiges, wenn nicht das wichtigste, Instrument zur Erreichung ihrer Ziele. Diese konnten bestehen in der Abwehr eines feindlichen Angriffs und der damit verbundenen Aufrechterhaltung des eigenen politischen Systems über die Niederringung eines politischen Gegners bis hin zur Besetzung eines feindlichen Landes mit anschließender Oktroierung des eigenen politisch-gesellschaftlichen Systems.

Im Nuklearzeitalter haben Streitkräfte innerhalb des Abschreckungssystems, d.h. im Ost-West-Konflikt, eine andere Funktion erhalten. Nicht mehr die Führbarkeit und Gewinnbarkeit eines Krieges stellt das primäre Ziel der politischen Akteure im Abschreckungssystem dar, sondern die Verhinderung eines Krieges ist sowohl für die Politik als auch für das Militär zur wichtigsten Aufgabe geworden. Der politische Gegner bzw. Feind soll durch die Existenz von Streitkräften glaubhaft abgeschreckt werden. Kriegsführung kann damit nur noch im Fall des Versagens von Abschreckung ein legitimes Mittel zur Verteidigung eines gesellschaftlichen Systems werden.Das Militär hat im Abschreckungssystem zunehmend eine diplomatisch-politische Funktion erhalten.

Außerhalb des Systems der Abschreckung, d.h. insbesondere in den südlichen Regionen des Globus hat es seit dem Zweiten Weltkrieg mehr als 150 Kriege gegeben, von denen die wenigsten allerdings Grenzkriege waren. Viel bedeutsamer sind hier Stammes- und Bürgerkriege, in denen das Militär oftmals als Ordnungsfaktor eingesetzt wurde und immer wieder wird.

Wie unterschiedlich auch die Funktionen von Streitkräften begriffen werden, entscheidend ist, daß sie einen Machtfaktor sowohl im nationalen als auch im internationalen System darstellen. Die Existenz von Streitkräften führt zu Bedrohungsvorstellungen sowohl im inneren wie auch im äußeren System. Deshalb kommt der Zahl und der Stärke der Streitkräfte eine zentrale Bedeutung zu.

Die Methode zur Ermittlung der Stärke der Streitkräfte ist die quantitative Messung militärischen Potentials, worunter sowohl Waffensysteme als auch Soldaten verstanden werden. War es im 19. Jahrhundert vor allem die numerische Stärke einer Armee, die für Sieg oder Niederlage oft entscheidend war, so hat die Waffenentwicklung im 20. Jahrhundert zu deren Relativierung geführt. Auch zahlenmäßig schwächer bewaffnete Länder sind in der Lage, quantitative Defizite durch Qualität auszugleichen. Für Sieg oder Niederlage bei einem Krieg sind neben der Zahl der Soldaten und der eingesetzten Waffen noch eine ganze Reihe anderer Faktoren bedeutsam wie z.B. die Kampfmoral, die Qualität der Ausrüstung und Ausbildung, die politische und militärische Entschlußkraft, die wirtschaftlichen Ressourcen, das taktische Geschick der militärischen Führer etc. Allerdings gilt auch heute noch, daß ein Staat ohne Armee wie z.B. Island keine Chance zur Verteidigung seines Territoriums bei einem militärischen Angriff besitzt. Auf der anderen Extremseite bedeutet die Aufstellung einer millionenfachen Armee keine Gewähr für die Volksrepublik China, die Landesverteidigung erfolgreich durchzuführen.

Für Länder außerhalb des Abschreckungssystems bildet auch heute noch die Zahl der unter Waffen stehenden Soldaten einen wichtigen politischen und militärischen Faktor. Deshalb wird auch hier nach wie vor ein quantitativer Datenvergleich vorgenommen. So ist es auch heute noch sehr aussagekräftig, daß z.B. Algerien über eine Armee von 140.000 Mann verfügt, während der Nachbar Marokko mit 144.000 Mann eine fast gleichstarke Armee aufweist. Es besteht also zwischen diesen beiden Staaten ein numerisches Gleichgewicht hinsichtlich der bewaffneten Streitkräfte. Allerdings sagt dieser Vergleich noch nichts über die Ausrüstung der Bewaffnung, über die Aufgliederung der Streitkräfte in die Teilstreitkräfte Armee, Luftwaffe und Marine wie auch über den Ausbildungsstand der Streitkräfte aus. Schnell wird man feststellen, daß Algerien über mehr als 630 von der Sowjetunion gelieferte Panzer verfügt, während Marokko über mehr als 200, vom Westen gelieferte Kampfpanzer verfügt und eine andere Waffenstruktur aufweist als Algerien. Die Einzelheiten der quantitativen Ausrüstung der einzelnen Staaten können in den jährlichen Berichten des Instituts für Strategische Studien, im „Military Balance“ eingesehen werden. Allerdings geben diese spezifizierten Zahlen keine Kenntnis über den Ausbildungsstand der Streitkräfte, über die Einsatzbereitschaft der Waffen sowie über die Kampfmoral der Truppe. Der quantitative Vergleich von Streitkräften und Waffen kann also nur ein erster Einstieg sein, der das Stärkeverhältnis zweier Staaten auf den ersten Blick freigibt.

Wesentlich schwieriger ist die Methode des militärischen Kräftevergleichs im Abschreckungssystem zwischen Ost und West. Zwar werden immer wieder numerische Kräftevergleiche, die sich auf ausgewählte Bereiche wie z.B. Interkontinental-Raketen, Mittelstreckensysteme, Kurzstrecken-Raketen, Panzer und Divisionsberechnungen etc. beziehen, in die Diskussion gebracht, um dann festzustellen, je nach politischer Intention, ob nun ein Gleichgewicht oder ein Übergewicht bzw. eine Unterlegenheit besteht. ,,Numerische Kräftevergleiche beeindrucken in der Regel durch drei Aspekte: Durch ihre zumindest auf den ersten Blick plausible Orientierung am Rüstungsziel ‚Gleichgewicht' oder ‚Parität' im wörtlichen Sinne von annäherndem Gleichstand, durch ihre einfache und damit auch für den Nicht-Experten nachvollziehbare Berechnungsmethode sowie durch ihre scheinbar zweifelsfreien Ergebnisse" (*Lutz* 1982: 7). Die Hauptursachen für die unterschiedlichen Ergebnisse der Ermittlung militärischer Kräftevergleiche beruhen auf dem nach wie vor zwischen Ost und West in der Sicherheitspolitik numerisch verstandenen Gleichgewicht, das allerdings von den jeweiligen Akteuren unterschiedlich perzipiert wird. Dabei werden Faktoren des sicherheitspolitischen Bezugssystems wie z.B. geografisch-strategische Situation, ökonomische Potenz, historische Entwicklung etc. oft ausgeblendet. Es ist klar, daß z.B. Unterschiede hinsichtlich der Qualität von Waffen zwischen Ost und West existieren, die sehr schwer miteinander in einen sinnvollen Vergleich einbezogen werden können. Soll die Methode des militärischen Kräftevergleichs im Abschreckungssystem zu einer tragfähigen Aussage führen, so müssen die verschiedenen Faktoren berücksichtigt und in ihrer Gesamtheit betrachtet werden. Die Herausziehung eines einzelnen Segments, z.B. der euro-stratgegischen Waffen, führt in die Irre, löst man sie doch aus dem Gesamtzusammenhang und berücksichtigt nicht ihre Funktion für die jeweilige Strategie eines Militärblocks. So ist die einseitige Aufrechnung sowjetischer SS-20-Raketen gegenüber westlichen Pershing 2-Raketen und anderer euro-strategischer Waffensysteme sinnlos, so lange nicht ihre Funktion in ihrer jeweiligen Strategie berücksichtigt wird. Orientiert man sich am Systemziel ,,Gleichgewicht", so kann es sich nicht um ein numerisches Gleichgewicht in einem Teilsystem handeln, sondern allenfalls um ein Gleichgewicht der Optionen. ,,Im System gegenseitiger Abschreckung definiert sich strategische Stabilität aus dem kalkuliert untragbaren Risiko eines Angriffskrieges für beide Seiten. Mit der einfachen Parität als zahlenmäßigem Gleichstand von Soldaten und bestimmten Waffen hat diese Definition allerdings wenig gemein: Entscheidend für das Ziel Stabilität ist die generelle Ausgewogenheit der tatsächlichen Kräfte bzw. Einsatzoptionen; weniger wichtig dagegen sind Umfang und Art einzelner Teilstreitkräfte, Waffengattung oder Systeme — generell oder in bestimmten Regionen" (*Lutz* 1982: 9). Der militärische Kräftevergleich muß also die vorhandenen Disparitäten zwischen den Blöcken sowohl in geo-strategischer, ökonomischer, sozialpsychologischer und historischer Hinsicht berücksichtigen und prüfen, inwieweit mit den vorhandenen militärischen Kräften die jeweiligen militärischen Fähigkeiten, verstanden als ,,Zweitschlagskapazität", aufrechterhalten werden können. Dabei gibt es allerdings wiederum sehr unterschiedliche Perzeptionen seitens der Politiker, die aus ihrer unterschiedlichen Einschätzung der Funktionsfähigkeit des Abschreckungssystems her resultieren. So verstehen französische Abschreckungsstrategen die Gewährleistung der Abschreckung dadurch, daß die Androhung eines massiven Vergeltungsschlages den potentiellen Feind von einem Krieg abhalten kann, weil mit dem Einsatz des französischen Vergeltungspotentials dem Angreifer ein unannehmbarer Schaden zugefügt werden könnte. In diesem Fall besteht überhaupt kein Gleichgewicht zwischen dem französischen Kernwaffenpotential und z.B. dem sowjetischen Kernwaffenpotential. Die NATO hat die Einführung von Pershing-2-Raketen und Cruise Missiles damit gerechtfertigt, daß eine Ankopplung der strategischen Nuklearwaffen der USA erfolgen und somit ein Gleichgewicht der Optionen in der Abschreckungsskala wiederhergestellt werden sollte. Das Ziel der strategischen Stabilität, oftmals auch als Gleichgewicht mißverstanden, kann also auch bereits dann erreicht sein, wenn beide Seiten einen Krieg als untragbares Risiko perzipieren. Die Äquivalenz der Fähigkeiten und Optionen schließt also nicht aus, daß nicht unbedingt ein Gleichgewicht erreicht werden muß, sondern daß auch aus einer numerischen Unterlegenheit die Fähigkeit zur Aufrechterhaltung der Abschreckung erreicht werden kann. Somit liegt das eigentliche Problem der statistischen Erfassung militärischer Potentiale in ihrer Deutung.

Dennoch sind statistische Stärkevergleiche trotz methodischer Unzulänglichkeiten nicht sinnlos. Zum einen zeigen sie vor allem in pluralistisch-offenen Systemen Trends über die militärische Entwicklung an und zum anderen bieten sie die Grundlage für einen sicherheitspolitischen Dialog in den Gesellschaften. Schließlich kann die Offenlegung von militärischen Daten hilfreich bei der Entwicklung vertrauensbildender Maßnahmen sein.

Literatur

Bertram, Ch., 1980, Messen und Gemessen-Werden: zur Problematik statistischer Definition des militärischen Kräfteverhältnisses, in: DGKF-Informationen 1/80, S. 21 - 23;

Lutz, D. E., 1982, Zur Methodologie militärischer Kräftevergleiche, in: PVS 1/82, S. 7 - 26;

International Institute of Strategic Studies (IISS), London: (Hrsg.) The Military Balance, jährlich

W. Woyke

2. Holistische Methoden

2.1 Hegels Dialektik

„Internationale Politik“ ist als Fach in der Bundesrepublik Deutschland ebenso von den USA her beherrscht wie die Politikwissenschaft im ganzen auch. Das geht aus den übrigen Beiträgen dieses Bandes ohne weiteres hervor. Nach den Gründen wird nicht sehr oft gefragt, obgleich sie unschwer anzugeben sind: Eine so allgemeine Feststellung wie die von *Marx*, die herrschenden Gedanken seien eben stets die Gedanken der Herrschenden, die frühe Einsicht *Karl Haushofers*, Deutschland (Mitteleuropa) habe nichts gehabt, was etwa den Kampf mit der „political sience“ der US-Amerikaner (oder) der Pariser „école des sciences politiques“ hätte aufnehmen können und die Entstehung der heutigen Politikwissenschaft aus der Intention der Umerziehung der Deutschen nach der Niederlage von 1945, wie sie bei *H.J. Arndt*, aber auch schon bei *Schrenck-Notzing* belegt ist, ergeben zusammen ein hinreichendes Erklärungsmuster. (*Haushofer* 1934: 101) Die Marxsche These erscheint einem generell plausibel und insofern man von Autoren wie *Arndt* und *Schrenck-Notzing* die Gründe und die Begründung für die Beherrschung auch der „Internationalen Politik“ von den USA her erfährt, bestätigen sie jenen allgemeinen Satz von *Marx*, der in diesem Zusammenhang eben auch in der Feststellung Präsident *Trumans*, die Geschichte werde von den Siegern geschrieben, eine spezielle Anwendung erhält. Die zweite der drei angeführten Ursachen, die von *Haushofer*, sollte im wissenschaftlichen Zusammenhang eigentlich die wichtigste sein, vor allem müßten ihre Begründungen interessieren.

Aber *Haushofers* Arbeiten, die die nicht von ihm selbst, sondern von dem Schweden *Rudolf Kjellén* begründete „Geopolitik“ zu einer bedeutenden politischen Wissenschaft machten, werden durchaus zu Recht mit dem Nationalsozialismus zusammengebracht. (*Ja-*

cobsen 1979) Sie mußten infolgedessen in die Tabuzone der ,,Besiegten von 1945" hineingeraten. Dabei wäre die ,,Geopolitik" ein wissenschaftlicher Ansatz, der den angelsächsischen Beiträgen zur ,,Internationalen Politik" zweifellos an die Seite oder entgegengestellt werden könnte. Da dies aber aus Gründen auch in diesem Band nicht geschieht, ist es ideenpolitisch umso wichtiger, daß hier eine andere Denkleistung deutscher Prägung mitbehandelt wird: die Hegel'sche Dialektik. *Hegel* ist zwar im Zuge der Umerziehung der Deutschen nach 1945 auch in jene unheiligfürchterliche Tradition eingereiht worden, die ,,von Luther zu Hitler" führte, aber er ist quasi entnazifiziert durch den hohen Stellenwert, den sein Denken nach wie vor für die Linke hat. *Hegel* zu behandeln ist also ebenso unverfänglich, wie es für das Fach und seine Aufgabenbestimmungen von der Bundesrepublik Deutschland her fruchtbar sein könnte.

Nun hat schon *Georg Lukacs* — allerdings in Bezug auf *Marx* — 1922 gesagt, daß, selbst wenn dessen sämtliche Ergebnisse sich als falsch herausstellen sollten, doch eines wesentlich bliebe, nämlich seine dialektische Methode. (*Lukacs* 1968: 58ff.) Diese stammt nun aber so eindeutig von *Hegel*, daß *Lenin* etwa das Studium des ,,Kapitals" ohne vorhergehendes Studium der Hegel'schen Logik — die eben Dialektik ist — für völlig unmöglich hielt.

Das Problem ist nun allerdings, daß Hegels ,,Dialektik als Methode" eigentlich nur im Rahmen der ausgeführten Systematik dieses Denkens sinnvoll darzustellen wäre. Das durchgeführte System löst erst den dialektischen Anspruch auf Wissenschaftlichkeit ein und macht in der Durchführung die Methode eigentlich erst sichtbar. Präpariert man ,,Dialektik als Methode" aus dem Werk heraus, so muß sie zunächst unausweichlich nur als ein abstrakter Anspruch erscheinen. (*Adorno* 1969)

Um trotzdem zu einer einleuchtenden Darstellung zu kommen, ist vorgängig dreierlei zu bemerken.

Zum ersten muß darauf hingewiesen werden, daß dieser Versuch über Dialektik und ,,Internationale Politik" keineswegs den Charakter eines Rezepts haben kann. Zum zweiten wird die Dialektik hier nur im Rahmen von Hegels politischem Denken dargestellt. Dieser Rahmen wird nun zwar durch Theorie des Staates und der Weltgeschichte gebildet, also durch Gegenstände von unmittelbar politischem Charakter. Dem philosophischen Kenner muß dies aber als durchaus unzulässige Reduktion erscheinen, deshalb verweise ich zum dritten in diesem Zusammenhang auf einige andere Veröffentlichungen, die die dialektische Systematik wenigstens andeuten, und Beispiele ihrer Anwendung auf internationale politische Probleme (Ost-West-Konflikt, Dritte Welt) vorführen. (vgl. *Willms,* 1972; ders. 1977)

2.1.1 Die allgemeinen Voraussetzungen für dialektisches Denken nach Hegel

2.1.1.1 Wahrheit und Wissenschaft

„Das Wahre ist das Ganze" sagt *Hegel* in seiner Phänomenologie des Geistes. (*Hegel* 1970 III: 24)

Danach hat das Einzelne, das Individuum selbst, aber auch jede bestimmte Handlung, namentlich jede wissenschaftliche Erkenntnis, als einzelnes, also z.B. in der isolierenden Reduktion, auf der unser neuzeitlicher Begriff von „strenger Wissenschaft" beruht, keine Wahrheit, ist als einzelnes nicht in seiner Wahrheit erfaßbar. Wahrheit hat ein einzelnes nur in der Beziehung zur „Totalität", d.h. zu einem konkreten Ganzen, und es muß von diesem Ganzen her bestimmt werden. Insofern das Einzelne durch diese Beziehung auf das Ganze begründet und bestimmt ist, ist es in dieser Beziehung auch selbst Totalität. (*Hegel* 1970: 347ff.)

Das „Ganze" aber ist wiederum keine eigene, isolierbare Wirklichkeit, es existiert konkret nur in dem ständigen Gegeneinander der Einzelnen, d.h. als die Wirklichkeit von deren Entgegensetzungen, Auseinandersetzungen, Konflikten. Immer stehen sich konkrete Subjekte wie Begriffe als „Thesen und Antithesen" gegenüber. Wahrheit ist nur faßbar in der durchgeführten Systematik aller Gegensätze einer Situation oder Lage. Das bedeutet politisch, daß der einzelne, das individuelle Subjekt, seine Wahrheit nur in der politischen Totalität, im Staat findet. Denn dieser bedeutet die Verwirklichung aller Gegensätze und Widersprüche, die sich aus der Freiheit der einzelnen unausweichlich ergeben, zu einer konkreten Totalität. Für die „Internationale Politik" bedeutet dies die methodisch strenge Forderung, daß alles Handeln von politischen Subjekten, von Staaten also, nur von einer weltpolitisch globalen Situation her angemessen zu erkennen oder zu erklären ist. Alle Politik von einiger Bedeutung ist im Rahmen einer „Totalität" zu bestimmen.

Die Gesamtdynamik, die alle Relationen der politischen Subjekte sowie deren Geschichte umfaßt und zur Darstellung bringt, ist für *Hegel* ,,Weltgeschichte".

Dies ist nun keineswegs nur der Ausdruck für die Addition eines Chaos allen vergangenen oder gegenwärtigen Handelns politischer Subjekte. Die Weltgeschichte ist das ,,Weltgericht" (*Hegel* 1970: 347ff.), d.h. sie ist das Urteil über alle Politik: methodisch bedeutet dies, daß nur eine Gesamtsicht der Weltgeschichte wissenschaftliche Politik ermöglichen würde. Handlungssubjekte, Städte, Tyranneien, Reiche, Staaten, entstehen, tragen eine zeitlang zur allgemeinen Entwicklung bei und vergehen. Die Erkennbarkeit der Weltgeschichte steht für *Hegel* außer Zweifel, er befindet sich damit in der neuzeitlichen Tradition eines Wissenschaftsverständnisses, welches einsieht, daß Menschen sicheres Wissen oder wahre Erkenntnis nur von dem gewinnen können, was sie selbst gemacht oder hervorgebracht haben. (vgl. *Weiß* 1980: 84ff.) Der Inbegriff dieses Hervorgebrachten ist eben ,,Weltgeschichte", in der der Mensch, insofern er denkt — oder bei *Hegel* der ,,Geist" — sich in dem wiedererkennt, was er gemacht hat. Der ,,Geist" erkennt sein eigenes geschichtlich Hervorgebrachtes als die Wirklikchkeit seiner selbst, und insofern Geist als Denken, d.h. aber als Freiheit bestimmt ist, ist ,,Weltgeschichte" die Geschichte des Hervorbringens oder der Verwirklichung der Freiheit. Auf die Verwirklichung von Freiheit also ist politisch-geschichtliches Handeln hin zu relativieren und daraufhin ist es zu beurteilen — Weltgeschichte ist gleichzeitig Erkenntnisvoraussetzung, Gegenstand und Erkenntnisprinzip. Wesentlich ist nun aber vor allem folgendes: ,,Weltgeschichte" bedeutet in methodischer Hinsicht nicht die Erkenntnis von ,,Gesetzen" im Sinne des Gesetzesbegriffs der Naturwissenschaften. Diese von *Hegel* her völlig unzulässige Positivierung der Dialektik hat erst *Marx* zuwege gebracht, indem er einerseits, philosophisch reaktionär, auf Fortschritt, Denken und Menschheitsglauben der französischen Aufklärung zurückgriff und andererseits reduktionistisch, also im zentralen Verstoß gegen das Erkenntnisprinzip ,,Totalität" aus der Dialektik eine Wissenschaft von den ,,Gesetzen" der menschlichen Entwicklung als Fortschritt zu inhaltlich bestimmenden zukünftigen Zielen machte. Aber ,,Hegel'sche Dialektik" prätendiert nicht die Prognostizierbarkeit des Ganzen. Der Standpunkt der Erkenntnis ist immer nur der Standpunkt der Gegenwart und ihr Feld ist die Überschaubarkeit des Vergangenen. Diese Überschaubarkeit setzt die Kenntnis der Geschichte voraus — ein zweifellos schwieriges Unterfangen, das aber nicht durch die Konstruktion von „Gesetzen" — dieser Geschichte ersetzbar ist. Ist die Geschichte als Vergangene vernünftig erkennbar, so ergeben sich aus deren „Vernunft" Maßstäbe für die Beurteilung der Gegenwart und ihrer sich bereits abzeichnenden Entwicklungsdynamik. Aber insofern weltgeschichtliche Erkenntnis die Erkenntnis der Freiheit von sich selbst ist, kann Zukunft nicht auf Gesetzmäßigkeiten festgelegt werden: Dies wäre das Ende der Freiheit. Die marxistischen Verformungen der Hegel'schen Dialektik laufen keineswegs von ungefähr auf die politische Praxis von „Totalitarismus" hinaus. Was aber nach *Hegel* möglich ist, ist, aus der Weltgeschichte und der weltgeschichtlich bestimmten Dynamik der Gegenwart quasi eine dynamische Weltkarte zu erstellen, eine „Totalität", von der aus die Richtung der bestimmbaren Mächte und Kräfte in ihrer, durch ihre Gegensätze vermittelten Gesamtheit erkannt werden kann. (vgl. *Hegel* 1970, VII: 243ff.)

Zu einer „dialektischen Methode" in der „Internationalen Politik" gehört also vor allem die Kenntnis von Geschichte, Geschichte und nochmals Geschichte und die immer aktuelle Information über den Stand der Dinge an jenen Stellen, die die weltgeschichtliche Selektion als die je wesentlichen bestimmt hat. Das ist natürlich schwer zu leisten — kein Wunder, daß die „Internationale Politik" methodisch ständig auf der Jagd nach Gesetzen, Strukturen oder Reduktionen ist, die ihr das Geschäft vereinfachen sollen.

2.1.1.2 Vernunft und Wirklichkeit

Die grundlegende Reduktion der Wissenschaft im neuzeitlichen Sinne seit deren Begründung durch *Bacon, Hobbes, Descartes* und andere im 17. Jahrhundert ist die Herauslösung vor allem der Natur aus älteren, umfassenden Vorstellung von Schöpfung. Die Natur wurde zum „Objekt", zu dem der Mensch, vorher auch nichts anderes als ein Teil der Schöpfung, sich nunmehr als „Subjekt" im Sinne eines Zugriffs wissenschaftlich-technischer Weltbewältigung verhält. Diese Subjekt-Objekt-Trennung wurde zur Grundlage der exakten Wissenschaft. Und obwohl gerade in der modernen Physik genügend Hinweise dafür gegeben sind, daß jene Trennung so nicht aufrecht erhalten werden kann, sondern „relativiert" werden muß, beruht das Wissenschaftsverhältnis des ,,main-streams" der Politikwissenschaft doch immer noch auf der Orientierung an der — in der Technik scheinbar immer wieder bestätigten — alten Trennung von Objekt und Subjekt, die allein wissenschaftliche Exaktheit — ,,science" — vermitteln könne.

Nun muß in den Wissenschaften, die sich mit dem Menschen oder menschlichem Handeln — auch etwa Sprachhandeln — befassen, die Reduktion des Gegenstandes dieser Wissenschaft auf ein Objekt problematisch sein. Menschen sind Subjekte. Wo sie dies nicht sein, werden oder bleiben können, werden sie zu Objekten für andere Subjekte. Und: ,,Das Subjekt beherrscht das Objekt" — wie es in der Schulgrammatik heißt. Auch der Wissenschaftler ist Teil des zu untersuchenden Zusammenhangs — etwa der Gesellschaft oder des Systems — die strikte Trennung von Subjekt und Objekt kann hier nicht ohne Deformierung des Untersuchungsbereiches vor sich gehen. So versuchten sich in der Tradition des 19. Jahrhunderts ,,Geisteswissenschaften" von den Naturwissenschaften abzutrennen, ein eigenes Wissenschafts- und Methodenverständnis zu entwickeln. (vgl. *Ritter* 1961) Was nicht verhindern konnte, daß Geisteswissenschaften dann doch, vor allem über die Entwicklung der Methoden, eine positivistische Praxis entwickelten, deren Wissenschaftsverständnis wiederum an dem Exaktheitsgrad der Naturwissenschaft orientiert ist. Dies war im wesentlichen die Wirkung des technischen Paradigmas, das die Neuzeit und ihr Verständnis von Mensch, Freiheit und Fortschritt bestimmte. Auch als zunehmend von ,,Handlungswissenschaften" gesprochen wurde, hörte die Positivierung nicht auf. Die Konzentration auf menschliches ,,Handeln" förderte sogar einen neuen Szientismus, was im ,,Behaviourismus" im weiteren Sinne und seinen Formalisierungs- und Mathematisierungsleistungen deutlich wird.

Als grundlegendes Problem muß aber jedenfalls auf die Identität von Subjekten und Objektivem in aller Wissenschaft vom Menschen hingewiesen werden, d.h. simpel: Wissenschaft von Menschen wird von Menschen gemacht. Die Konsequenz für die Dialektik ist ebenso eindeutig wie aufschließend: Wissenschaft im umfassenden Sinne eines Welt- und Menschen umgreifenden Denkens kann überhaupt erst entstehen, insofern der Gegenstand — Menschen, die sich durch Handeln verwirklichen — und die Erkenntnis identisch sind. Denn wissenschaftliches Erkennen ist nicht etwas anderes als die

Leistung, die die zentrale menschliche Weltbewältigung als menschliche kennzeichnet: Vernunft. Im Vernunftbegriff Hegels sind Erkenntnis und Gegenstand identisch. Aber dies ist keineswegs eine Abstraktion; Identität ist nicht ,,die Nacht, in der alle Kühe schwarz sind". (*Hegel* 1970 III: 22) Sie ist das in ständiger Verwirklichung sich befindende Weltverhältnis der Menschen, und diese Verwirklichung der Menschen ist Geschichte.

Dies ist der Kern des berühmt-berüchtigten Satzes von *Hegel:* ,,Was vernünftig ist, das ist wirklich, und was wirklich ist, das ist vernünftig". (*Hegel* 1970 VII: 24)

Der Mensch als im Prinzip vernünftiges Wesen verwirklicht seine eigene Existenz unablässig in der Geschichte. Er kann immer nur so viel Vernunft haben, als diese seine Geschichte bisher erbracht hat, seine Vernunft ist die seiner Geschichte. Er kann nichts besser wissen, als er selber ist. Das Ausmaß seiner Vernünftigkeit wird von der Verwirklichung dieser Vernünftigkeit diktiert — es hat keinen Sinn, diese Verwirklichung — oder Wirklichkeit — im Sinne abstrakter Begriffe zu überfliegen — in diesem Hegelianischen Sinne ist auch noch Marx' scharfe Ablehnung der Utopien zu sehen. Vernünftig erkannt werden kann nur das, was die Wirklichkeit an Vernunft hergibt. Dies ist es, was *Hegel* ,,Begreifen" nennt, oder als Erkenntnisintention auch ,,die Wirklichkeit auf den Begriff bringen". *Marx* sagte später, in stärkerer Betonung des Revolutionären an der dialektischen Methode: ,,Man muß diese versteinerten Verhältnisse dadurch zum Tanzen bringen, indem man ihnen ihre eigene Melodie vorsingt". (*Marx* 1953: 211) Die Wirklichkeit darf in der dialektischen Intention nur an Begriffen gemessen werden, die sie selbst hergibt, die sich aus der Wirklichkeit selbst ergeben. Jede Theorie ist umso besser, je weniger sie erfindet, je weniger sie von außen an die Wirklichkeit heranträgt.

2.1.1.3 Idee und Freiheit

Das eigentliche Instrument, mit dem die Hegel'sche Dialektik arbeitet, ist die Idee. Die Triade (These, Antithese, Synthese) ist bestenfalls ein deskriptives Schema, das erst im Rahmen der welthistorischen, der wirklichkeitsbezogenen und der idealistischen Dimensionen dieses Denkens überhaupt handhabbar ist. Davon abgesehen bleibt die dialektische Triade nur abstraktes Begriffsgeklapper — so wenn man sie etwa schematisch auf ,,Erste Welt — Zweite Welt — Dritte Welt" übertragen wollte. Die Idee ist der Inbegriff eines menschlichen Wirklichkeitsbereiches in je allen seinen Erscheinungsweisen und deren Geschichte. Es ist kein Zufall, daß ,,die Idee" an den, dem Sozialwissenschaftler ja vertrauten, Weber'schen Idealtypus erinnert. Dieser ist in der Tat von jener abgeleitet. Der Idealtypus ist die erkenntnisgerechte Abstraktion aus einer Masse empirischer Befunde, die als diese in der Wirklichkeit nicht auftaucht, als solche — als Begriff, z.B. ,,legale Herrschaft" — aber einen Maßstab des Vergleichs und der Zuordnung der einzelnen Wirklichkeitsbefunde abgibt.

Vergleichbar, wenn auch grundlegender, ist Idee das Instrument, mit dem Hegels Dialektik die historische Wirklichkeit als miteinander von Besonderem, von Phänomenen, von Notwendigkeit und ordnendem Bewußtsein greift.

Ihre Wirklichkeit erhält sie auf der Seite des Bewußtseins, also als Begriff, voll und ganz aus der Wirklichkeit, auf die sich das Bewußtsein richtet — so, wie ein einfaches Instrument, ein Werkzeug, seine Wirklichkeit nach Form und Verwendung vollständig aus der Wirklichkeit des Umgangs mit dem Material und den praktischen Bearbeitungsnotwendigkeiten erhält. Selbstverständlich trägt dieser Vergleich auch dahin, daß es scharfe, d.h. der Wirklichkeit besser angepaßte, mehr Wirklichkeit ordnende Begriffe ebenso gibt wie unscharfe. Begriffe sind in reflexiver Bemühung ablösbar und entsprechend systematisierbar. Ihre Brauchbarkeit aber wird allein gemessen am Grad ihrer Konkretheit, d.h. inwiefern sie als der Bewußtseinsanteil der umfassenden Wirklichkeit der Idee aufweisbar sind. Idealismus als Wirklichkeitserkenntnis ist also durchaus nichts Abstraktes; die Idee ist in sich der Wirklichkeit ebenso konfrontierbar wie aus der Anschauung her kontrollierbar. Idee ist bewußt erfaßte Wirklichkeit. Menschliche Wirklichkeit ist Wirklichkeit der Freiheit. Freiheit ist vor allem eine praktische Kategorie, sie setzt die Notwendigkeit des Handelns — im Sich-Erhalten in der Welt — ebenso voraus, wie die Handlungsmöglichkeiten entsprechend der Fülle des Besonderen offenbleiben. Entsprechend der unmittelbaren Erfahrung oder Nichterfahrung des Handelnden baut sich jedes menschliche Bewußtsein — in bezug auf seine Instrumente und Handlungen — zu einem ordnenden Bewußtsein auf. Alles Handeln kann schlecht, mittelmäßig oder gut vollzogen werden, jedes Instrument kann schlecht, mittelmäßig oder gut geeignet sein, der ihm zugeordneten Wirklichkeit des Handelns gerecht zu werden. Entsprechend sind auch Begriffe in bezug auf die bewußte Verarbeitung der Wirklichkeit schlecht, mittelmäßig oder gut geeignet. Die Idee ist der Inbegriff des voll entfalteten Phänomens oder der Inbegriff des guten Gelingens eines Handelns. Insofern sie wirklich ist nur in der Vielfalt der bewußt gemachten Wirklichkeit, ergibt sich, daß die Idee diese Wirklichkeit auch in praktischer Hinsicht ordnet.

Dabei strukturiert die Idee die Wirklichkeit auch einer Epoche, sie bestimmt, den „Geist der Zeit". Und zwar in allen seinen Erscheinungsformen. Also auch in den widersprechenden, den Abweichungen und den Perversionen. Die Idee des Menschen auch in den Individuen tiefster Verkümmerung, Verarmung, Perversion — ebenso wie in der des ungeborenen individuellen Lebens. „Idealismus" als individueller Habitus ist also nicht so etwas wie ein Feiertagsglaube an das Hohe und Erhabene, sondern die Haltung, seine eigene Existenz im Sinne der Idee zu steigern, trivial gesprochen „das Beste aus sich zu machen" oder, antikisch ausgedrückt, „das zu werden, was man ist". Eine der folgenreichsten Idiotismen war und ist es, dem „Idealismus" einen „Materialismus" als vorgeblich wirklichkeitsnähere Theorie gegenüberzustellen. Eines der törichtesten Mißverständnisse des Idealismus ist es, ihn als wirklichkeitsfremde Illusion, als wolkige Romantik, als Verstiegenheit hinzustellen und dagegen einen „Realismus" geltend zu machen, der bestenfalls partikularer Utilitarimus ist und schlimmstenfalls die Trivialität „die Dinge so zu nehmen wie sie sind". (Willms 1979 I, 1)

Das Zentrum des Idealismus ist die historische Erkenntnis, daß der Mensch endgültig nichts anderes für seine Weltbewältigung hat als sich selbst, seine eigenen Hände und sein eigenes Hirn. Diese im 17. Jahrhundert erarbeitete Erkenntnis wird von den Idealisten, namentlich von *Hegel*, ernst genommen. Wenn der Mensch als das denkende Wesen frei ist, dann handelt es sich um eine generelle Erkenntnis, die aber selbstverständlich auch dem Gesetz des Werdens unterliegt, d.h. die in diesem ihrem Werden aufgezeigt werden kann. Freiheit als universales Konstitutivum menschlicher Wirklichkeit ist etwas sehr anderes als die Intention eines Freiheitsbewußtseins auf aktuelles „Brechen von Ketten". Freiheit ist, als Ausdruck der Reflexionsstruktur des menschlichen Organismus, „conditio humana" schlechthin. Freiheit bedeutet, stets unter Handlungsdruck zu stehen, ohne daß die Handlungsweise a priori determiniert ist. Gegenüber der Freiheit sind sowohl „gut — böse" wie „vernünftig — unvernünftig" durchaus sekundäre Kategorien. Dabei mußte das Problem der Verwirklichung der Freiheit, also das Politische Problem, immer im Vordergrund stehen — Freiheit bedeutet vor allem, daß es keine ursprüngliche Gleichrichtung der Individuen in bezug auf die Art und Weise ihrer Existenzverwirklichung geben kann. Solche Gleichrichtungen sind angesichts der Notwendigkeit, der Natur das Leben gesellschaftlich abzuringen, jedoch unausweichlich. Das Problem der gesellschaftlichen Ordnung also führte und führt durchaus zu absurden wie zu plausiblen Entwürfen, deren Maß wiederum nichts anderes sein könnte als das Maß der Freiheit — denn etwas anderes hatten die Menschen nicht. Da deren Verwirklichung — so oder so — aber jedenfalls eine unausweichliche Arbeit darstellte — die Arbeit der Institutionalisierung der Ordnung, des Zusammenlebenkönnens, also der Politik, gerät menschliche Freiheit auch immer unter die Bedingungen ihrer eigenen Verwirklichung — sie ist in den Möglichkeiten der Verwirklichung, rückwärts gesehen, von ihren eigenen, bis zum Zeitpunkt des Handelns Wirklichkeit gewordenen, Formen bedingt. Geschichte gehört zur Wirklichkeit der Freiheit, d.h. zur Wirklichkeit des Menschen, sie ist dessen Verwirklichung, d.h. als vergangene, Schicksal und unentrinnbar, als Zukünftige ebenso eingeschränkt wie offen und als Gegenwärtige nur dann im Sinne umfassender Wirklichkeitserfassungen handlungsanleitend, wenn die Stränge des Denkens — d.h. die in der Intention umfassend begriffene Wirklichkeit — zu konkreten Handlungsweisungen führen. Zu einer Reflexion auf die ganze Wirklichkeit, oder zu einer wissenschaftlichen Erfassung der Wirklichkeit gehört nicht nur alles individuelle Handeln, sondern auch notwendig die Form individuellen Bewußtseins, die das Denken annimmt. Erst dies zusammen macht Wirklichkeit und die Notwendigkeiten der Dinge, ihre Härte, Unnahbarkeit, Unverträglichkeit, die etwa Bearbeitung und Domestikation verlangen, werden zur Wirklichkeit ebenso wie die menschlichen Beziehungen im Ganzen, ergänzt durch die Notwendigkeit des Bewußtseins, durch die Einsicht, daß Existenz des einzelnen nur in zu Institutionen geronnenen Prozessen des Überlegens, des Denkens möglich ist.

2.1.2 *Erörterung einiger dialektischer Kategorien in politischer Anwendung*

Auf dem Hintergrund des Bisherigen, also auf dem Hintergrund der Dialektik als eines Idealismus, der Wirklichkeitswissenschaft mit weltpolitischer Erkenntnisintention verbindet, sollen im Folgenden einige dialektische Kategorien, soweit sie nicht, wie „Totalität", schon behandelt wurden, kurz erörtert werden. Diese Kategorien sind: Gesetztes — (Bestimmtes) — Entgegengesetztes — Entzweiung und Entfremdung —, Negation — Negation der Negation — Vermittlung — Aufhebung.

Diese Kategorien sind weniger als applizierbare Begriffe, sondern als „Momente" , d.h. je sich verwirklichende Stufen des Daseins einer in der Intention als Ganzes zu rekonstruierenden Wirklichkeit, als permanente Verwirklichung, also als konkretes Werden, also als geschichtliche Entwicklung zu begreifen. Und ihre Verlaufsform, ihre Wirklichkeit, ist die Entgegensetzung oder der Widerspruch.

Um gleich den Schritt ins Politische zu machen: Der Mensch ist für *Hegel* ein politisches Wesen, insofern er ein denkendes ist und umgekehrt. Hiermit aktualisiert er die philosophische Aufgabenstellung, die in dieser einfachen Deutlichkeit, also „klassisch" , bei *Aristoteles* zum ersten Mal hervortritt. Der Begriff, von dem aus bei *Hegel* beide Seiten faßbar wären, ist der der Freiheit. Menschsein ist Verwirklichung von Freiheit. Deren Denken ist die grundlegende (sich-selbst-grundlegende) Bestimmung des Wesens Mensch. Freiheit muß konkret aufgefaßt werden, d.h. als politische und gleichzeitig als stets werdende, lebendige Verwirklichung menschlichen Daseins. Es gibt keine Freiheit, also keine menschliche Existenz außerhalb des je konkret zu bestimmenden Politischen und außerhalb einer konkreten, vom Denken nachvollziehbaren Entwicklung. Der Entwicklungsstand der je konkreten politischen Existenz ist die je konkrete Vernunft, was oben deutlich zu machen versucht wurde, also die jeweilige Situation, die „Lage" als Resultat der Geschichte.

Politische Existenz ist wie alle Existenz je Bestimmtes und wird als durch und durch Bestimmtes, also als Wirklichkeit erkannt, d.h. „gesetzt". Nehmen wir als Einsatzpunkt für die Erörterung der dialektischen Kategorie hier die Entstehung des neuzeitlichen politischen Subjekts oder des Staates. „Gesetzes" — d.h. als bestimmte

Wirklichkeit bewußt gewordenes — läßt sich nicht denken ohne Entgegengesetztes, das, als Wirkliches bewußt, seinerseits gleichfalls gesetzt wird. Im Zusatz zum § 92 der Enzyklopädie schreibt *Hegel*: „Der Mensch, insofern er wirklich sein will, muß da sein, und zu dem Ende muß er sich begrenzen. Wer gegen das Endliche zu ekel ist, der kommt zu keiner Wirklichkeit, sondern er verbleibt im Abstrakten..." Und vorher hieß es: „Etwas ist nur in seiner Grenze und *durch* seine Grenze das, was es ist. Man darf also nicht die Grenze als dem Dasein bloß äußerlich betrachten, sondern dieselbe geht vielmehr durch das ganze Dasein hindurch." (*Hegel* 1970 VIII: 197)

Das politische Dasein der Menschen muß als Wirkliches bestimmt sein; „Grenze" ist hier wörtlich zu nehmen und unmittelbar einleuchtend zu machen. Die Entstehung des modernen Staates war gleichbedeutend mit der Entwicklung von dessen Selbstauffassung als Souverän. Souveränität aber hat ihr wirkliches Dasein nur als bestimmte, d.h. innerhalb bestimmter Grenzen. Diese zu entwickeln und sie — und damit sich — zu behaupten, war vor allem die Leistung des modernen Staates. Nach innen die Durchsetzung der Monopolisierung der Gewaltanwendung und die Anerkennung von derer innerer Grenze — im Recht — nach außen die Behauptung und Sicherung der geographischen Grenzen des Territoriums. Entgegensetzung konnte nicht ausbleiben. Da es vorgegebene natürliche Grenzen ebensowenig gibt wie ein natürliches Recht, mußten Grenzen im Dafür und Dagegen bestimmt werden, konkret, sie mußten gewaltsam behauptet werden. Denn alles Bestimmte ist unausweichlich Negation. Dasein bedeutet Grenze ausbilden und Grenze ausbilden bedeutet, alle anderen von sich auszuschließen, Grenzen mußten also in Entgegensetzungen entwickelt werden — das war der Sinn der frühen Staatenkriege. An dem Beispiel kann auch ein anderer Aspekt deutlich gemacht werden. Ganz sinnlos wäre für *Hegel* die Frage: Hätte man diese Konflikte nicht auch friedlich lösen können? Friedliche Lösungen wären im wesentlichen friedensvertragliche Lösungen und diese setzten wiederum Krieg voraus. In dem strengen Wirklichkeitsverständnis Hegels bedeutet dies, daß Krieg aus der Verwirklichung des Daseins der Menschen als Wirklichkeit und d.h. auch als geschichtliche „Vernunft" realiter nicht ausgeschlossen werden konnten. Es hat keinen Sinn, sich irgendwie darüber zu entrüsten. Dies prätendiert nicht im geringsten eine Aussage wie die vom Gesetz eines „ewigen Kampfes" der Völker im Sinne von „Fressen und Gefressen-werden".

Eines allerdings ist für das Denken ganz unaufhebbar, daß nämlich jedes bestimmte Dasein ein Dasein in bestimmten Grenzen ist; Grenzen — qualitative und quantitative — die das politische Subjekt von sich selbst her bestimmen bzw. anerkennen muß. Das Bestimmte, hier der wirkliche Staat im modernen Sinne, ist also innere und äußere Bestimmung von Grenzen. Und darunter sind jeweils dynamische Prozesse zu verstehen, in der sich Gesetztem anderes Gesetztes entgegensetzt — also etwa der absolutistischen Souveränität das freie Individuum, das sich aus der absolutistischen Setzung des modernen Staates ebenso zwangsläufig entwickelt, wie es sich ihm dann entgegensetzt. Mit den Grundlagen seiner eigenen Verwirklichung von sich selbst her bestimmte der moderne Staat gleichzeitig die Grundlage für die Entwicklung des souveränen einzelnen. Jede individuelle Kategorie der Neuzeit war ursprünglich eine politische Kategorie. Der Staat emanzipierte sich als moderner von Kaiser und Papst und wurde so zur Voraussetzung der Möglichkeit des Individuums, sich durchweg gleichfalls zu emanzipieren. Nach innen ist diese Entwicklung dialektisch folgendermaßen zu sehen: Die Souveränität setzte sich „absolut" und erreichte damit eine neue Qualität ihres politischen Daseins. Mit der absoluten Qualität des Staates, die im Selbstbehauptungskampf nach außen erworben werden mußte, entstand aus den Wirren der konfessionellen Bürgerkriege das neuzeitliche Individuum, das eine neue Art von Denken, also von Freiheit für sich in Anspruch nahm. Der Staat war aber nach innen Kampf gegen die alte individuelle Willkür der Feudalität gewesen — er wurde als moderner in dieser Hinsicht restriktiv, er wurde zur Negation. Indem er aber die Feudalität, die ja auch eine ständische Ordnung realisierte, negierte, und den modernen „Untertan" setzte, erlangte dieser, im Gegensatz zu der alten Ordnung, eine, relativ zur absoluten Souveränität gesehen, allgemeine Gleichheit — das menschliche Individuum als solches stand nun dem Staat nicht mehr in vorgegebenen ständischen Ordnungen, sondern allein und eben als Individuum gegenüber. Der neuzeitliche Staat bestimmt also, indem er sich selbst bestimmt, auch das moderne Individuum, das als individuelles Selbstbewußtsein die Kategorie der Autonomie (Souveränität) übernimmt. Damit wird es zur Negation des Absolutismus oder zur Negation der Negation. Es begann der Prozeß „man versus state". Im Namen der „Menschheit" machte der 3. Stand sich zum Bürger — dies dann gewaltsam auch für alle anderen fordernd, bzw. durchsetzend. Dies ist die bürgerliche Revolution, in deren Verfolgung der Staat zum Rechts-, d.h. hauptsächlich zum Verfassungsstaat wurde, Bürgerqualität wurde allgemein und verbindlich auch für die je Herrschenden. Die Formen, in denen sich das neuzeitliche Denken zum modernen entwickelt, waren auf seiten des Staates der Rechtsstaat, auf seiten des Bürgers der Anspruch, den Staat als den Seinen im Bewußtsein zu haben, dies ist aber ausgedrückt im modernen Begriff der „Nation" — der nichts anderes meint als, vom Bürger her gesehen: Dieser Staat ist unser, d.h. er ist je der Meine, er ist die Wirklichkeit auch meiner Freiheit.

Dieser Prozeß nun ist nicht nur dynamisch zu denken, er ist auch nicht abzusehen. Denn insofern Freiheit nunmehr als Staat auftritt, — die Notwendigkeit der Behauptung äußerer Grenzen ist ohnehin nicht aufhebbar — bleibt der Prozeß der Verwirklichung der Freiheit im Gegenüber von Individuum und Staat eine Menschheitsaufgabe, deren Wirklichkeit aus immer neuer Negation und deren Negation oder aus Thesen, Antithesen und Synthesen besteht, wobei die letztere im Zuge ihrer Durchsetzung die neue Antithese hervorbringt.

Was die Gegenwart angeht, so kann jedenfalls leicht gezeigt werden, daß die Menschen mitten in dem Prozeß stehen, die Nation- oder Staatsqualität global, d.h. auf der ganzen Erde zu verwirklichen. Denn nichts anderes bedeutet ja die wichtigste Bewegung des 20. Jahrhunderts, die Bewegung der Entkolonialisierung. Das „wir selbst" sein wollen ist in dieser Bewegung — zunächst abstrakt — global geworden und die Welt ist ein — freilich hochdifferenziertes — System von politisch emanzipierten Territorien. Die zweite wichtige Entwicklung ist übrigens die des Endes des technischen Paradigmas, von dem her sich alles Denken als „Fortschritt" bestimmte. Dies Ende wird gegenwärtig in den ökologischen und nukleartechnischen Kreditverlusten „des" Fortschritts „der" Technik bewußt.

In dem Prozeß einer dialektischen Entwicklung ist nun Vermittlung die Kategorie, die, in jeweils konkreter Bestimmung, bedeutet, daß ein Wirkliches nur je gleichzeitig mit seiner Entgegensetzung wirklich ist. So hat in der angedeuteten Entwicklung der moderne Staat seine Wirklichkeit durch das moderne Individualbewußtsein, bzw. durch das moderne Individuum und umgekehrt. Vermittelt sind die beiden Momente durcheinander und in der Vermittlung aller Momente ergibt sich Totalität.

Innerhalb der Realität der modernen Staaten bedeutet der Prozeß ,,man versus state", daß es zwischen den Entgegengesetzten immer wieder zu ,,Entfremdungen" kommt — d.h., daß sich die einzelnen oder einzelne Gruppen, Klassen im Ganzen eben nicht wiedererkennen. ,,Entfremdung" wäre hier die Form, in der die Entgegensetzung von Einzelnem und Ganzem subjektiv und objektiv nicht mehr ertragen werden kann. Die Entgegensetzung oder Entzweiung dissoziiert sich zur Entfremdung, in der das eine nicht mehr durch das andere vermittelt erscheint. Als diese, als Entfremdung, ist sie je aufhebbar und die Entwicklung, in der Entfremdung je aufgehoben wird, ist eine der wesentlichen Dynamiken menschlichen Daseins. Insofern aber der Grund für jede Entzweiung die Freiheit und insofern diese Freiheit nur in politisch bestimmter Existenz zu verwirklichen ist, gehört Entzweiung als solche zum Wesen neuzeitlicher Existenz hinzu. Entfremdungen können also nur je in einem Prozeß, der immer wieder neu ansetzt, nicht aber ein für alle mal, aufgehoben werden. Mit Entzweiung als solcher würde notwendig auch jede Art von Freiheit verschwinden. Nicht also etwa die erzwungene Identität, über eine gewaltsam oktroyierte, ansonsten willkürliche und parteiliche Gesinnung oder Ideologie ist die Wirklichkeit der Freiheit, sondern die abrufbare Identifizierung des freien Einzelnen mit seinem Staat bei bestehender, vermittelter Entzweiung. Nur diese macht die Identifizierung als Freie möglich. Das erstere wäre Totalitarismus, das zweite Nationalismus im Sinne von Nationalbewußtsein, d.h. vernünftiger Einsicht in die durch Gegensätze hindurch sich darstellende Vermittlung des Einzelnen und ,,seines" Ganzen. Als einsichtiges Resultat in die dynamische Realität der Notwendigkeiten politischer Existenz muß ein modernes Nationalbewußtsein die Priorität der Vernünftigkeit für sich in Anspruch nehmen.

Mit ,,Aufhebung" sind wir zur letzten dialektischen Kategorie gekommen, die hier zu erörtern ist. Aufhebung bedeutet, daß im Prozesse der Verwirklichung zwei Entgegengesetzte — oder These und Antithese — die sich auseinanderentwickelt haben, in eine neue Form — Synthese — sowohl eingehen, wie sich verändern. Die Aufhebung der selbstbestimmenden Territorialität des alten Adels im Absolutismus bedeutete also nicht die Beseitigung des Adels, aber er bekam als Königs- oder Dienstadel eine durchaus neue Form, und das Fürstentum desjenigen, der seinen Absolutismus durchgesetzt hatte, erfuhr gleichfalls eine Transformation. Im Prozeß der Geschichte wird so alles aufgehoben — bis eine Formation wirklich verschwunden ist, dauert es lange, und das erinnernde Bewußtsein bewahrt sie noch länger auf: auch dies war Mensch, Freiheit, Vernunft.

Die dialektische Erkenntnis, daß an einem strengen Begriff von Nation festgehalten werden muß, insofern die Nation die konkrete Vermittlung selbstbewußter Freiheit ist, wäre sicher keine geringe Erkenntnis für die ,,Internationale Politik". Was nun aber deren Aufgabe im weitesten Sinne, nämlich die Bestimmung der gegenwärtigen weltpolitischen Situation oder Lage angeht, so läßt sich folgendes — etwa als eine ,,dialektische Faustskizze" — ausführen.

Der dritte Stand hatte in Frankreich die große Revolution erzwungen und damit die Idee Nation, in der die Trägerschicht ,,menschheitlich", also nicht mehr exclusiv, bestimmt sein sollte, ins Werk zu setzen begonnen. Die Revolution entwickelte sich aber zunächst nicht im Sinne der Gleichheit der Bürger, sondern im Sinne des Menschheitsexports ihrer Ideen durch Napoleon. Diese Setzung einer Nation zum Menschheitsmaßstab rief die Entgegensetzung der anderen Nationen und ihres Selbstbehauptungswillens hervor. Als Ergebnis wurde aber nicht die ,,Nation" beseitigt, sie wurde im Gegenteil zum politischen Anspruch der damaligen welthistorischen Mächte schlechthin. Auch von Deutschland her war der Widerstand gegen Napoleon begleitet von einem freiheitlich betonten Nationalismus, für den der erste Feind natürlich die Fremdherrschaft der französischen Besatzungsmacht werden mußte. Im Sinne aber der Aufhebung des Untertans in den Nationalbürger standen dieser Antithese die starken Thesen der bestehenden vielfältigen, großen und kleinen Absolutismen gegenüber. Der deutsche Nationalismus mußte also realistischerweise zum Ruf nach Einheit *und* Freiheit werden, eine Folge von Forderungen, die sich bis in die Präambel des Bonner Grundgesetzes gehalten hat. Die nationale Revolution der Deutschen konnte nicht ebenso erfolgen wie die der Franzosen, sie ergab sich, nach den Anläufen von 1813 und 1848, erst durch die Reichseinigung von 1871. Das Bedauern darüber, daß diese Revolution eine ,,von unten" gewesen sei, ist durchaus sinnlos, und hier eine Ursache für die spätere Niederlage nicht der Deutschen, sondern sogar eines bestimmten ,,autoritären Charakters" zu sehen, ist der Gipfel undialektischer Siegermentalität. Wesentlich ist vor allem, daß das Zweite Reich sich jetzt mit Macht gegenüber den anderen europäischen Mächten behauptete. Von diesem her mußte dies als entgegensetzende Selbstbehauptung erscheinen, der alle Welt damals noch nicht mit der Politik einer Synthese, sondern mit der der Beseitigung gegenübertrat („germaniam esse delendam"). Die Nationen waren noch nicht in der Lage, großräumige Friedensordnungen anders als nationalimperialistisch anzustreben, das Zeitalter der Weltkriege transformierte das von den europäischen Nationen dominierte Weltsystem zu jener Welt, in der die alte Nation — europäische Großmacht mit kolonialer Abstützung — aufgehoben wurde. Einerseits verbreitete sich aber Nation im neuen Sinne global (s.o.), andererseits wurde Frieden nicht als Ergebnis nationaler Verständigung, sondern zunächst als „pax americana" verwirklicht. Diese Setzung rief wiederum die Entgegensetzung der „pax sowjetica" hervor. Die damalige amerikanische Politik namentlich Roosevelts ist ein gutes Beispiel extrem undialektischen, also wirklichkeitsfremden Denkens. Dies Denken ist deshalb so gefährlich, weil es, unfähig, das Entgegengesetzte zu begreifen, sich selber absolut setzt, und einen Alleinvertretungsanspruch auf die Definition von Mensch, Freiheit, Fortschritt und Welt beansprucht, was einen ebensolchen Absolutheitsanspruch wechselseitig provozieren muß: es entsteht eine weltpolitische Unfähigkeit zur Vermittlung, die nur eine absolute Entgegensetzung kennt. Der Supermacht-Gegensatz beherrscht bis heute die Welt, er stabilisiert sich als absurd gesteigerter Drohfrieden in einer „Sicherheit", die wiederum aus sich selbst heraus zunehmend Unsicherheit und Angst produziert. Der welthistorische Sinn dieser Epoche kann nur in zweierlei gesehen werden: Erstens in einem neuen, dialektisch transformierten Verhältnis zur Technik, namentlich zur nuklearen Rüstungstechnik, und zweitens im Geltendmachen der Durchsetzung des Prinzips der Freiheit als konkreter Freiheit selbstbestimmter Nationen.

Die Nation ist ja nirgendwo beseitigt, die hegemoniale Stabilisierung des Weltgleichgewichts im Gegeneinander der Supermächte ruft unausweichlich von sich her die Nation in neuer Weise und jetzt in einer globalen Qualität auf den Plan. Wem „Nation" als eine Bestimmung von gestern erscheint, der möge bedenken, daß sie erstens die Vermittlung von Freiheit ist und daß sie in diesem ihrem Kern gewissermaßen unüberholbar ist, und daß sie zweitens, global gesehen, jedenfalls die Zukunft für sich hat. Die Idee der Nation ist jedenfalls noch nicht so abgewirtschaftet wie die Supermachtspolitik jetzt schon nach 40 Jahren erscheint. Ein neues Nationalbewußtsein, in den Kategorien von Selbstbehauptung und Anerkennung realisiert, ist die Vernunft der Gegenwart.

Literatur

Adorno, Th.W., 1969, Der Positivismusstreit in der deutschen Soziologie, Neuwied/Berlin;

Haushofer, K., 1934, Weltpolitik von heute, Berlin;

Hegel, G.W.F. 1970, Werke in zwanzig Bänden, Frankfurt a. M. (Zahl = Bandangabe);

Jacobson, H.A., 1979, Karl Haushofer, Boppard (Bd. I. u. II.);

Lukacs, G., 1968, Geschichte und Klassenbewußtsein, Neuwied/Berlin;

Marx, K., 1953, Zur Kritik der Hegelschen Rechtsphilosophie, Ausgabe Landshut (KTA);

Ritter, J., 1961, Die Aufgabe der Geisteswissenschaften in der modernen Gesellschaft, Münster;

Weiss, U., 1980 Das philosophische System von Thomas Hobbes, Stuttgart, Bad Cannstadt

Willms, B., 1972 Entwicklung und Revolution, Frankfurt a. M.;

Willms, B., 1977, Selbstbehauptung und Anerkennung, Opladen;

Willms, B., 1979, Einführung in die Staatslehre, Paderborn;

Willms, B., 1982, Politische Koexistenz, Paderborn.

B. Willms

2.2 Die Marxsche Dialektik

Das Denken in Zusammenhängen, Widersprüchen und Entwicklungen, das einem objektiven Realitätsprozeß nachspürt, um zu realistischen Handlungsorientierungen zu finden, ist so alt wie das Verhältnis von Theorie und Praxis. *Hegel* hat dieses Denken erstmals in ein System gebracht. *Marx* und *Engels* haben den Entwicklungsgedanken konsequent auf die konkreten Gesellschaftsprozesse ihrer Zeit angewandt. Seither ist die historisch-materialistische Dialektik durch die Anstrengung vieler zu einer Methode geworden, die aus der Analyse komplexer historisch-gesellschaftlicher Zusammenhänge nicht mehr wegzudenken ist.

Auch wichtige Akteure im internationalen System beziehen sich auf diese Methode. Die historisch-materialistische Dialektik ist erklärte Grundlage der außenpolitischen Strategie sozialistischer Staaten, sie bestimmt die Programmatik kommunistischer Parteien, nationaler Befreiungsbewegungen und beeinflußt sogar die Orientierungen der sogenannten neuen sozialen Bewegungen. Dabei werden die von *Marx* und *Engels* gesetzten Standards sicherlich nicht immer erreicht; doch hat das Praktischwerden ihrer Theorie die allgemeine Qualität politischer Interessenauseinandersetzungen nicht unwesentlich verbessert.

Methoden werden durch ihre Anwendung vermittelt. Neben den Hauptwerken von *Marx* und *Engels* bleibt beispielsweise ihr Briefwechsel eine gute Einführung in den Gebrauch der dialektischen Denkweise. Auch das intellektuelle Vorgehen *Lenins* ist lehrreich: Aneignung der logischen Methode *Hegels*, historisch-konkrete Gesellschaftsanalyse, politische Strategiebildung und Entwurf einer Theorie des internationalen Systems bilden hier eine Einheit wie bei keinem anderen Politiker dieses Jahrhunderts. *Rosa Luxemburg*, *Antonio Gramsci*, *Mao Tse-tung*, ja auch *Fidel Castro* sind weitere exemplarische Vertreter des materialistisch-dialektischen Denk-Habitus in der Politik.

Die klassische Formulierung des historisch-materialistisch-dialektischen Entwicklungsgesetzes steht im Vorwort der Marxschen Schrift „Zur Kritik der Politischen Ökonomie" und sollte hier im Zusammenhang zitiert werden:

> „In der gesellschaftlichen Produktion ihres Lebens gehen die Menschen bestimmte, notwendige, von ihrem Willen unabhängige Verhältnisse ein, Produktionsverhältnisse, die einer bestimmten Entwicklungsstufe ihrer materiellen Produktivkräfte entsprechen. Die Gesamtheit dieser Produktionsverhältnisse bildet die ökonomische Struktur der Gesellschaft, die reale Basis, worauf sich ein juristischer und politischer Überbau erhebt und welcher bestimmte gesellschaftliche Bewußtseinsformen entsprechen. Die Produktionsweise des materiellen Lebens bedingt den sozialen, politischen und geistigen Lebensprozeß überhaupt. Es ist nicht das Bewußtsein der Menschen, das ihr Sein, sondern umgekehrt ihr gesellschaftliches Sein, das ihr Bewußtsein bestimmt. Auf einer gewissen Stufe ihrer Entwicklung geraten die materiellen Produktivkräfte der Gesellschaft in Widerspruch mit den vorhandenen Produktionsverhältnissen oder, was nur ein juristischer Ausdruck dafür ist, mit den Eigentumsverhältnissen, innerhalb derer sie sich bisher bewegt haben. Aus Entwicklungsformen der Produktivkräfte schlagen diese Verhältnisse in Fesseln derselben um. Es tritt dann eine Epoche sozialer Revolution ein. Mit der Veränderung der ökonomischen Grundlage wälzt sich der ungeheure Überbau langsamer oder rascher um. In der Betrachtung sol-

cher Umwälzungen muß man stets unterscheiden zwischen der materiellen, naturwissenschaftlich treu zu konstatierenden Umwälzung in den ökonomischen Produktionsbedingungen und den juristischen, politischen, religiösen, künstlerischen und philosophischen, kurz ideologischen Formen, worin sich die Menschen dieses Konflikts bewußt werden und ihn ausfechten. Sowenig man das, was ein Idividuum ist, nach dem beurteilt, was es sich selbst dünkt, ebensowenig kann man eine solche Umwälzungsepoche aus ihrem Bewußtsein beurteilen, sondern muß vielmehr dies Bewußtsein aus den Widersprüchern des materiellen Lebens, aus dem vorhandenen Konflikt zwischen Produktivkräften und Produktionsverhältnissen erklären." (*Marx — Engels*, MEW 13: 8f.)

Die Konsequenzen dieses „Gesetzes" für eine Analyse des Systems internationaler Beziehungen können hier nur angedeutet werden. Konzentrieren wir uns zunächst auf *Lenins* Imperialismustheorie und die auf ihn zurückgehende Theorie und Strategie der friedlichen Koexistenz.

Die unübersehbare Tatsache der Entwicklungsfähigkeit des Kapitalismus — auf der Grundlage seiner immanenten Gesetzmäßigkeiten, aber über die im Marxschen „Kapital" analysierte Stufe hinaus — zwang schon relativ früh dazu, weiter über das Subjekt der kapitalistischen Entwicklung nachzudenken und neben den Einzelkapitalisten „kollektive Kapitalisten" wie das Monopol und den Staat in die Analyse mit einzubeziehen. Auch wurde deutlich, daß Monopol- und Staatskapitalismus sich nur international, im Milieu des Weltmarkts bzw. der Weltmarktkonkurrenz und durch Ausbeutung von im kapitalistischen Sinne noch unterentwickelten Regionen entfalten konnten. So mußte eine historisch-materialistische Entwicklungstheorie den international, auf der Basis der internationalen Rolle des Finanzkapitals operierenden Imperialismus (als Konkurrenz imperialistischer Nationalstaaten) als das höchste und letzte Stadium des Kapitalismus konzipieren. Zugleich ging es darum, sich eine Vorstellung vom Verhältnis zwischen dem sowohl extrem machtvollen als auch „faulenden" Kapitalismus und dem gerade erst, nach der russischen Oktoberrevolution, in staatlicher Verfaßtheit aufkeimenden Sozialismus zu machen.

An das dialektische Denken waren damit große Anforderungen gestellt. Seine „Basisoperationen" — also die Wahrnehmung der Einheit und des Kampfes der Gegensätze, das Aufspüren jenes Punktes in einer Entwicklung, an dem „Quantität" in „Qualität" umschlägt, schließlich die Berücksichtigung des Vorgangs der „Negation der Negation" (durch den gerade in revolutionären Prozessen Fortschrittliches aus vorhergehenden Epochen bewahrbar wird) — mußten sich mit einem außerordentlich komplexen historischen Material auseinandersetzen: in welchem Verhältnis standen die Innovationen im Produktionsbereich (Technisierung und Verwissenschaftlichung der Produktion, „Taylorismus") zu den Eigentumsverhältnissen (Aktiengesellschaften, Monopole, Staatseigentum)? In welchen Widersprüchen vollzog sich der Prozeß der Neuaufteilung der Welt, in welchem das Kapital endgültig zu weltumspannenden, internationalen Aktivitäten fand und zugleich ein übersteigerter Nationalismus zum Konkurrenzmotor wurde? Welche Entwicklungslogik ergab sich aus dem Aufeinandertreffen von innerkapitalistischen Gesetzmäßigkeiten, „Unterentwicklung" und dem neuen weltgeschichtlichen Faktor Sowjetunion?

Lenin hat für ein Verständnis des modernen Systems der internationalen Beziehungen neben der Imperialismustheorie (zu der wir hier nur Stichworte liefern können) vor allem das Konzept der friedlichen Koexistenz beigesteuert. War es in seiner ursprünglichen Form zunächst vor allem ein Konzept der Fortschreibung des Klassenkampfes und seiner Strategien auf internationaler Ebene, das durchaus noch die Möglichkeit der gewaltsamen, kriegerischen Auseinandersetzung zwischen Kapitalismus und Sozialismus miteinbezog, so ist daraus heute, angesichts der Unmöglichkeit eines (nuklearen) Weltkriegs, ein schöpferisches Basiskonzept für die künftige Gestaltung internationaler Beziehungen geworden, dem von westlicher Seite nichts Gleichwertiges entgegengesetzt werden kann. „In der Politik der Vereinigten Staaten" beispielsweise „läßt sich aufgrund einer innenpolitisch sehr heterogenen Interessenkonstellation eine in sich konsistente Politik gegenüber der Sowjetunion und ihren Verbündeten nicht beobachten." (*Schlotter* 1983: 27)

Die „Konsistenz" der sowjetischen Außenpolitik, sofern sie dem Konzept der friedlichen Koexistenz verpflichtet ist, basiert also auf der dialektischen Weiterentwicklung der Klassentheorie, deren historisches Subjekt, die Arbeiterklasse, die Auseinandersetzung mit der Bourgeoisie nun gewissermaßen in Gestalt sozialistischer Staaten fortführt, indem sie den Klassenwiderspruch im doppelten Sinne „aufhebt": einmal durch Überwindung der Bourgeoisie im eigenen Lande, zum anderen durch Transformation dieses Widerspruchs in einen Systemgegensatz — der dann allerdings, und hier wird die

Diskussion zweifellos interessant, auch nach anderen Austragungsmodi als denen des Klassenkampfs verlangt.

An dieser systematischen Stelle gewinnt die Kategorie des Friedens zunehmend an Bedeutung. Während in der Strategie der friedlichen Koexistenz anfänglich die Aufgabe im Vordergrund stand, eine spezielle Strategie und Taktik des Kampfes gegen den Imperialismus zu entwickeln, die über die internationalen Beziehungen auf zwischenstaatlicher, internationaler Ebene wirksam wird, hat sich in letzer Zeit der Akzent nicht nur auf die ,,Verteidigung des Friedens gegen den Imperialismus", sondern auf eine breite ,,konsensuelle" Friedenspolitik verlagert, die es allen am Frieden interessierten Kräften ungeachtet ihrer Klassenzugehörigkeit ermöglichen soll, zwischen der internationalen Zusammenarbeit und der Veränderung gesellschaftlicher Verhältnisse keinen unüberwindlichen Gegensatz mehr zu sehen. Ein wichtiger Theoretiker der Französischen Kommunistischen Partei, Lucien *Sève* hat diesen Sachverhalt in bezug auf das Dialektik-Problem so formuliert: ,,Unter allen aktuellen und wichtigen Problemen, die sich auf den Inhalt der wissenschaftlichen Dialektik beziehen, scheint uns das wichtigste und aktuellste das Problem eines genaueren Verständnisses der Beziehungen zwischen Widerspruch und Antagonismus zu sein. Die revolutionäre Praxis unserer Zeit dreht sich zu einem wesentlichen Teil um die Strategie des Übergangs zum Sozialismus ohne Bürgerkrieg in einem Land wie Frankreich und ohne Weltkrieg auf der Ebene der gesamten Menschheit." (*Sève* 1976: 113)

Ein anderes Problem, das unmittelbare Relevanz für ein dialektisches Verständnis des Charakters internationaler Beziehungen hat, bezieht sich auf die bekannte Frage des Verhältnisses von ,,Basis" und ,,Überbau". Schon *Engels* hatte vor dem Mißverständnis gewarnt, Basis und Überbau in einem einfachen Verhältnis von Ursache und Wirkung zu sehen. Die marxistische Begründung von revolutionären Strategien in der Dritten Welt führte schon recht früh zu Vorstellungen von der Möglichkeit der Verschiebung des ,,Hauptwiderspruchs" und damit des Zentrums des politischen Kampfes in den Überbau (Stichwort Kulturrevolution) — vor allem bei geringer Reife des ökonomischen Prozesses oder bei Angewiesenheit auf den nationalen Klassengegner angesichts eines starken äußeren Feindes. Diese insbesondere von *Mao Tse-tung* entwickelte Position war Grundlage einer eigenwilligen und in mancher Hinsicht opportunistischen außenpolitischen Konzeption, deren internationale Vorbildfunktion allerdings in letzter Zeit verblaßt ist. (vgl. *Schickel* 1969)

Theoretisch bedeutsamer sind demgegenüber die Versuche des langjährigen Generalsekretärs der Italienischen Kommunistischen Partei, *Antonio Gramsci*, die Sphäre des politischen Überbaus und die in ihr herrschenden Gesetzmäßigkeiten für eine unter den Bedingungen entwickelter kapitalistischer Industriegesellschaften erfolgreiche Strategie der Arbeiterbewegung auszuleuchten. So wandte er gegen den mechanistischen Ökonomismus der II. Internationale, die jede Schwankung der Politik und der Ideologie als einen unmittelbaren Ausdruck der Basis ansah, folgendes ein: „Man berücksichtigt nicht genügend, daß viele politische Handlungen aus der inneren Notwendigkeit des Organisationscharakters erwachsen, d.h. aus dem Bedürfnis heraus, einer Partei, einer Gruppe, einer Gesellschaft Geschlossenheit zu geben. Dies kommt beispielsweise in der Geschichte der katholischen Kirche klar zum Vorschein. Wenn sich für jeden ideologischen Kampf innerhalb der katholischen Kirche die unmittelbarste und wichtigste Erklärung in der Basis finden wollte, ständen wir dumm da: darüber sind viele politökonomische Romane geschrieben worden". (*Gramsci* 1983: 98)

Gramscis aus konkreten historischen Analysen entwickelte Begrifflichkeit und sein sensibler Gebrauch der materialistischen Dialektik machen ihn überdies zu einem politischen Theoretiker des Marxismus, dessen Bedeutung auch für die Auswertung der Erfahrungen, welche in den letzten beiden Jahrzehnten im Verhältnis zwischen der „neuen Linken" und den traditionellen west- und osteuropäischen Arbeiterparteien gemacht worden sind, noch kaum ausgelotet ist. (vgl. *Hahn* 1975)

Die dialektische Analyse relativ eigenständiger Überbauprozesse ist aber nicht nur für die Konzipierung politischer (und zunehmend eben auch internationaler) Strategien der Arbeiterbewegung unerläßlich; auch für ein Verständnis der Wechselwirkung objektiver Bedingungen und subjektiver Faktoren im internationalen System insgesamt wird dieser Analysetypus immer wichtiger. So spielt etwa heute auf internationaler Ebene neben dem System der traditionellen zwischenstaatlichen (z.B. wirtschaftlichen) Beziehungen und deren Infrastruktur und dem System gouvernementaler internationaler Organisationen (Vereinte Nationen, regionale internationale Institutionen etc.) ein „Drittes System" eine immer einflußreichere

Rolle: informelle internationale Beziehungen zwischen freiwillig organisierten individuellen und kollektiven Akteuren (man denke etwa an die mit dem Friedensnobelpreis bedachten ,,International Physicians for the Prevention of Nuclear War"), in denen moralisch-ethische Initiativen generiert werden und sozusagen im Vorgriff auf einen weltgesellschaftlichen Überbau zu wirken beginnen. (*Falk* 1982) Für die Erforschung solcher Phänomene bieten sich heute Methodologien von der Art der Habitus-Analyse Pierre *Bourdieus* an: dort werden im Wechselspiel subjektiver und objektiver Faktoren organisierter Gesellschaft entstehende ,,interiorisierte Verhaltensgrammatiken" (Habitus) untersucht, Handlungsstrategien, deren Bewegungen und struktureller Zusammenhang nicht ohne die innovative Anwendung der materialistisch-dialektischen Methode verfolgt werden könnten. (vgl. *Bourdieu* 1982)

Dialektisches Denken auf der Grundlage materieller Interessenlagen ist nicht nur im theoretischen, sondern auch im praktisch-politischen Kontext faßbar. In dem Maße, in dem heute jede Politik in die zunehmende Verflechtung des internationalen Systems eingebunden ist, wächst auch das Bedürfnis nach einer ,,praktischen Dialektik" des multilateralen internationalen Diskurses. Politiker wie beispielsweise *Fidel Castro* haben sich kontinuierlich an der theoretisch-pragmatischen Anwendung der Marxschen Methode versucht. So zeugt etwa die Sprache von Castros Bericht an die VII. Gipfelkonferenz der Nichtpaktgebundenen, ,,Die ökonomische und soziale Krise in der Welt, ihre Auswirkungen auf die unterentwickelten Länder, ihre düsteren Perspektiven und die Notwendigkeit zu kämpfen, wenn wir überleben wollen", ebenso wie seine Art der Zusammenstellung und Interpretation der empirischen Daten von der vereinfachenden — aber eben nicht ,,schrecklich vereinfachenden" — Kraft des Denkens in Widersprüchen, Zusammenhängen und Entwicklungen: ,,Heute sind wir mit der kompliziertesten, schwerwiegendsten und beängstigendsten Situation konfrontiert, die es je in der Geschichte gegeben hat. Zum ersten Mal dringt die Frage in das Bewußtsein der Menschen ein, ob wir überleben werden oder nicht. Allein, so gigantisch die Schwierigkeit und Vielschichtigkeit der Aufgabe auch sein mag, eine pessimistische Haltung einnehmen hieße, von vornherein auf jegliche Hoffnung zu verzichten und die Niederlage — mit anderen Worten — das Ende resigniert hinzunehmen. Uns bleibt keine Wahl als zu kämpfen und dabei auf die gewaltige moralische und geistige Fähigkeit der Menschheit und auf ihren eigenen Erhaltungstrieb zu vertrauen...". (Berlin, DDR, 1983: 7)

Theoretischer Kontext der Anwendung der hier beschriebenen dialektischen Methode ist der Historische Materialismus oder genauer: die historisch-materialistische Theorie der gesellschaftlichen Entwicklung. (vgl. *Krysmanski/Tjaden* 1979).

Der Historische Materialismus ist eine Theorie der Veränderung gesellschaftlicher Verhältnisse in praktischer Absicht. Er bietet eine umfassende Theorie der Entwicklung menschlicher Vergesellschaftung, des Formwandels von Gesellschaft sowie der inneren Bewegung gesellschaftlicher Systeme in der Absicht, Ursachen von Mühsal, Hunger, Knechtschaft und Erniedrigung im gegenwärtigen gesellschaftlichen Leben zu erkennen und zu beseitigen.

Diese von *Marx* und *Engels* konzipierte Gesellschaftstheorie will die soziale Wirklichkeit nicht allein beschreiben, begreifen, erklären, verstehen und, allenfalls, verbessern. Konstitutives Interesse der Theoriebildung des Historischen Materialismus ist vielmehr die Veränderung der sozialen Wirklichkeit im Sinne einer praktischen Aufhebung der kapitalistischen Produktionsweise. Dabei sucht die Theorie insbesondere auch die Erfahrungen derjenigen Klassen aufzunehmen und auszudrücken, die die kapitalistische Produktionsweise durch ihre Arbeit tragen. Das praktische Interesse der arbeitenden Klasse ist also von den Leistungen einer Theorie, welche Gesellschaft als eine sich entwickelnde und veränderbare Wirklichkeit begreift, nicht zu trennen.

Daß sich der Historische Materialismus als Moment eines Theorie-Praxis-Verhältnisses begreift, wird von seinen Gegnern häufig als Reduktion von Theorie auf politische Programmatik mißverstanden. Dabei wird verkannt, daß das praktische Interesse, das für diese Theorie zweifellos konstitutiv ist, nicht notwendiger Bestandteil, sondern eine der Voraussetzungen der Theorieentwicklung ist. Das bedeutet: bestimmte gesellschaftliche Probleme haben diese Theorie ermöglicht und sie ist ihrerseits ein Reflex der gesellschaftlichen Aktivitäten, die zur Lösung dieser Probleme führen können.

Die Hauptfragestellungen des Historischen Materialismus entspringen somit theoretischen Bedürfnissen wie praktischen Notwendigkeiten. Das gilt auch für jene Herausforderungen an diese

Theorie, welche sich aus den gegenwärtigen Entwicklungen im internationalen System ergeben.

Diesen Herausforderungen läßt sich möglicherweise mit dem Konzept der Systemkonkurrenz von Problemlösungsstrukturen begegnen. Gesellschaftliche Systeme sind das Ergebnis menschlicher Problemlösungsaktivitäten. Beziehungen zwischen gesellschaftlichen Systemen hängen von der Art und Weise ab, wie in ihnen jeweils die Lösung jener Probleme vollzogen wird, die sich aus dem Verhältnis Gesellschaft/Natur (Produktionsprobleme) und aus den Verhältnissen zwischen den Menschen selbst (Sozialprobleme) ergeben. Intrasystemare Problemlösungsprozesse sind also zugleich auch die Bedingung für die Konstituierung sinnvoller, weiterführender intersystemarer Beziehungen. Solche als ,,Problemlösungskonkurrenz" interpretierbaren internationalen Beziehungen — beispielsweise zwischen ,,Kapitalismus" und ,,Sozialismus", unter Einbeziehung von Problemlösungen aus der Dritten Welt — drücken eine geschichtliche Tendenz aus, in welcher intersystemare Verhältnisse entstehen, die nicht auf Dominanz, Abhängigkeit, Unterdrückung, Ausbeutung, Bedrohung etc. gründen, sondern auf einem intersystemaren Vergesellschaftungsprozeß globaler Problemlösungsstrukturen.

Methodologisch und methodisch bedeutet dies, daß die Analyse der Dynamik internationaler Beziehungen von der Perspektive eines einheitlichen, Gesellschafts- und Naturgeschichte miteinander verbindenden Konstitutionsprozesses gesellschaftlicher Systeme ausgehen muß. (vgl. *Tjaden* 1972: 273 ff.) Das heißt, nicht das Interesse an Dominanz, Durchsetzungschancen der einen oder anderen ,,Seite" oder gar von Nationen, sondern das Interesse an der Realisierung der umfassendsten, ,,besten", den Bedürfnissen aller dienenden Problemlösungen steht im Vordergrund. Ein solches Theorie- und Praxisprogramm allerdings bedarf der hier behandelten Denkmethode, die letztlich nichts anderes als eine Zusammenfassung allgemeiner menschlicher Denkerfahrung und deshalb wiederum auch gerade nicht die ,,Marxsche" Methode ist.

Literatur

Bourdieu, P., 1982, Die feinen Unterschiede. Zur Kritik der gesellschaftlichen Urteilskraft, Frankfurt;

Falk, R., 1982, Normative Initiatives and Demilitarization: A Third Systems Approach, New York;
Gramsci, A., 1983, Marxismus und Literatur, Hamburg;
Hahn, E., 1975, Materialistische Dialektik und Klassenbewußtsein, Köln;
Krysmanski, H. J./Tjaden, K. H., 1979, Die historisch-materialistische Theorie der gesellschaftlichen Entwicklung, in: Strasser, H./Randall, S. (Hrsg.), Einführung in die Theorien des sozialen Wandels, Neuwied;
Marx-Engels — Werke (MEW), 13;
Schickel, J., 1969, Mao Tse-tung. Der große strategische Plan, Dokumente zur Kulturrevolution, Berlin;
Schlotter, P., 1983, Rahmenbedingungen der Entspannung und Folgewirkungen der KSZE, in: Deutsche Gesellschaft für Friedens- und Konfliktforschung (Hrsg.), Dokumentation der Tätigkeit der DGFK, Bonn-Bad Godesberg;
Sève, L., 1976, Über materialistische Dialektik, Frankfurt/Main;
Tjaden, K. H., 1972 Soziales System und sozialer Wandel, Stuttgart.

H. J. Krysmanski

2.3 *Konstellationsanalyse, synoptische Methode Interessenanalyse*

Die Entwicklung eines methodologischen Verfahrens zum Zweck der Durchführung von Konstellationsanalysen im Bereich der Internationalen Politik geht auf Anregungen *Arnold Bergstraessers* zurück, wissenschaftsgeschichtlich gesehen zählt *Bergstraesser* zu den bedeutendsten Pionieren und Begründern der neuen deutschen Politikwissenschaft und in ihr insbesondere auch des Faches Internationale Politik wie auch der kultursoziologischen und politikwissenschaftlichen Entwicklungs-Länderforschung. Zu Bergstraessers Ansatz schrieb *Ernst Fraenkel*: ,,Die synoptische Untersuchung politischer Phänomene ist das große Vermächtnis, das Bergstraesser seiner Wissenschaft hinterlassen hat. ... Sie ist nicht nur bestrebt, durch Berücksichtigung der Forschungsergebnisse verschiedenartiger wissenschaftlicher Disziplinen zu einer integralen Analyse der Ausgangsposition politischer Entscheidungen zu gelangen; sie bemüht sich vor allem darum, durch eine synoptische Verwertung empirischer und normativer Methoden jeweils eine richtige, d.h. aber eine zugleich praktisch durchführbare und geistig-sittlich tragbare Lösung politischer Probleme zu empfehlen. Sie behandelt nicht nur — und nicht einmal in erster Linie — die res gestae; ihr spezifisches Anliegen bilden vielmehr die res gerendae. ... Sie muß sich darum bemühen, das politische Geschehen als Einheit zu begreifen und darf sich nicht dazu verleiten lassen, Phänomene der Innen- und Außenpolitik unter Verkennung ihrer Interdependenz isoliert voneinander zu betrachten." (*Bergstraesser* 1961: 26)

Der in diesem Punkt von *Bergstraesser, Hans J. Morgenthau, Georges Burdeau* und *Hermann Heller* beeinflußte Ansatz der Münchner Schule des Neorealismus im Fach Internationale Politik befürwortet in Theorie und organisatorischer Praxis das System der synoptischen Politikwissenschaft (Synopsis = Zusammenschau). Er versteht die Politikwissenschaft als arbeitsteiliges System sachlich interdependenter Teildisziplinen mit dem gemeinsamen Zweck der Erkenntnisbildung hinsichtlich des Verhaltens von Menschen in ihrer Rolle als Subjekte und Objekte geschichtsschaffender Prozesse des politischen Geschehens. Das politische Geschehen wird als Ergebnis eines vieldimensionalen Wirkungszusammenhanges gesehen. Aufgrund der Komplexität seiner einzelnen Teilbereiche kann er nur durch Formen der Analyse erschlossen werden, die Einzelanalysen mit unterschiedlichen Methoden durchführen und danach die so erzielten Teilerkenntnisse miteinander zu verbinden und zum Vorstellungsbild einer Synthese zu integrieren vermögen. Daher versteht sich die synoptische Politikwissenschaft dementsprechend als ,,Integrationswissenschaft". Somit bedarf das in spezifische Teildisziplinen gegliederte Gesamtsystem der synoptischen Politikwissenschaft einer zentralen Integrationsdisziplin von typisch menschlichem Verhalten in politischen Belangen. Diese als Politische Anthropologie verstandene Integrationsdisziplin hat die Aufgabe, aus systematischen, transepochal und interkulturell angelegten Vergleichen und Analysen politischen Verhaltens typologisch verwertbare Erkenntnisse zu gewinnen. So gebildete Hypothesen von transhistorischen und interkulturellen Konstanten in den Motivations-, Aktions- und Relationsstrukturen politischen Verhaltens üben einerseits einen Steuereffekt auf die Fragestellungen und Hypothesen der einzelnen Teildisziplinen der Politikwissenschaft aus. Andererseits erhalten sie auch umgekehrt von diesen Informationen über Teilaspekte des politischen Verhaltens, die in die Gesamtschau der politischen Anthropologie integriert werden: Daher die zentrale Position der Politischen Anthropologie als Integrationsdisziplin von typischen Verhaltensformen des politisch handelnden Menschen, wie sie in dem beigefügten Schaubild A verdeutlicht werden soll.

Hinzuzufügen ist, daß die neorealistische Analyse der Politik keineswegs nur mit typisierbaren Konstanten menschlicher Verhaltensformen arbeitet, sondern stets auch mit zwei weiteren, jedem politischen Geschehen innewohnenden Dimensionen. Dies sind die epochalen oder zeitbedingten und die systemischen Elemente, von denen die Komponenten jeder historischen Situation mitgestaltet werden: So z.B. die Art und Reichweite der Informationsvermittlung oder der Waffensysteme in einer bestimmten Ära, wie z.B. des klassischen Römischen Reiches oder des Atomzeitalters. Ebenso die zum historischen Zeitfaktor gehörenden Unterschiedlichkeiten der systemischen Rahmenbezüge, in denen z.B. innerhalb ein und derselben historischen Situation menschliches Verhalten in verschiedenen Staaten verläuft. So z.B. die systembedingten Kodeterminanten politischen Entscheidungsverhaltens im liberaldemokratischen System der Vereinigten Staaten der Ära *Franklin D. Roosevelts* sowie gleichzeitig, aber unterschiedlich, im sowjetischen System der spätstalinistischen Epoche. Letztlich aber gilt es die jeder historischen Konstellation innewohnenden Elemente des Unwiederholbaren, des Zufälligen und des Individuellen zu bedenken. So z.B. die Mitprägung eines politischen Systems durch eine besondere wirkungsmächtige Führungspersönlichkeit (*Cäsar, Hitler, Mao Tse-tung)* oder der Zufall, daß eine bestimmte, bedeutsame militär-technologische Erfindung (z.B. die Atombombe) von dem einen Konfliktpartner früher entwickelt und eingesetzt werden kann als von dem anderen. (Schaubild A s. Seite 102)

Da das Verfahren der Konstellationsanalyse ein methodologisches Kernelement der Münchner Schule des Neorealismus im Fach Internationale Politik verkörpert, muß zum besseren Verständnis einer Darstellung dieses Verfahrens eine inhaltlich geraffte Charakterisierung des Neorealismus vermittelt werden. Für den Neorealismus wesensbestimmend sind:

1. die Hervorhebung der historisch-anthropologischen Grundlagenforschung im Sinne einer zentralen Integrationsdisziplin der Politikwissenschaft;
2. eine funktionale Begriffsbildung auf der Basis systematischen Erfahrungsvergleichs im transepochalen und interkulturellen Maßstab. Nicht „Macht", sondern ein funktionaler Politikbegriff steht im Zentrum des neorealistischen Kategorialapparats;

Schaubild A: System der Synoptischen Politikwissenschaft

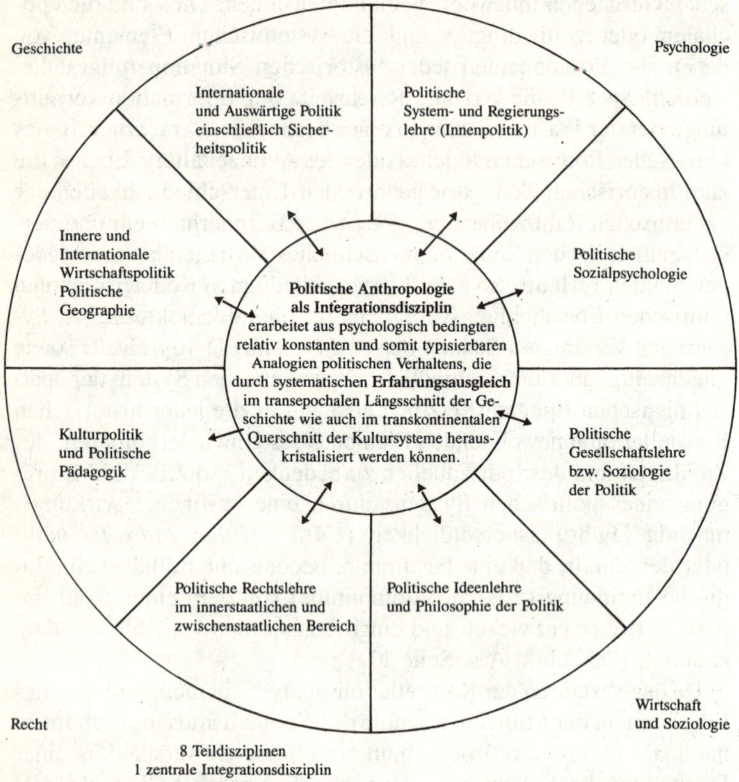

3. Forderung einer stärker arbeitsteiligen Organisationsstruktur der Politikwissenschaft mit entsprechender Bildung eigener politikwissenschaftlicher Fakultäten;
4. Analyseverfahren, beruhend auf methodologisch unterschiedlichen Teilanalysen und auf der korrelierenden Integration der Ergebnisse dieser Teilanalysen zum Zweck ihrer Synopsis (Verfahren der Konstellationsanalyse);
5. Systemische Darstellung der Aktionseinheiten auf den verschiedenen Interaktionsebenen der internationalen Politik;

6. Besondere Betonung des Perzeptionsfaktors und des in jeder Konstellation gegebenen Perzeptionspluralismus der Aktionsträger (Perzeption = Sichtweise);
7. Wissenssoziologische Selbstanalyse pro foro interno der einzelnen Forscher zum Zweck der Bewußtmachung der Quellen und Orientierungen ihres Wissens und der empfangenen Wissenvermittlung;
8. Anders als im klassischen Realismus *Hans J. Morgenthaus* stützt sich der Kategorialapparat der Neorealistischen Schule nicht nur auf eine Grundkategorie, sondern auf die Interdependenz und Dialektik von fünf doppelpoligen Begriffspaaren (siehe unten);
9. Der Neorealismus versteht sich nicht als „normative" Forschungsrichtung, sondern als ein Ansatz, der auf der Basis systematischen Erfahrungsvergleichs die Bildung eines operationalisierbaren Systems von Verhaltenstypen zum Zweck der auch praktisch verwendbaren Analyse erstrebt.

Im Bereich der Internationalen Politik meint der Begriff der Konstellationsanalyse die Strukturierung eines polyzentrischen Interaktionssystems (zwischen Staaten und anderen systemischen Aktionseinheiten) zu einem gegebenen Zeitpunkt. Konstellationen beinhalten zentrale Problemstrukturen, auf die das Verhalten der beteiligten Aktionssysteme sinnhaft gerichtet ist. Konstellationen haben eine dem Analytiker bewußte Vorgeschichte (z.B. die Teilung Deutschlands als Voraussetzung der Berlinkrise von 1948), die es ihm ermöglicht, sein Erkenntnisinteresse auf eine bestimmte in Zeit und Raum gelagerte Problemstruktur zu richten.

Zum Zweck der Analyse untersucht und strukturiert der Forscher die komplexe Faktenmasse der Konstellation mit fünf gleichsam diagnostischen Fragebereichen. Für den Neorealismus ergeben sich diese aus dem systematischen Vergleich historischer Erfahrung und den in ihnen konstatierbaren Prioritäten der Relevanz. Den fünf Fragebereichen entsprechen die folgenden fünf doppelpoligen Analysekategorien, die hier vorwegnehmend genannt werden sollen:

1. System und Entscheidung;
2. Interesse und Macht;
3. Wahrnehmung und Wirklichkeit;
4. Konflikt und Kooperation;
5. Norm und Nutzen.

Die Operationslisierung dieser fünf Begriffspaare bedeutet die Untersuchung ein und derselben Konstellation mit entsprechend unterschiedlichen Verfahren sowie am Ende die Korrelation so erzielter Einzelergebnisse zu einer *Synthese* oder *Synopsis.*

System und Entscheidung: In einem ersten Arbeitsgang werden die an einer bestimmten Konstellation relevant beteiligten Aktionssysteme (Staaten, Bündnisse, multinationale Konzerne etc.) auf ihre Strukturierung, ihre Funktionsweise und insbesondere auf die Prozesse ihrer außenpolitischen Willensbildung sowie die Subsysteme ihrer außenpolitischen Führungszentren hin durchleuchtet. Für die Untersuchung einer Konstellation bilden die im Spannungsfeld innergesellschaftlicher und innerstaatlicher sowie von außen kommender internationaler Einflüsse handelnden und entscheidenden Führungszentren besonders wichtige Knotenpunkte im Gesamtgewebe der Konstellation. Fast könnte man sie als „archimedische Punkte" beim Aufbau einer Konstellation betrachten. Die Analyse der zumeist monozentrisch strukturierten, einzelnen Aktionssysteme der Konstellation beinhaltet somit auch die Eruierung ihrer „außenpolitischen Infrastrukturen", d.h. der Gesamtheit relevanter Faktoren, die ihr außenpolitisches Verhalten vom innersystemischen Raum her beeinflussen, einschließlich geographischer, demographischer und technologisch industrieller Faktoren.

Interesse und Macht: Eine der bedeutsamsten Analysekategorien des Faches Internationale Politik ist diejenige des außenpollitischen Interesses („national interest" im angloamerikanischen Wissenschaftsbereich). Mit Interesse meinen wir eine zielbezogene Willensgerichtetheit. Sie entspringt dem Wert, den ein Aktions- und Willensträger (z.B. eine Regierung) einem bewußt angestrebten Willensziel beimißt. Interessen sind somit richtunggebende und potentiell aktionsauslösende Determinanten des politischen Verhaltens. Für eine Konstellation sind Interessen der beteiligten Aktionseinheiten insofern strukturbildend, als z.B. Kooperation die Folge von Interessengemeinschaften und Konflikt die Folge von Interessengegensätzen ist. Der klassische Realismus Morgenthaus arbeitet mit der Konzeption des objektiven Interesses, d.h. der Vorstellung, daß es für den entscheidenden Staatsmann in jeder historischen Situation eine bestmögliche Kombination von Zielsetzung und Zielverwirklichung gibt, die es zu erkennen gilt. Der Neorealismus verwendet hingegen ausschließlich einen subjektiven Interessenbegriff. Für ihn gibt es nur Interessen, die tatsächlich von Menschen definiert und angestrebt werden. Am relevantesten erweisen sich zumeist die subjektiven Interessenkonzeptionen, die Führungszentren von Staaten und anderen Systemen für diese definieren und unter Einsatz verfügbarer Mittel tatsächlich zu verwirklichen suchen.

An der Spitze der Relevanzpyramide staatlicher Interessen steht im Regelfall die Erhaltung des gegebenen politischen Systems. So erachten z.B. die beiden Teilstaaten Deutschlands die Erhaltung ihrer jeweiligen sozio-politischen Systemtypen für ranghöher als eine Einigung Deutschlands um den Preis der Systemopferung. Weiteren typischen Grundinteressen, die sich auf die Souveränität, die Sicherheit, die Macht, den wirtschaftlichen Wohlstand, das Prestige und die Glaubwürdigkeit eines bestimmten Staates oder sonstigen Systems beziehen, entsprechen je nach historischer Situation unterschiedliche Sekundärinteressen. So sollten dem Primärziel eines Hinwirkens auf eine Form der deutschen Einheit und Selbstbestimmung in der Zukunft unterschiedliche Sekundärinteressen dienen. Einmal in der frühen Ära der Bundesrepublik Deutschland der Alleinvertretungsanspruch und die Hallstein-Doktrin, sowie in einer späteren Ära, die von der sozialliberalen Koalition begonnene neue Ostpolitik.

Bei der Interessenanalyse sind reale bzw. tatsächlich offen oder geheim von einer Staatsführung in Planung oder Aktion angestrebte Ziele von bloßen Scheininteressen zu unterscheiden, die aus Gründen innen- oder außenpolitischer Opportunität ohne einen dahinterstehenden Willen zu entsprechender Aktion postuliert werden. Potentielle Interessen oder „wenn-dann-Interessen“ sind latent gegebene, wenn auch nicht unmittelbar angestrebte Willensziele, die jedoch bei einer Situationsveränderung (wenn z.B. ein übermächtiger Nachbar, an den ein bestimmter Staat territoriale Ansprüche hat, geschwächt oder von anderen Staaten besiegt wird) aktualisiert und in reale Interessen umgewandelt werden. Die außenpolitischen Interessen sind stets in ihrem kausalen Zusammenhang mit der Gesamtheit der anderen so z.B. der innen- und gesellschaftspolitischen Interessen eines bestimmten Staates oder sonstigen Systems zu sehen. Für den Erfolg der Analyse außenpolitischer Interessenstrukturen der Gegenwart ist die richtige Erkenntnis der Prioritätenfolge der Interessen einer Staatsführung zu einem gegebenen Zeitpunkt von besonderer Bedeutung, wobei zu beachten ist, daß diese Prioritäten nicht statisch sondern im Laufe der Zeit dynamisch und damit wandelbar sind.

Die notwendige Ergänzung der Interessenanalyse ist die Machtanalyse. In Anlehnung an *Max Weber* wird politische Macht als Durchsetzungsvermögen im Rahmen einer Willenskonkurrenz zum Zweck der Verwirklichung des eigenen Interesses verstanden. Im Bereich der Internationalen Politik kann dieses Durchsetzungsvermögen auf einer Fülle unterschiedlicher oder unterschiedlich kombinierter Gründe beruhen. Es gibt z.B. politische, wirtschaftliche, militärische sowie auch ideologische Bedingtheiten der Machtbildung und ihnen entsprechende Formen der Machtausübung. Innerhalb einer Konstellation ist die Macht des einen Aktionssystems stets relativ, d.h. in ihrem Verhältnis zur Macht der anderen Aktionssysteme zu sehen. Der Gesamtbesitz an Machtmitteln eines Staates (oder sonstigen Systems) ist von jenem Quantum an Macht zu unterscheiden, das die Führungskräfte eines Staates in einer gegebenen Situation zur Verwirklichung eines bestimmten Interesses konkret einzusetzen bereit sind (Machtmittelkalkül).

Wahrnehmung und Wirklichkeit: Konstellationen der internationalen Politik können in ihrer Gänze nur gedacht, nicht aber physisch erschaut werden. Geschichtliche Erfahrung zeigt, daß gegenwartsbezogene internationale Lagebeurteilungen der Führungszentren von Staaten und anderen Systemen stets subjektiv sind. Die objektive Realität der Konstellation wird demnach seitens der einzelnen beteiligten Systeme und Systemführungen unterschiedlich, subjektiv und somit teils richtig und teils falsch wahrgenommen. Typische Determinanten für die Unterschiedlichkeit der auf ein und dieselbe Konstellation bezogenen Wahrnehmungen der einzelnen an ihr beteiligten Aktionssysteme sind z.B. die jeweils voneinander verschiedenen historischen Erfahrungen und Lernprozesse sowie auch die Nichtidentität der Interessenlagen und Weltverständnisse der einzelnen Akteure. Da aber subjektive Wahrnehmungs- und Beurteilungsweisen einer Konstellation seitens der Führungszentren ihrer Aktionssysteme von verhaltensprägender Bedeutung sind, gilt es, typische Determinanten dieser subjektiven Orientierung zu eruieren, um dadurch erwartbares Verhalten der einzelnen Aktionsträger besser verstehbar zu machen. So erfordert z.B. eine sachgerechte Befassung mit chinesischer Außenpolitik die Einarbeitung in erkennbare Formen des politisch-historischen Selbstverständnisses und des außenpolitischen Weltbildes maßgeblicher chinesischer Führungskräfte zum entsprechenden Zeitpunkt.

Kooperation und Konflikt: Die vorangegangenen vergleichenden und einander ergänzenden Untersuchungen der System- und Führungstypen sowie der Interessen- und Machtlagen und der typischen Wahrnehmungsweisen der Aktionssysteme innerhalb einer Konstellation erleichtert die hieraus ableitbare Befassung mit der Verhaltensstrategie (am wichtigsten Kooperations- und Konfliktstrategien) der einzelnen Akteure in ihrem jeweiligen Verhältnis zu den anderen Akteuren der Konstellation. Methodologisch führt dies z.B. zur Operationalisierung von Bündnis- und Integrationstheorien oder von Konflikt- und Krisentheorien.

Norm und Nutzen: Bezogen auf den Problembereich auswärtiger und internationaler Politik meint der Begriff der Norm hier die Gesamtheit der Sollvorschriften, die als Kodeterminanten des außenpolitischen Verhaltens eines Staates oder anderen Systems gewertet werden können. In Frage kommen in erster Linie staatsrechtliche, ideologische, völkerrechtliche und ethische Normen. Somit ist jeder Staat hinsichtlich seines außenpolitischen Handelns in mehrdimensionale Normensysteme eingebunden und durch eine Fülle von Verträgen mit anderen Staaten ebenso verpflichtet wie auch durch das internationale Normengefüge des Völkerrechts. Die meisten Konstellationen haben somit ihre eigene Rechtsstruktur, die jedoch von den einzelnen Subjekten des Völkerrechts im Lichte ihrer jeweiligen eigenen Interessen interpretiert wird. Die normative Verpflichtung tritt jedoch häufig in ein Spannungsverhältnis zu konkurrierenden Motivationen des unmittelbaren Eigennutzes. Vergleichende Untersuchungen haben selbst bei so hochgradig ideologisierten Staatssystemen wie demjenigen der Sowjetunion oder der Volksrepublik China gezeigt, daß die Ideologie eines herrschenden Systems keine verläßlichen Anhaltspunkte für kurz- und mittelfristige Tendenzen ihrer Außenpolitik ergibt.

Synopsis: In der Schlußphase der Konstellationsanalyse werden die mit unterschiedlichen Methoden erarbeiteten Erkenntnisse von Teilaspekten der Konstellation miteinander korreliert und zum Vorstellungsbild eines kausal erklärbaren Wirkungszusammenhanges integriert. Der Analytiker, der zuvor die Aufgabe hatte, die Konstellation aus der Eigenperspektive jedes maßgeblich beteiligten Aktionssystems und seiner Führungskräfte zu sehen, erarbeitet nun seine eigene Sicht und Bewertung des durch die Konstellation verkörperten multipolaren Interaktionssystems von Staaten und anderen Aktionssystemen der Internationalen Politik.

Schaubild B: Systematik einer Konstellationsanalyse

Voraussetzungen:

1. Vorwissen und Erkenntnisinteresse des Analytikers; Vorgeschichte der Konstellation;
2. Regionale und zeitliche Bestimmung der Konstellation (Raum-Zeit-Definition);
3. Hypothesen zu(r) zentralen Problemstruktur(en) der Konstellation.

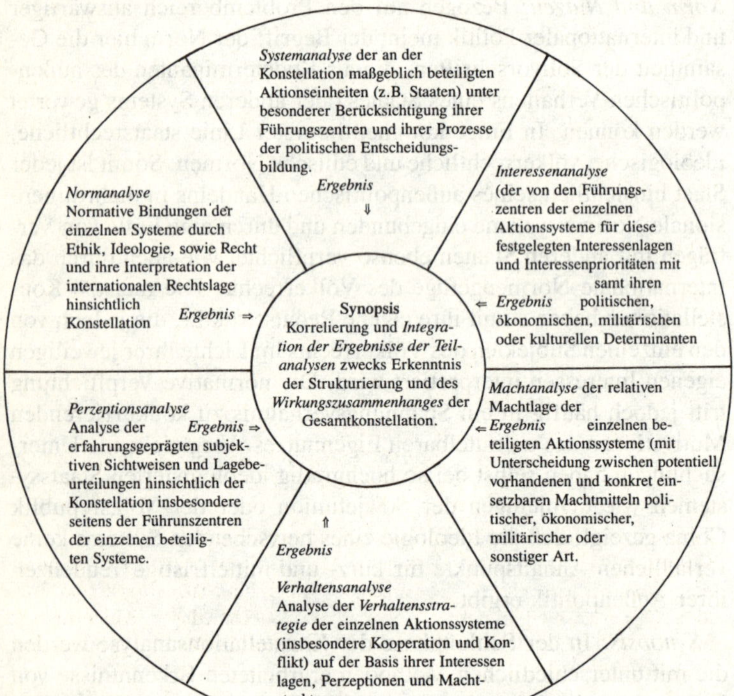

Die Methodik der Konstellationsanalyse soll nicht nur dem Politikwissenschaftler, sondern auch dem außenpolitischen Praktiker als Instrument der Erkenntnisbildung dienstbar sein können. Didaktisch nützlich erweisen sich hierbei sogenannte ,,Lernanalysen" mit Konstellationen der Vergangenheit, bei denen die Quellenlage gute Einblicke in die Lagebeurteilungen der Staatsführungen während einer bestimmten Konstellation — z.B. einer internationalen Krise — bietet, wobei der Forscher dann aus der vorliegenden weiteren Geschichte zu ersehen vermag, inwieweit die Beurteilungen einzelner staatlicher Führungszentren und ihre sich daran anknüpfenden Verhaltensweisen in einer bestimmten Situation auf richtigen Voraussetzungen basierten oder nicht.

Literatur:

Bergstraesser, A., 1961, Politik in Wissenschaft und Bildung, Freiburg i. Br.;

Bergstraesser, A., 1965, Weltpolitik als Wissenschaft. Köln/Opladen;

Boulding, K. E., 1969, The Image, Ann Arbor;

Dougherty, J. E./Pfaltzgraff, R. L. jr., 1981, Contending Theories of International Relations. A Comprehensive Survey, New York;

East, M. A./Salmore, S. A./Hermann, Ch. F. (Eds.), 1978, Why Nations Act — Theoretical Perspectives of Comparative Foreign Policy Studies, Beverly Hills/London;

Frankel, J., 1971, Nationales Interesse, München;

Huber, B., 1958, Der Begriff des Interesses in den Sozialwissenschaften, Winthertur;

Kindermann, G.-K., 1986, Grundelemente der Weltpolitik. Eine Einführung (mit Geleitwort von Hans J. Morgenthau) 3. Aufl., München;

Kindermann, G.-K., 1984, ,,Realistische Schule" in: Nohlen, Dieter: Pipers Wörterbuch zur Politik, Bd. 5 Internationale Beziehungen. München/Zürich;

Morgenthau, H. J., In Defense of the National Interest. A Critical Examination of American Foreign Policy, New York;

Morgenthau, H. J., 1958, Dilemmas of Politics, Chicago;

Morgenthau, H. J., 1962, Politics Among Nations. 3. Aufl. New York (leicht gekürzte deutschsprachige Auflage erschienen unter dem Titel: Macht und Frieden. Gütersloh 1963, mit einer Einführung von Gottfried-Karl Kindermann);

Rosecrance, R. N., 1963, Action and Reaction in World Politics, Boston/Toronto;

Schütz, A., 1970, On Phenomenology and Social Relations, Chicago/London

G.-K. Kindermann

2.4 *Die systemtheoretische und funktionalistische Forschungsstrategie*

Mit systemtheoretischen Konzepten wird in vielen Wissenschaftsdisziplinen gearbeitet — von den Natur- und Ingenieurwissenschaften bis zur Mathematik, Ökonomie, Soziologie und Philosophie. Bislang hat sich, trotz der inzwischen etwa 40jährigen Forschungstradition, keine gemeinsame Sprache, einheitliche Methodologie noch ein akzeptiertes Fundament der Systemtheoretiker herausgebildet. Für die einen stellt die Systemtheorie ein nützliches methodisches Instrumentarium dar, für andere eine materiale Theorie, für weitere ein weitreichendes Programm der Wiedervereinigung fragmentierter Wissenschaften, für manche eine umfassende Weltsicht.

Selbst innerhalb der Einzeldisziplin der Internationalen Beziehungen, auf die sich die folgenden Ausführungen im wesentlichen beschränken, herrscht Konfusion. (vgl. *Gantzel* 1973, *Lampert, Falkowski, Mansbach* 1978 und *Heúrlin* 1982) Weder besteht Konsens über die Begrifflichkeit noch werden gemeinsame Forschungsziele verfolgt. Es lassen sich jedoch zwei dominante Forschungslinien — mit jeweils beträchtlichen Verästelungen — unterscheiden: gegeneinander stehen die strukturale und die funktionale Methode systemtheoretischer Analyse. (vgl. *Ropohl* 1978)

Die Anwendung systemtheoretischer Konzepte für die Darstellung und Erklärung internationaler Politik erfolgte wissenschaftshistorisch mit dem Schwergewicht auf der strukturalen Systemanalyse. Die Umwelt des internationalen politischen Systems und seine Funktionen für andere soziale Systeme wurden weitgehend ausgeblendet.

Aufgrund unterschiedlicher Fragestellungen haben sich zwei Forschungsrichtungen entwickelt: die eine Richtung interessiert sich für das Verhalten des Systems; die andere fragt nach dem Einfluß der Systemstruktur auf das Handeln der Subsysteme, die im allgemeinen als die politischen Systeme der Nationalstaaten definiert sind. Ungeachtet dieser Differenz in der Problemstellung besteht bei den Vertretern der strukturalen Systemanalyse über die Kernstruktur des internationalen Systems weitgehend Konsens: als Kernstruktur des internationalen Systems werden souveräne mit dem Monopol legitimer Gewaltanwendung ausgestattete Staaten und dauerhafte politische (einschließlich der diplomatischen und militärischen) Beziehungen zwischen ihnen angenommen.

Die Kernstruktur des internationalen Systems ist mit dieser Definition als ,,subsystemdominant" (*Kaplan* 1957) charakterisiert: es existiert kein zentraler und verbindlicher Entscheidungsmechanismus. Doch die Dezentralität der Struktur darf nach Auffassung der Systemtheoretiker nicht Anlaß zu der Hypothese sein, daß das Handeln der Staaten oder die verschiedenen Systemzustände (Krieg und Frieden) ohne Rekurs auf die Systemstruktur erklärt werden könnten. Ganz im Gegenteil: ähnlich wie der Markt das Verhalten seiner Teilnehmer reguliert, lenkt das internationale System das Handeln der Staaten.

Für den Bereich der Internationalen Beziehungen sind drei Methoden der strukturalen Analyse des Systemverhaltens erkennbar:

1. Die Modellanalyse beruht auf der Annahme, daß sich nach ihren Funktionsbedingungen unterscheidbare Typen des internationalen Systems nachweisen und in theoretischen Modellen abbilden lassen. Das internationale System wird als ultrastabiles System aufgefaßt — seine Kernstruktur reproduziert sich in unterschiedlichen Systemkonfigurationen. Im Mittelpunkt des Interesses steht die präzise Erfassung der Gleichgewichtsbedingungen der Systemkonfiguration.

Kaplan (1957, 1979) konzipierte zunächst — später erfolgten zahlreiche Modifikationen — sechs Modelle (u. a. System des Mächtegleichgewichts und das ,,lockere bipolare System") des internationalen Systems in heuristischer Absicht. Für jedes dieser Modelle wurden Systemregeln, denen gemäß sich die Staaten verhalten würden, angegeben. In den Systemregeln artikuliert sich die jeweilige Logik des Systems. Da nach Kaplan das internationale System aber subsystemdominant ist, werden die Systemregeln von den Staaten nicht zwangsläufig befolgt. Durch immer mögliches abweichendes Verhalten würde jedoch ein Systemwandeln induziert.

Nach der genauen Definition der Systemkonfiguration (z.B. Anzahl unabhängiger Staaten, deren Macht- und Zerstörungspotentiale, der Allianzstruktur) und der systemischen Verhaltensregeln beginnt erst die eigentliche Systemanalyse: die Ermittlung der Gleichgewichtsbedingungen zwischen den Systemregeln und zwischen den Regeln und verschiedenen Systemkonfigurationen. Dieser zentrale Analyseschritt läßt sich praktisch nur mit Hilfe der Simulationstechnik durchführen. (→ Simulationen)

2. Das szientistisch-artifizielle Vorgehen von *Kaplan* wurde zwar von den Vertretern der „realistischen Schule" der Systemtheorie kritisiert. Dennoch unterscheidet sich deren methodisches Vorgehen — die historisch-vergleichende Analyse — nicht wesentlich. Statt heuristisch formulierter Modelle werden historische Staatensysteme rekonstruiert (*Wight* 1977), um die Bedingungen ihrer (historischen) Stabilität bzw. Instabilität zu erforschen. Ebenso wie für *Kaplan* gelten Kriege als normale Systemzustände, die lediglich unter bestimmten Umständen dysfunktional sind; und zwar dann, wenn sie das bestehende System transformieren, also zu einem Wandel der historisch verfestigten „Spielregeln" führen. Veränderungen der systemischen Verhaltensstrategie der Staaten (funktionaler Aspekt) gehen einher mit Modifikationen in den Strukturen, wie v.a. der Machtstruktur, den Zerstörungspotentialen, der Kommunikationsstruktur, der ideologischen Struktur.

Stärker noch als von *Kaplan* wird von den „realistischen" Theoretikern der Zwang des Systems betont. Die These der Subsystemdominanz, die eine relativ hohe staatliche Entscheidungsautonomie annimmt, wird zurückgewiesen. Die dezentrale Machtstruktur, die permanente Möglichkeit des Krieges, das natürliche Machtstreben der Staaten in diesem System, zwingen dazu, die Handlungsstrategien von Freund und Feind permanent zu Prämissen des eigenen Handelns zu machen. Jeder Staat unterliegt den Systemerfordernissen und richtet sein Handeln an ihnen aus. (*Northedge* 1976)

3. Die Anhänger der empirisch-statistischen Systemanalyse kritisieren einerseits den „Modellplatonismus" und andererseits den „vorwissenschaftlichen" Realismus. Sie mögen sich auch nicht mit dem Krieg als einem normalen und funktionalen Systemzustand abfinden. Sie teilen allerdings die Systemperspektive: Kriege gelten primär als durch die Struktur des Systems sowie durch seine dyadischen Relationen als Teilstrukturen (bilaterale Beziehungen) verursacht. (vgl. zusammenfassend *Singer* 1981, 1982) Um diese Thesen zu erhärten, wurden alle Kriege seit 1816 mit Strukturvariablen des internationalen Systems korreliert. Mit dieser Methode konnten 80 % der Kriegsfälle durch die Verteilung und relative Entwicklung der Militär- und Industriepotentiale zwischen den dominierenden Großmächten „erklärt" werden.

Der Systemzustand Krieg, dem das Forschungsinteresse gilt, wird von der Systemtheorie Singers als durch einen vorausgehenden Systemzustand, einer bestimmten Faktorkombination von Relationen zwischen den Akteuren, verursacht interpretiert. Die Entscheidungsträger der Staaten folgen homogenen, d.h. gleichen Entscheidungsregeln. Diese werden als konstant vorausgesetzt. Bei Vorliegen der kriegsträchtigen Faktorkombination des Systems tritt daher das Ergebnis Krieg mit hoher Wahrscheinlichkeit ein. Kriege sind systembedingte Katastrophen — weitgehend unabhängig von innenpolitischen und personalen Einflüssen. Ihre Vermeidung verlangt Änderungen im System und Aufklärung der Entscheidungsträger über ihre systemische Determiniertheit. Kenntnisse über das Systemverhalten sollen zu seiner Beherrschung befähigen.

Seit etwa Anfang der 70er Jahre, als das öffentliche und wissenschaftliche Bewußtsein aufgerüttelt durch Krisenerscheinungen, wie die mögliche Ressourcenknappheit, die zunehmende Gefährdung der Umwelt, die Unterentwicklung der Dritten Welt, eine schnell wachsende Tendenz der Globalisierung von Problemen meinte feststellen zu können, wurde der Systemanalyse internationaler Beziehungen ein neuer Aspekt hinzugefügt: die Interaktionen, die Funktionen und wechselseitigen Leistungen verschiedener „globalisierter" Systeme wurden zum Problem und zum Gegenstand von Forschung (funktionalistische Systemanalyse). Es entwickelte sich die Vorstellung von einer Weltgesellschaft als einer globalen Schicksalsgemeinschaft, die negativ vergesellschaftet und ohne ausreichende politische steuerungs- und ordnungsstiftende Kontrollfähigkeit der Katastrophe entgegendriftet. Die unzureichende Problemlösungskapazität des internationalen politischen Systems wurde zum Thema. Je nach dem vorwissenschaftlichen Problem- und Theorieverständnis entwickelten sich sehr verschiedene funktionalistische Systemanalysen der Weltgesellschaft:

— bezogen auf das Problem der knapper werdenden Weltressourcen: die simulationsanalytisch angelegten Weltmodelle, mit denen das Zusammenwirken von Teilsystemen (z.B. Rohstoffe, Demographie, Technik, ökonomisches Wachstum, Umwelt) v.a. mit dem Ziel der Prognose untersucht wird;
— bezogen auf das Problem der weltpolitischen Ordnung und des Krisenmanagements: Studien, welche die Defizite der national-

staatlichen Regulierung der Weltgesellschaft herausarbeiten, um neue Modelle politischer Organisation zu entwerfen und Wege zu ihrer Realisierung aufzuzeigen;

— bezogen auf das Problem der Unterentwicklung: neomarxistische Systemanalysen, die Entwicklung und Unterentwicklung als einheitlichen Prozeß der Expansion des kapitalistischen Weltsystems zu erklären versuchen.

Gemeinsam ist diesen verschiedenen Forschungsrichtungen neben der globalen Perspektive die funktionalistische Methode. Globale Systeme, die sich jeweils aus regionalen und subregionalen Teilsystemen zusammensetzen, werden funktional, durch Input- und Output-Leistungen, miteinander verkoppelt. Dieses Verfahren erlaubt einerseits Aussagen über die Wechselwirkung von Systemen ohne genaue Kenntnisse über die Subsysteme, da diese als „black box“ behandelt werden. Andererseits lassen sich funktionale Leistungen und deren Schwellenwerte, die für die Reproduktion des Systems bzw. von Teilsystemen eingehalten werden müssen, theoretisch postulieren und — im Falle von Simulationsanalysen — auch experimentell überprüfen.

Am Beispiel der Theorie des kapitalistischen Weltsystems soll die Vorgehensweise der funktionalistischen Systemforschung knapp skizziert werden:

Nach der Konzeption von *Wallerstein* (1974/1980, 1979) und *Hopkins/Wallerstein* (1982) besteht das moderne Weltsystem aus vier Teilsystemen:

(1) einem expandierenden Wirtschaftssystem,
(2) einem expandierenden Staatensystem,
(3) einem sozio-politischen System, gebildet aus der Beziehung zwischen Kapital und Arbeit und
(4) einem System von Kulturgemeinschaften.

Der Akzent der Forschungsarbeiten der Weltsystemschule liegt bislang auf der Untersuchung der funktionalen und sich historisch entfaltenden Verbindungslinien der drei erstgenannten Systeme. Der theoretische Ansatz von *Wallerstein* ist holistisch, da die Vernetzung des ökonomischen, nationalstaatlichen und sozio-politischen Systems eine historisch singuläre Einheit formt: das kapitalistische Weltsystem, das sich im „langen 16. Jahrhundert“ konstituierte, das seit seiner Genese als Weltsystem zyklisch expandiert und das gegenwärtig den gesamten Globus umfaßt. (vgl. auch *Krippendorff* 1975) Die Kernstruktur dieses Systems bildet das Marxsche Wertgesetz — die Struktur des Kapitalverwertungsprozesses mit ihren funktionalen Formen, Krisentendenzen und Konfliktpotentialen.

Die drei Subsysteme des kapitalistischen Weltsystems sind in ihrer jeweiligen Struktur miteinander funktional kompatibel: Die nationalstaatliche Machtkonkurrenz verfestigt und sichert politisch die Zonen ungleicher Entwicklung. Eine zentrale Ökonomie fördert dank ihrer hohen Produktivität und ihrem überlegenen technischen Entwicklungsniveau das Machtpotential des Staates. Der Nationalstaat garantiert die nationale Klassenreproduktion und reguliert die internationale Mobilität bzw. Immobilität der Produktionsfaktoren. Der national ausgetragene Klassenkonflikt variiert mit der ökonomischen Stellung der Volkswirtschaft im Weltsystem in der Weise, daß seine Form und Intensität im Zentrum sowohl den Staat stärkt als auch die Zentralität der Ökonomie erhöht.

Die funktionale Interdependenz der drei Teilsysteme gilt nun aber nicht als bedingungslos gesichert. Im Gegenteil: jedes der Teilsysteme erzeugt periodisch Krisen und Konflikte, die sich auf das Gesamtsystem auswirken und seine Zyklizität bestimmen. Seit seiner Genese vollzieht sich die Expansion — Ausdehnung der internationalen Arbeitsteilung, des geographischen Raumes, der Klassenbeziehungen — des politisch fragmentierten Weltsystems in ökonomischen Wellenbewegungen (Wachstums- und Stagnationsphasen), die mit dem Aufstieg und Abstieg von Hegemonialmächten (Niederlande, Großbritannien, USA) und unterschiedlichen Niveaus des Klassenkonflikts verbunden sind. Gleichzeitig ereignen sich u.a. aufgrund der technischen Entwicklung irreversible Veränderungen, die ein langfristig für das System nicht zu verarbeitendes Störpotential darstellen. (vgl. *Hollist/Rosenau* 1981, *Bergesen* 1983, *Thompson* 1983) Funktionalistischen Systemanalysen wird häufig vorgeworfen, sie würden für das Bestehende Partei ergreifen und sie würden durch Erklärungen ex post die prinzipielle Offenheit des historischen Prozesses in ein systemisches Prokrustesbett pressen, aus dem es kein Entrinnen gibt. Die verschiedenen funktionalistischen Analysen des internationalen Systems bestätigen diese Kritik nur teilweise. In der Regel sind die Analysen so angelegt, daß sie Regelungsdefizite und funktionale Fehlleistungen aufzuzeigen vermögen — insbesondere des durch seine politisch fragmentierte Konkurrenzstruktur weitgehend blockierten internationalen politischen Systems. Die Dysfunktionen werden auf die bestehende Systemstruktur zurückgeführt. Die Vorschläge zu ihrer Beseitigung zielen auf Systemwandel, auf eine Verbesserung der globalen politischen Steuerungskapazität.

Was die Theorie des modernen Weltsystems anbelangt, liegen die Verhältnisse komplizierter. Die Kritik kann zurecht auf Momente der funktionalistischen Überdeterminiertheit verweisen: aus der empirischen Beobachtung von globalen Entwicklungs-, Unterentwicklungsprozessen darf nicht ohne weiteres auf deren funktionale Notwendigkeit geschlossen werden. Die Weltsystemtheorie müßte sehr viel präziser erklären, warum Prozesse der Unterentwicklung innerhalb des kapitalistischen Weltsystems unvermeidlich sind. Allerdings wird der funktionalistische Bias der Weltsystemtheorie, der die fortwährende zyklische Reproduktion und Expansion des Weltsystems als zwangsläufig erscheinen läßt, durch die Berücksichtigung einerseits von irreversiblen Trends und andererseits von Konflikten, deren Ausgang nicht eindeutig ist, v.a. wenn sie sich mit jenen Trends verbinden, weitgehend korrigiert. (zur Kritik vgl. z.B. *Blaschke* 1983, *Lipietz* 1984)

Literatur

Bergesen, A. (Hrsg.), 1983, Crises in the World-System = Political Economy of the World-System Annuals Vol. 6, Beverly Hills;

Blaschke, J. (Hrsg.), 1983, Perspektiven des Weltsystems Materialien zu Immanuel Wallenstein ,,Das moderne Weltsystem", Frankfurt/Main;

Gantzel, K.J. (Hrsg.), 1973, Internationale Beziehungen als System (PVS Sonderheft 5), Opladen

Heurlin, B., 1982, International System in Contrasting Interpretations: Some Simple Considerations, in: Cooperation and Conflict, 17/1, 61 - 72;

Hollist, W.L. / Rosenau, J.N. (Hrsg.), 1981, World System Structure, Beverly Hills;

Hopkins, T.K. / Wallerstein, I. (Hrsg.), 1982, World-Systems Analysis-Theory and Methodology, Beverly Hills;

Kaplan, M.A., 1957, System and Process in International Politics, New York;

Kaplan, M.A., 1979, Towards Professionalism in International Theory: Macrosystem Analysis, New York/London;

Krippendorff, E., 1975, Internationales System als Geschichte. Einführung in die internationalen Beziehungen, Frankfurt/Main;

Lampert, D.E. / Falkowski, L.S. / Mansbach, R.W., 1978. Is There an International System? in: International Studies Quarterly, Vol. 22, No 1, 143 - 166;

Lipietz, A., 1984, Imperialism or the beast of the apocalypse, in: Capital and Class, No. 22, 81 - 109;

Northedge, F.S., 1976, The International Political System, London;

Rapoport, A., 1960, Fights, Games, and Debates, Ann Arbor, Mich.;

Ropohl, G., 1978, Einführung in die allgemeine Systemtheorie, in: H. Lenk und G. Ropohl (Hrsg.): Systemtheorie als Wissenschaftsprogramm, Königstein/Taunus, 9 - 49;

Singer, J.D., 1961, The Level-of-Analysis Problem in International Relations, in: K. Knorr und S. Verba (Hrsg.): The International System: Theoretical Essays, Princeton, 77 - 92;

Singer, J.D., 1981, Accounting for International War: The State of the Discipline, in: Journal of Peace Research, Vol. 18, No. 1, 1 - 18;

Singer, J.D., 1982, Confrontational Behavior and Escalation to War 1816 - 1980: A Research Plan, in: Journal of Peace Research, Vol. 19. No 1, 37 - 48;

Thompson, W.R. (Hrsg.), 1983, Contending Approaches to World-System Analysis, Beverly Hills;

Wallerstein, I., 1974/1980, The Modern World-System Vol. I und II, New York/London;

Wight, M., 1977, Systems of States, London;

G. Simonis

3. Verstehende Methoden

3.1 Historische Methode (hM)

1. ,,Historische Methode“ bezeichnet die ,,Summe der Regeln, nach denen menschliche Vergangenheit als Geschichte vergegenwärtigt wird“. (*Rüsen/Schulze* 1980: 1345) Entsprechend ihrer vielschichtigen Funktionsweise und Bedeutung läßt sich die hM auffassen als Verfahren empirischer Tatsachenerhebung, als Teil der Hermeneutik und als Grundlage und Ausdruck des Historismus.

1.1 Im Zentrum der hM als Technik empirischer Tatsachenerhebung steht der Begriff der ,,Quelle“ als allgemeine Bezeichnung der Materialien (Zeugnisse), aus denen (Er-)Kenntnisse über die Vergangenheit ,,geschöpft“ werden können. Mit dem Quellenbegriff verbinden sich im Blick auf den Aussagewert der schriftlichen, gegenständlichen und mündlichen Überlieferungsformen verschiedene Kriterien der Quelleneinteilung. So unterscheidet man die bewußte, beabsichtigte Überlieferung (,,Tradition“) von der unabsichtlich und unbewußt erfolgten Überlieferung (,,Überrest“); beide Überlieferungsweisen fallen häufig in einer Quelle zusammen (z.B. kann ein Augenzeugenbericht neben der expliziten Berichterstattung über ein Ereignis mittelbar und unbeabsichtigt auch ethische Auffassungen oder soziale Einstellungen des Autors und seiner Zeit mitteilen). Für die Geschichte der Neuzeit stellen die ,,Texte“ (handschriftlich o. gedruckt) den bei weitem größten Teil der historischen Materialien dar. Sie lassen sich unterteilen in amtliches und allgemeines Geschäftsschriftgut (Akten, Gesetze, Verträge, Noten, Berichte, Protokolle, Statistiken), privates Schriftgut (Briefe, Tagebücher, Memoiren, Autobiographien), publizistische Texte (Flugschriften, Zeitungen, Periodika) sowie den literarischen Bereich (Historiographie, Romane, Essays etc.). Eine erhebliche Erweiterung der Quellenbasis ergibt sich für die Zeit- und Gegenwartsgeschichte durch die Möglichkeit der Meinungsumfrage und Zeugenbefragung (Zeugenschrifttum) sowie durch neue ,,technische“ Quellengruppen (Fotografie, Film, Bild- und Tonträger).

Der Historiker der ,,Internationalen Beziehungen" wird sein Augenmerk je nach Thema und Fragestellung auf die Auswertung vor allem des amtlichen, privaten und publizistischen Materials richten. Dabei kann die Benutzung des in den staatlichen Archiven aufbewahrten ungedruckten Schriftguts (z.B. diplomatische Berichte, Kabinettsakten) bestimmten Sperrfristen unterliegen (in der Regel 30 - 50 Jahre), so daß Überlieferungs- und Erkenntnislücken durch andere Materialien (z.B. Memoiren, Zeugenschrifttum, Zeitungen) geschlossen werden müssen. Der Forschung steht eine Reihe spezieller Hilfsmittel zur Verfügung. Hierzu gehören neben den allgemeinen Handbüchern zur europäischen und Weltgeschichte (z.B. Hdb.d.Europ. Geschichte, hg.v.*Th.Schieder*) in erster Linie die besonders seit dem I. Weltkrieg veröffentlichten Editionen der diplomatischen Akten (D: Die Große Politik der europäischen Kabinette 1871 - 1914; Akten zur deutschen auswärtigen Politik 1918 - 1945; F: Documents diplomatiques français; GB: Documents on British Foreign Policy 1919 - 1939; USA: Papers Relating to the Foreign Relations of the United States). Hinzu kommt eine Vielzahl von amtlichen Publikationen (z.B. ,,Weißbücher"), Vertragssammlungen, Dokumentationen (z.B. Archiv der Gegenwart) und Jahrbücher (z.B. Die internationale Politik). Besonders hinzuweisen ist auf die Gattung der außenpolitischen Zeitschriften (z.B. Außenpolitik; Foreign Affairs; International Affairs).

Unterstützt wird die wissenschaftliche Arbeit durch einschlägige historische Fachzeitschriften (z.B. Central European History; Europa-Archiv; Journal of Contemporary History; Revue d' histoire diplomatique; Revue d'histoire de la deuxième guerre mondiale et des conflits contemporains; Vierteljahrshefte für Zeitgeschichte; Zeitschrift für Geschichtswissenschaft).

1.2 Als Teil der Hermeneutik, verstanden als Methodik der Erfassung und Vermittlung des Sinnes menschlicher Handlungen und Hervorbringungen, hat die hM eine Vielfalt von Zugängen und Regeln der Texterschließung und -auslegung entwickelt, die unter dem Begriff der ,,Text" - oder ,,Quellenkritik" zusammengefaßt werden. Hierunter fallen die u.a. mittels verschiedener Hilfswissenschaften (z.B. Paläographie, Chronologie, Genealogie, Diplomatik) zu leistende Sicherung des authentischen Textes, d.h. die Feststellung des originalen Wortlauts, der Entstehungszeit, des Herkunftsorts, des

Urhebers und des Adressaten (äußere Kritik), sowie die Untersuchung der formalen, sprachlich-stilistischen und inhaltlichen Textmerkmale (innere Kritik). Die auf diesen Grundlagen sich vollziehende Textinterpretation sucht die Anlässe, Ursachen und Gründe der Entstehung des Textes und die mit ihm verbundenen Intentionen und Motive des Autors in kontrollierter, intersubjektiver Weise (z.B. durch Vergleiche mit gleichzeitigen und/oder inhaltlich und thematisch vergleichbaren Zeugnissen) herauszuarbeiten und zu erklären.

1.3 Mit der Aufdeckung und Interpretation der Ursachen und Intentionen historischer Zeugnisse erfüllt die hM das Grundpostulat der Hermeneutik, Äußerungen und Hervorbringungen des menschlichen Geistes aus sich und aus ihren Sinnbezügen heraus zu analysieren und nachzuvollziehen. Das „Verstehen" des geschichtlich gewordenen „Sinnes" individueller Handlungen, Ereignisse, Kunstwerke, Sprachen, Literaturen und Kulturen stellt die traditionelle methodologische Grundlage historischen Erklärens dar und bildet seit dem 19. Jh. zugleich eine wesentliche Voraussetzung für die Entstehung und Entfaltung der Geschichtsphilosophie des Historismus. In Abgrenzung zu der von der Aufklärung entwickelten Auffassung einer überzeitlichen und allgemeingültigen Natur des Menschen werden jetzt nicht nur Einzel- sondern auch Kollektivphänomene wie der „Staat" , das „Recht" oder die „Nation" als „historisch", d.h. als wandelbar, unter vielfältigen wie besonderen, räumlich wie zeitlich begrenzten Umständen entstanden und damit, bei aller Gleichartigkeit ähnlicher Phänomene, als einmalig und unwiederholbar betrachtet. Die Begriffe der Inidividualität, der Zeitlichkeit und der Entwicklung werden vom Historismus zu methodischen Leitprinzipien bei der Erschließung der Vergangenheit und zu theoretischen Grundkategorien der neueren Geschichtswissenschaft ausgebildet, mit denen diese den Anspruch auf Rekonstruktion und Vergegenwärtigung vergangener und fremder Identität erhebt. Über die Feststellung der Sinnhaftigkeit und Eigenwertigkeit des singulären historischen Faktums hinaus hat sich der klassische Historismus dabei der Realität übergreifender, überpersönlicher Tendenzen und Strukturen nicht verschlossen und diese vor allem auf der Ebene der Ideen, Werte und Normen als „sittliche Mächte" (*Droysen*) namhaft gemacht, durch die individuelles und kollektives Handeln bestimmt wird.

1.4 Die in der „Krisis des Historismus" (*Heussi*) zutage getretenen Gefahren des Wertrelativismus, die sich aus der Überzeugung der prinzipiellen Eigen- und Gleichwertigkeit jedes individuellen historischen Faktums ergeben, haben in der dt. Geschichtswissenschaft nach dem Kontinuitätsbruch von 1945 zu einem sich erneuernden Methodenbewußtsein geführt. Im Mittelpunkt steht dabei neben der Anerkennung der Perspektivität und Standortgebundenheit historischer Forschung die verstärkte Hinwendung zu Fragen der Begriffs-, Modell- und Hypothesenbildung, die unter anderem in Anlehnung an *Max Weber* der hM die Aufgabe der Verbindung von individualisierenden und generalisierenden Verfahren zuweist. Damit sind vor allem solche Verfahren gemeint, die über die Begriffe des „Typus" und der „Struktur" einmalige historische Ereignisse (z.B. der Erlaß des preußischen „Regulativs über die Beschäftigung jugendlicher Arbeiter in Fabriken" vom 9. März 1839) als Teil oder Ausdruck allgemeiner Gesetzmäßigkeiten (wie der „Industrialisierung" oder „Modernisierung") zu erfassen und zu erklären suchen (→methodologischer Essentialismus). Die zunehmende Aufgeschlossenheit der modernen Geschichtswissenschaft gegenüber der Theorien- und Methodenvielfalt der generalisierenden Sozialwissenschaften eröffnet der hM neue Aufgabenfelder sowohl auf der Ebene der Quellenerhebung und Quellenanalyse (z.B. serieller Daten im Bereich der Wirtschafts- und Sozialgeschichte) als auch auf der Ebene der Systematisierung und Quantifizierung, die allerdings bisher noch zu keiner neuen, fachspezifischen Methodologie geführt haben.

2. „Internationale Beziehungen" sind in der Geschichtswissenschaft traditionellerweise dem Bereich der „Außenpolitik" zu- und untergeordnet gewesen. Als ihre klassischen Grundbegriffe gelten seit dem 18. Jh. die „Staatsräson", verstanden als oberstes Prinzip und Aufgabe staatlicher Selbstbehauptung, die von ihr abgeleitete „auswärtige Gewalt", das Prinzip der territorialstaatlichen „Souveränität", der Begriff der „(Groß-)Macht", das „Nationalinteresse" als außenpolitische Handlungsmaxime, das Verhältnis von „Krieg und Frieden" sowie die mit dem Gegensatz von „Gleichgewicht oder Hegemonie" charakterisierten Ordnungskonzeptionen des europäischen „Staatensystems". In methodischer Hinsicht standen neben der quellenkritischen Erhebung und Sammlung außenpolitischer Zeugnisse

(Erlasse, Berichte, Protokolle) ihre diplomatiegeschichtliche Auswertung, insbesondere die Untersuchung der Rolle und Funktion handelnder Personen, Eliten und Gruppen, der Entstehung und des Ablaufs von Entscheidungsprozessen, des Abschlusses von Bündnissen und Verträgen sowie der Ursachen und Folgen von Kriegen im Vordergrund der Darstellung.

Die nach Intentionen, Interessen und Prinzipien fragende Geschichtsschreibung hat insbesondere in Deutschland die Analyse der Außenpolitik und der internationalen Beziehungen überwiegend unter dem Vorrang nationalstaatlicher Machtpolitik, weniger dagegen unter dem Gesichtspunkt ihrer innenpolitischen und gesellschaftlichen Bedingungen betrieben. Die von *L. v. Ranke* in den Abhandlungen ,,Die großen Mächte" (1833) und ,,Politisches Gespräch" (1836) dargelegten Grundsätze eines ,,Primats der Außenpolitik" und des ,,Europäischen Gleichgewichts" stellten Kategorien und theoretisch-methodische Begründungen zur Verfügung, an die die dt. Geschichtswissenschaft während des 19. Jhs. immer wieder angeknüpft hat. Dabei blieb die ideologische Funktion des Leitbildes absolutistisch-machtstaatlicher Außenpolitik über die Epoche des wilhelminischen Imperialismus hinaus bis ins Dritte Reich wirksam und beeinflußte die Darstellung außenpolitischer und internationaler Entwicklungen.

2.1 Die veränderte weltpolitische Lage nach 1945 führte zu einer nachhaltigen Erschütterung der bisherigen Interpretationsmuster außenpolitischer Geschichtsschreibung. Die Entstehung des bipolaren Systems und die Emanzipation der afro-asiatischen Völker schufen die Voraussetzungen für eine Abkehr vom herrschenden europazentrischen Geschichtsbild; die nach dem I. Weltkrieg sich anbahnende Verselbständigung der Disziplin der ,,Internationalen Beziehungen" im Rahmen der Politikwissenschaft entwickelte ein reichhaltiges Angebot an Theorien und Methoden, das sich nur noch in Teilen an den Grundlagen und Leistungen der hM orientierte. Auf der anderen Seite ist eine verstärkte Hinwendung der Geschichtswissenschaft zu Grundproblemen der Außenpolitik zu beobachten, sei es in der Untersuchung der Ursachen des I. Weltkrieges (*F. Fischer*) der Außenpolitik des Kaiserreichs (*G.W.F. Hallgarten, H.-U. Wehler, A. Hillgruber*) und des Dritten Reiches (*H.A. Jacobsen, K. Hildebrand*), sei es in der allgemeinen Diskussion der Kontinuitätsproblematik deutscher Geschichte von Bismarck bis Hitler (*Hillgruber, Hildebrand, Wehler*). Die ideengeschichtliche Erforschung außen- und weltpolitischer Konzeptionen mag hier ebenfalls genannt werden (*H.Gollwitzer*). Die in den 1970er Jahren aufgeflammte Kontroverse um den Stellenwert einer eigenständigen Geschichte der ,,Politik" in ihrem Verhältnis zur ,,Gesellschaftsgeschichte" (*Hillgruber* 1973, *Wehler* 1975, *Hildebrand* 1976) machte allerdings deutlich, daß im Bereich der Internationalen Beziehungen auch auf methodologischem Gebiet die Überwindung des Grundlagenstreits zwischen Geschichts- und Sozialwissenschaften noch von mannigfachen Schwierigkeiten begleitet zu sein scheint.

2.2 Im Blick auf die ,,Anforderungen, die an eine moderne, gesellschaftsgeschichtliche Analyse der Bedingungen von Außenpolitik gestellt werden" (*Schmidt* 1981: 26), hat die internationale Forschung in praxi jedoch bereits längst eigene, vielversprechende Wege beschritten. So verdeutlichen neuere Veröffentlichungen zum Appeasement-Problem der Zwischenkriegszeit, daß nur über eine sozialwissenschaftliche Erweiterung des methodischen Instrumentariums u.a. das Verhältnis von Innen- und Außenpolitik in ihrer wechselseitigen Durchdringung angemessen untersucht und, etwa am Beispiel der Sicherheits- und Rüstungspolitik, in einem gesellschaftlichen Bedingungskontext dargestellt werden kann, der intentionale und nichtintentionale Faktoren und Prozesse, sinnhaftes individuelles Handeln und objektiv vorgegebene Strukturen integrativ aufeinander bezieht. Dabei sind auch jene ,,kulturellen", historisch entstandenen Voraussetzungen zu berücksichtigen, die im Bereich der Politischen Kultur, in Gestalt gesellschaftlicher Lebens- und Verhaltensweisen, politisches Handeln konditionieren, wie am Beispiel der Gegensätze und Unterschiede zwischen ,,angelsächsischem Gesellschaftsdenken" und ,,kontinentaleuropäischem Staatsdenken" gezeigt werden kann. Zusammen mit der Untersuchung der komplexen Probleme der Perzeption, Ideologie- und Stereotypenbildung stellt ihre Analyse für die Darstellung der zwischenstaatlichen Beziehungen eine wesentliche Ergänzung dar, ,,auf die man ebensowenig verzichten kann wie auf eine Analyse der institutionellen und ökonomischen Rahmenbedingungen und Antriebskräfte internationaler Politik." (*Rohe* 1982: 192)

Über die ihr eigene Aufgabe der Erklärung der Intentionalität vergangener individueller menschlicher Handlungen hinaus kann die hM auf diese Weise dazu beitragen, die internationalen Beziehungen in ihren Konstanten und Variablen als in weitem Maße geschichtlich bedingt und von politischen, sozioökonomischen und kulturellen Entwicklungen abhängig zu erkennen, deren strukturelle und transnationale Dimensionen nur durch die Einbeziehung historischer Analysen angemessen erhellt und erklärt werden können.

Literatur

Besson, W. (Hg.), ³1965, Geschichte, Frankfurt/M. (=Das Fischer Lexikon 24);

Faber, K.-G., 1979, Ausprägungen des Historismus, in: Hist. Zeitschrift 228, 1 - 22;

Hildebrand, K., 1976, Geschichte oder „Gesellschaftsgeschichte"? Die Notwendigkeit einer Politischen Geschichtsschreibung von den Internationalen Beziehungen, in: Hist. Zeitschrift 223, 328 - 357;

Hillgruber, A., 1973, Politische Geschichte in moderner Absicht, in: Hist. Zeitschrift 216, 529 - 552;

Iggers, G.G., ³1976, Deutsche Geschichtswissenschaft. Eine Kritik der traditionellen Geschichtsauffassung von Herder bis zur Gegenwart, München;

Mommsen, W.J., ²1972, Die Geschichtswissenschaft jenseits des Historismus, Düsseldorf;

Rohe, K. (Hg.), 1982, Die Westmächte und das Dritte Reich 1933 - 1939. Klassische Großmachtrivalität oder Kampf zwischen Demokratie und Diktatur?, Paderborn;

Rüsen, J./Schulze, W., 1980, Art. ‚Methode, historische', in: Hist. Wörterbuch d. Philosophie, Bd. 5, Basel, Sp. 1345 - 1355;

Schmidt, G., 1981, England in der Krise. Grundzüge und Grundlagen der britischen Appeasement-Politik (1930 - 1937), Opladen;

Wehler, H.-U., 1975, Moderne Politikgeschichte oder „Große Politik der Kabinette"?, in: Geschichte u. Gesellschaft 1, 344 - 369.

U. Haltern

3.2 völkerrechtlich-juristische Methode

Alle juristischen Methoden haben letztlich zu tun mit der „Theorie und Praxis der juristischen Argumentation" (vgl. *Gröschner,* R., 1985: 170ff, JZ, 40), in die ihre Anwendungen einmal einmünden werden, ob direkt oder indirekt. Demgemäß haben sich Methodenlehre und Rechtstheorien stets parallel entwickelt, d.h. in verschiedenen Zeitperioden entwickelten sich Konzepte der

Rechtswissenschaft — z.B. Begriffs-Jurisprudenz, pragmatische Jurisprudenz, Interessenjurisprudenz, Wertungsjurisprudenz — und im Zusammenhang damit Konzepte von Theorien und Methoden, die einer ständigen und offenen Fortbildung in erster Linie durch Rechtswissenschaft und Rechtssprechung unterliegen (*Larenz* 1983: Kap. 1 - 5). Hinzutreten die Methoden-Einflüsse, die auf die Rechtswissenschaft von deren Nachbarwissenschaften her ständig ausgeübt werden, z.B. von der Verwaltungswissenschaft, den Wirtschaftswissenschaften, der Psychologie, der Kriminologie, der Soziologie, den Lehren von den Internationalen Beziehungen innerhalb der Politikwissenschaft, der Logik, der Informatik. (vgl. *Grimm* 1976, 1. u. 2. Bd.)

Juristische Methoden müssen für fünf große Arbeitsbereiche entwickelt und fortgebildet werden:

1. Für den Aufbau einer Rechtsordnung und alle damit verbundenen Probleme, wie z.B. die Systematik der Rechtssätze, den Aufbau der Tatbestände im Recht, die Verankerung einer Rechtsordnung im Rechtsbewußtsein.
2. Für die Anwendung der Rechtssätze auf einen sozialen Sachverhalt.
3. Für die Auslegung der Gesetze und des sonstigen Rechts.
4. Für die Fortbildung des Rechts.
5. Für die Entwicklung und Fortbildung einer Theorie der Rechtswissenschaft. (vgl. *Larenz* 1983)

Demgegenüber wird häufig unter juristischer Methode nur die Entwicklung der Kriterien der Rechtsauslegung verstanden und das Verhältnis dieser Kriterien zueinander. So betont *Schüle:* ,,Unter Methoden der *Völkerrechts*wissenschaft sind … diejenigen Denkweisen zu verstehen, deren sich der wissenschaftlich verfahrende Jurist bedient, um für eine im Bereich des Völkerrechts auftretende Frage das zutreffende Recht zu finden." (*Schüle* 1962: 775ff.)

,,Verhaltensregulierende Aussagensysteme haben einen Wertbezug, der eine Verhaltensregulation als sinnhaft definiert." (*Görlitz* 1976: 6) Deshalb ist es erforderlich, um die spezielle Problematik der völkerrechtlich-juristischen Methoden zu verstehen, sich mit dem Regelungsbereich des Völkerrechts zu befassen. Hierzu betont *Ipsen* (*Menzel-Ipsen,* 1979: 4f): ,,Zusammenfassend läßt sich der

Regelungsbereich des Völkerrechts der Gegenwart in vierfacher Hinsicht unterteilen:

1. Die Rechtsbeziehungen zwischen den Staaten bzw. ihnen traditionell gleichgestellten Rechtssubjekten. Dies ist vorerst noch der Hauptregelungsbereich des Völkerrechts. Ausgenommen sind diejenigen Rechtsbeziehungen, die nach dem Willen der Beteiligten oder aufgrund ihrer Eigenart einer bestimmten nationalen Rechtsordnung unterworfen sind.
2. Die Internationalen Organisationen, wobei zu diesem Teilbereich gehören:

   a) Die Rechtsbeziehungen zwischen Staaten und Internationalen Organisationen.
   b) Die Rechtsbeziehungen internationaler Organisationen untereinander.

   Ausgenommen von den unter a) und b) genannten Rechtsbeziehungen sind ebenfalls jene Rechtsverhältnisse, die auf der Basis einer nationalen Rechtsordnung begründet werden.

   c) Das interne Verbandsrecht der Internationalen Organisationen (das zum Teil allerdings auch als eine außerhalb des Völkerrechts angesiedelte Sonderrechtsordnung angesehen wird).
3. Doch ist das moderne Völkerrecht, was seinen Regelungsbereich anbetrifft, nicht nur dadurch gekennzeichnet, daß sich der Kreis der von ihm erfaßten Rechtsbeziehungen erweitert hat. Auch der Kreis der Regelungsgegenstände dieser Rechtsbeziehung — namentlich der Rechtsbeziehungen zwischen den Staaten — ist in einer ständigen Erweiterung begriffen. Der naturwissenschaftlich-technische Fortschritt der letzten Jahrzehnte hat Interessenbereiche von internationaler Bedeutung erschlossen, die alsbald zum Gegenstand völkerrechtlicher Regelungen geworden sind. Zeugnisse dieser Entwicklung sind neue Teildisiziplinen des Völkerrechts wie das Entwicklungsvölkerrecht, das Recht der friedlichen Nutzung der Kernenergie, das Weltraumrecht, das Recht des Meeresbodens und seines Untergrundes sowie das vorerst noch rudimentär angelegte Recht des Umweltschutzes.
4. Völkerrechtliche Disziplinen, die zwischen den beiden Weltkriegen erst fragmatisch ausgebildet waren, wie etwa das Luftrecht,

das Recht des technischen Kommunikationswesens oder das internationale Wirtschafts- und Sozialrecht, erfassen fortlaufend weitere Regelungsgegenstände..." Eine weitere besondere methodische Herausforderung stellen die „wachsende völkerrechtliche Eigenständigkeit der internationalen Organisation" (*Ipsen*, 1979: S.3) und die wachsende Ausgestaltung der Rechtsstellungen des Einzelmenschen im internationalen System dar. Insgesamt müssen die Erwartungen in eine ausgefeilte völkerrechtliche Methodenlehre deshalb reduziert werden, weil:

a) das Völkerrecht, anders als einzelstaatliches Recht, eine Vielzahl von Eigenarten aufweist;
b) das Völkerrecht vor allem auf eine Übereinstimmung der Staaten, der Rechtssprechung und der maßgeblichen Völkerrechtslehre hinsichtlich der Rechtsquellen angewiesen ist, die dank einer ausgefeilten Rechtsquellenlehre auch erreicht wurde;
c) die Grundprobleme des Völkerrechts, wegen seines besonderen Regelungsbereichs, andere sind als die einzelstaatlicher Rechtssetzungen.

Im Vordergrund der Gegenstandsbereiche der speziellen völkerrechtlichen Methodenarbeit der Jurisprudenz stehen daher die Rechtsquellen des Völkerrechts, umfassend das Völkervertragsrecht, das Völkergewohnheitsrecht, die allgemeinen Rechtsgrundsätze des Völkerrechts (vgl. auch Art. 25 GG) sowie die Lehren der Völkerrechtslehre und die Entscheidungen der nationalen und internationalen Gerichte (vgl. auch: Wiener Übereinkommen über das Recht der Verträge vom 23. Mai 1969; und: Statut des Internationalen Gerichtshofs in der Fassung vom 26. Juni 1945, insbesondere dessen Art. 38 über die anzuwendenden Rechtssätze.) Dabei hat die Rechtsquellenfrage gegenüber anderen methodischen Problemen im Völkerrecht eher noch an Gewicht gewonnen, seitdem das sogenannte klassische Völkerrecht, welches bis zum Jahre 1914 als europäisch-christliches entstand, mit der Krise der abendländischen Kultur vor allem unter dem Einfluß folgender Faktoren selbst in eine Krise geriet:

1. Relativer Niedergang Europas;
2. Bipolarität, Spaltung der Welt und Kalter Krieg;
3. Auftreten nicht-abendländischer Kulturen als Akteursgruppen im Völkerrecht;
4. Totaler Krieg und Atomzeitalter (vgl. *Kunz* 1962: 611ff.)

Den Arbeiten der Völkerrechtskommission der Vereinten Nationen, der nach Art. 13 Nr. 1a der Satzung die Förderung des Völkerrechts anvertraut ist, kam und kommt daher eine große Bedeutung zu (vgl. *Schindler* 1962: 761ff.)

Die Frage nach dem empirischen Material der völkerrechtlich-juristischen Methode ist in dreierlei Hinsicht zu beantworten:

1. Welche Denkweisen können bei der Suche nach dem zutreffenden Völkerrechtssatz angewendet werden?
2. Welches sind die Rechtsquellen, auf die diese Denkweise bezogen werden können?
3. Wie sind Verträge auszulegen?

ad 1. *Zu den Denkweisen,* die bei der Suche nach dem — auf einen bestimmten sozialen Sachverhalt zutreffenden — Völkerrechtssatz angewendet werden können, gehören insbesondere (*Schüle* 1962: 777ff):

— Die entsprechende, analogisierende Anwendung privatrechtlicher Sätze, weil viele Rechtssätze und Rechtsinstitute des Völkerrechts entwicklungsgeschichtlich aus dem Privatrecht kommen, die beispielsweise ein großer Teil der Rechtssätze über Willenserklärungen, Verträge, Rechtsgeschäfte, Erwerb von Gebieten (→ Isomorphie-Verfahren);
— Die historische Methode (→), d.h. die Heranziehung von Fällen oder Entwicklungen aus den internationalen Beziehungen der Vergangenheit. So kann es für die Beendigung auch internationaler Verträge von Bedeutung sein, daß die beteiligten Staaten durch die Praxis ihrer Beziehungen faktisch zum Ausdruck gebracht haben, daß sie den Vertrag als nicht mehr anwendbar betrachten.
— Die soziologische Betrachtungsweise, die in die völkerrechtliche Argumentation geographische, technische, völkerkundliche Daten sowie Interessenlagen einbezieht, um weltfernes juristisches Denken zu vermeiden.
— Die normative Betrachtungsweise, die versucht, völkerrechtliche Sätze aus einer Grundnorm, etwa der Sicherung des Friedens, herzuleiten, um für den konkreten Einzelfall aus dieser Grundnorm Lösungen zu gewinnen.

Faßt man alles Vorgesagte zusammen, so kann man die völkerrechtlichen Methoden und Denkweisen a) in deduktive Denkweisen, bei denen aus einer allgemeinen Voraussetzung oder Grundnorm im Wege der logischen Schlußfolgerung Sätze für Sonderlösungen gesucht werden, und b) in induktive Denkweisen einteilen, die mit den für die Rechtsfindung erheblichen, meist tatsächlichen Faktoren beginnen, um nach ihrer Analyse den juristischen Kern des jeweiligen Falles herauszuarbeiten, um dann zu Rechtssätzen zu kommen.

ad 2. *Die Rechtsquellen:* Es ist hier aus Raumgründen nicht möglich, eine ins einzelne gehende Rechtsquellenlehre des Völkerrechts zu geben. Immerhin gibt folgende Skizze einen Überblick über das empirische Material:

— Die wichtigste und vorherrschende Rechtsquelle im Völkerrecht sind die Verträge, zumal die zunehmende Dichte der Staatenbeziehungen und der internationalen Organisationen eine Inflation des Vertragswesens zur Folge gehabt haben.
— In der Geschichte des Völkerrechts hat das Gewohnheitsrecht durch lange Zeit hindurch eine große Bedeutung gehabt. Völkergewohnheitsrecht ist dabei dasjenige, was allgemeine Übung ist und was zugleich als Recht anerkannt ist.
— Die allgemeinen Rechtsgrundsätze des Völkerrechts bestehen aus den von den Kulturvölkern anerkannten Prinzipien, die in allen oder den meisten nationalen Rechtsordnungen verankert sind.
— Der oben schon erwähnte Art. 38 Abs. 1 d des Status des IGH ermächtigt diesen, Gerichtsentscheidungen und Lehrmeinungen anerkannter Völkerrechtslehrer zur Feststellung des Völkerrechts mitzuverwenden. Es handelt sich hierbei eigentlich nicht um Rechtsquellen, sondern um Hilfsmittel zur Ermittlung, ob eine Rechtsnorm aus einer bestimmten Rechtsquelle wirklich nachgewiesen werden kann.

ad 3. Entsprechend der oben betonten starken Vermehrung der Vertragsbeziehungen im Völkerrecht kommt der Frage besondere Bedeutung zu, wie man den Sinn von Bestimmungen ermitteln kann, den die Vertragsparteien ihnen beimessen. Angesichts der zahlreichen Streitfragen in diesem Zusammenhang ist auf das schon erwähnte Wiener Übereinkommen über das Recht der Verträge vom 23. Mai 1969 hinzuweisen, in welchem die wichtigsten Grundsätze der Vertragsauslegung verankert sind. Erwähnt seien hier nur kurz und abschließend die semantische Methode (Ermittlung des Sinnes nach dem Wortlaut des Textes) sowie die teleologische Methode (Frage nach dem objektiven Zweck einer Vorschrift).

Literatur

Berber, F., ²1965 (Bd. 1), 1969 (Bd.2), 1977 (Bd. 3), Lehrbuch des Völkerrechts, München;

Bleckmann, A., 1975, Grundgesetz und Völkerrecht, Berlin;

Dahm,. G., Völkerrecht, 1958 (Bd. 1), 1961 (Bd. 2, 3), Stuttgart;

Görlitz, A., 1976, Politische Funktion des Rechts, Wiesbaden;

Grimm, D., (Hg.), 1976, Rechtswissenschaft und Nachbarwissenschaften, München, Bd. 1 u. 2;

Kunz, J. L., ²1962, in: Strupp-Schlochauer, Wörterbuch des Völkerrechts, 3. Bd., Berlin;

Larenz, K., ⁵1983, Methodenlehre der Rechtswissenschaft, Berlin;

Menzel/Ipsen, ²1979, Völkerrecht, München;

Schindler, D., ²1962, Völkerrechtskommission der Vereinten Nationen, in: Strupp-Schlochauer, Wörterbuch des Völkerrechts, 3. Bd., Berlin;

Schule, A., ²1962, Methoden der Völkerrechtswissenschaft, in: Strupp-Schlochauer, Wörterbuch des Völkerrechts, 3. Bd., Berlin;

Verdross, A./Simma, B., 1976, Universelles Völkerrecht, Theorie und Praxis, Berlin:

Wengler, W., 1964, Völkerrecht, Bd. 1 und 2, Berlin;

weiterführend:

Zeitschrift für ausländisches öffentliches Recht und Völkerrecht, Stuttgart;

Karlsruher Juristische Bibliographie (KJB), München/Frankfurt

G. W. Wittkämper

3.3 Rationalanalyse (R)

Die Rationalanalyse entwickelte sich zu einer Methode der Analyse Internationaler Politik als Nebenprodukt intensiver interdisziplinärer Entscheidungsforschung. Zunächst stand das Verhalten des *homo oeconomicus* im Zentrum des Interesses. Dieser fiktiven Entscheidungsfigur der Wirtschaftswissenschaften stellen sich alle Handlungsalternativen als überschaubare Zweck-Mittel-Relationen dar. Der *homo oeconomicus* überblickt seine Umwelt, er vermag jedes Problem ohne Zeitverlust zu analysieren, seine Handlungsalternativen zu bewerten und schließlich das Eintreten der Handlungskonsequenzen mit Sicherheit zu antizipieren. Eine solche Entscheidung bei Sicherheit ist durch vollständige Information sowie die Lösung des Bewertungsproblems und die Lösung des Unsicherheitsproblems gekennzeichnet. (*Steinbruner* 1974: 28f) Zugleich gilt dieses Entscheidungsmodell als Verkörperung der technisch-ökonomischen Rationalität. Der technologische Einsatz der Mittel zur jeweiligen Zielerreichung wird als bekannt unterstellt, und die Anwendung der beiden Versionen des ökonomischen Prinzips wird postuliert. ,,Entweder erfolgt der Einsatz der Mittel so, daß der höchste Ertrag resultiert (Maximalprinzip) oder das Ziel wird vorgegeben und der Mitteleinsatz möglichst gering gehalten (Minimalprinzip)." (*Behrens* 1980: 40) Dieses Rationalprinzip sowie seine politologischen Folgemodelle werden methodisch als Interpretationsraster zur Erklärung des Handelns ökonomischer und politischer Akteure unterlegt.

Natürlich sind die ,,heroischen" Annahmen dieses *geschlossenen Entscheidungsmodells* inzwischen einer eingehenden Kritik (Öffnung) unterzogen worden. Entscheidungsprozesse in der Internationalen Politik involvieren in der Regel (a) mehrere Akteure, (b) gravierende Probleme der Informationsbeschaffung — einschließlich der Gefahr von Misperzeption, (c) keineswegs nur einfach überschaubare oder gar quantifizierbare, d.h. *wohlstrukturierte Probleme,* sondern höchst komplexe Probleme, sowie (d) Strategien und Taktiken der Entscheidungs- und Interessendurchsetzung, die Gegenstand der Konflikt- und Krisenforschung sind. Auch wenn der Stellenwert der *Rationalanalyse* von der mangelnden Berücksichtigung derartiger realitätsnäherer Annahmen nicht unberührt blieb, so bewahrte die R. als Methode aus folgenden Gründen für die Disziplin Internationale Politik ihre Relevanz:

(1) Zur Untersuchung komplexer außenpolitischer Entscheidungsprozesse bedarf die Forschung eines Ausgangsmodells möglichst rigoroser Komplexitätsreduktion, das Übereinstimmung über Grundstrukturen rationalen Verhaltens in idealtypischer Manier skizziert. Allen empirisch untermauerten Abweichungen vom geschlossenen Rationalmodell zum Trotz, läßt sich eine generelle Zweck-Mittel Orientierung auch in komplexen Entscheidungssituationen als Grundkonstituante nachweisen: ein Nachweis für die fort-

dauernde Bedeutung der Rationalanalyse. Indem dieses rationale Modell Handeln in der Internationalen Politik bei bewußter methodischer Begrenzung unterstellt, kann ein Beitrag zu dessen Erklärung geleistet werden.

(2) Alle anderen Ansätze zur Erklärung außenpolitischer Entscheidungsprozesse sind aus der Kritik am eingangs beschriebenen Ausgangsmodell entstanden. Dazu gehören u. a. (a) der *kybernetische Ansatz* mit seiner Reduktion von rationaler Umweltkontrolle zu einer Feedback-Kontrolle (→ Isomorphie-Verfahren) etwa des Ablaufs von bürokratischen Routineprogrammen sowie (b) der *kognitive Ansatz,* der konkrete, kognitive Strukturen politischer Entscheidungsträger untersucht und bei der Analyse auch schlecht strukturierter Probleme die Einhaltung von Kausalbeziehungen und die Maximierung des erwarteten Nutzens, d. h. klassisch rationale Verhaltensweisen erkennen läßt. (→ Graphenverfahren; → Graphische Darstellungsweisen)

Letzteres gilt nicht für das Konzept der *begrenzten Rationalität* (Bounded Rationality), für dessen Entwicklung *Simon* den Nobelpreis erhielt: Alternativen werden nicht bei Maximierung, sondern bereits dann akzeptiert, wenn submaximale Erwartungsniveaus erfüllt werden, die ihrerseits von Entscheidungen eingrenzenden Faktoren (Constraints) abhängen. Schließlich ist auch das Gegenmodell des *Inkrementalismus (Braybrooke/Lindblom)*, des sich schrittweisen „Durchwurstelns", erst vor dem Hintergrund des Ausgangsmodells definiert worden.

(3) Beiträge zur Internationalen Politik von *Allison, Snyder/Diesing* oder *Stein/Tanter* haben nachgewiesen, wie unentbehrlich — als einheitliche Grundlage — die R. bei synthetischen, mehrere Ansätze miteinander kombinierenden Erklärungsversuchen außenpolitischer Entscheidungsprozesse ist. (*Stein/Tanter* 1980: 65)

(4) Teilbereiche der Internationalen Politik, wie etwa die Verhandlungstheorie, haben Fragestellungen der Rationalanalyse mit Erfolg übernommen. So beantworten *Snyder/Diesing* die Frage: Was heißt *rationales* Verhandeln? *(Snyder/Diesing* 1977: 333ff.)

(5) Bei der Untersuchung von Entscheidungsprozessen in geschlossenen Systemen — wegen ihrer Informationsabschottung gehören dazu z.B. die UdSSR sowie andere Ostblockstaaten — stehen nur verläßliche Informationen über den jedermann offensichtlichen Mitteleinsatz zur Verfügung. An einem späteren Beispiel zu dieser

Anwendungsform der R. soll folgende Frage geklärt werden: Welches sind die denkbaren *rational rekonstruierbaren* Zwecke bzw. Ziele für diese Mittel in der internationalen Arena? (*Allison* 1971: 39ff.)

(6) Die Lernkonzepte der Systemtheorie, der kybernetischen und kognitiven Ansätze sowie der Perzeptionsforschung und der Krisenforschung stehen in einem mehr oder minder direkten Bezug zum rationalen, kausalen Lernen. (*Behrens* 1980: 159)

(7) Fragen der Strategie und Taktik bei der Durchsetzung von Interessen in Krisen der Internationalen Politik sind Untersuchungsobjekt der *Spieltheorie* (→). Symmetrische Konfigurationen der Spieltheorie, wie Prisoners Dilemma, Chicken Game, Leader, Deadlock oder die asymmetrischen Strukturen von Called Bluff, Bully oder Protector (*Behrens* 1983: 73) basieren auf zentralen Elementen der Rationalanalyse wie Maximieren, Minimieren oder der Kombination Minimax etc.

Die aufgelistete Vielfalt von Gegenstandsbereichen der Internationalen Politik mit Anwendungsmöglichkeiten für die R. erforderte eine zunehmende Variation spezifischer Techniken zur Erarbeitung des empirischen Materials. Um eine Öffnung der R. für den *empirischen Zugriff* zu ermöglichen, mußten die Methoden der Deduktion oder der Behandlung von Entscheidungsprozessen als Black Box revidiert werden (Black Box = bewußtes Ausschalten eines Bereichs bei der Ursachenanalyse; Deduktion = Herleitung des Besonderen, z.B. eines Handlungsmotivs, aus dem Allgemeinen, z.B. der Gesamtsituation). Vertreter der Systemtheorie (*David Easton*), aber auch Organisationstheoretiker haben auf die Datenlage fehlenden „Primärmaterials“ letztlich in menschlichen Gehirnen ablaufender Entscheidungsprozesse (Motive, Ziele u. a.) mit deren Behandlung als Black Box reagiert. Lediglich der „Input“ bzw. „Output“ von Organisationen sowie deren Feedback-Beziehungen wurden untersucht.

Ein Umdenken setzte mit *Karl Deutschs* „The Nerves of Government“ (1966) ein, der durch die Annahme der Sensibilität von Entscheidungsträgern für Informationen aus dem Gedächtnis, der Selbsteinschätzung (Bewußtsein) sowie aus der Umwelt die bisherige Black Box zu füllen begann. Diese Annahme widerspricht dem Postulat der vollständigen Information des eingangs vorgestellten tautologisch-deduktiven Ausgangsmodells des *homo oeconomicus*.

John Steinbruner hat in ,,The Cybernetic Theory of Decision" auf die Notwendigkeit hingewiesen, ein *Analytic Paradigm* für die Internationale Politik zu konzipieren, das die Bewertungs- bzw. Unsicherheitsprobleme außenpolitischer Entscheidungsträger keineswegs wie im Ausgangsmodell unterstellt. Er formulierte den ,,Spirit" der Rationalanalyse statt dessen wie folgt um: ,,The analytic decision process is one which rests upon a causal model on an ,blueprint' of the environment. The quintessential analytic decision maker is one who strains toward as complete an understanding as possible of the causal forces which determine outcomes". *(Steinbruner* 1974: 35) Natürlich versucht der politische Entscheidungsträger — und hier schlägt das allgemeine normative Verständnis von ,,rational" im Sinne von optimal durch — den Gang der Ereignisse zu seinem Vorteil zu beeinflussen. Dabei kann er sich sehr stringenter Techniken bedienen, wie dies etwa die Alliierten im 2. Weltkrieg unter Einsatz von *Operations Research* Methoden taten, um die Einsätze ihrer Waffensysteme zu optimieren. (*Steinbruner* 1974: 40)

Empirische Untersuchungen von *Axelrod (Cognitive Mapping* mit Hilfe von Verbatim Protokollen des British-Eastern Committee von 1918) (→ Graphenverfahren) haben gezeigt, daß im Gegensatz zu radikalen Kritikern einer jeden R. die rationale Orientierungsfähigkeit menschlichen Denkens in politischen Entscheidungsprozessen dieser Komplexität in der Realität erstaunlich hoch ist: Es fanden sich keine deduktiven Widersprüche und fast keine Zirkelschlüsse. (*Axelrod* 1976: 61ff.) Auch für Entscheidungsprozesse mit erheblichem Problemumfang wurde die Vermutung des nicht-empirischen kognitiven Ansatzes bestätigt, daß reale kognitive Strukturen durchaus ein ,,vereinfachtes" Rationalmodell enthalten.

Mit einer schlechten Materiallage konfrontiert und einer erheblich simpleren *Blaupause* (Blueprint) *eines rationalen Entscheidungsprozesses* ausgestattet (Zweck-Mittel Schema) wird der Fragesteller nach Zielen der sowjetischen Außenpolitik. *Allison* kommt in ,,Essence of Decision, Explaining the Cuban Missile Crisis" (1971) nach der Untersuchung des Verhaltens der UdSSR in der Kuba-Raketenkrise von 1962 im Rahmen von 5 Hypothesen zu der Schlußfolgerung, daß die Sowjetunion in erster Linie eine Unterlegenheit ihrer Raketentechnologie gegenüber den USA kompensieren wollte. In einer entsprechend diesem rationalen Zweck-Mittel Schema angelegten Studie zur anhaltenden Afghanistan-Intervention (1982) unterstreicht *Behrens* nach einer sorgfältigen Diskussion von 9 Hypothesen den defensiv-aggressiven Charakter der sowjetischen Außenpolitik in Afghanistan seit Ende 1979: Bei Unterstellung rationalen Verhaltens der UdSSR galt diese Intervention primär dem Ziel, für die UdSSR in Afghanistan einen Status quo minus zu verhindern. Wie eine kurz bevorstehende Neuauflage von *Allison* zur Kuba-Krise von 1962 erwarten läßt, ist die Berücksichtigung von neu eingehender Information nicht nur ein Problem für jeden politischen Entscheidungsträger, sondern auch für die ,,Blaupausen" des Analytikers, der mit Hilfe der Rationalanalyse politische Entscheidungsprozesse zu erklären versucht — und diese Erklärungen gelegentlich ergänzen, wenn nicht gar revidieren muß.

Literatur

Allison, G., 1971, The Essence of Decision. Explaining the Cuban Missile Crisis, Boston;

Axelrod, R., 1976, Structures of Decision. The Cognitive Maps of Political Elites. Princeton 1976;

Behrens, H., 1980, Politische Entscheidungsprozesse. Opladen;

Behrens, H., 1982, Die Afghanistan-Intervention der UdSSR, München;

Behrens, H., 1983, Strategie und Taktik Internationaler Verhandlungsprozesse, Luino;

Simon, H., 1957, Models of Man: Social and Rational, New York;

Snyder, G./Diesing, P., 1977, Conflict among Nations, Princeton;

Steinbruner, J., 1977, The Cybernetic Theory of Decision, Princeton;

Stein, J./Tanter, R., 1980, Rational Decision-Making, Ohio.

H. Behrens

3.4 Entscheidungsprozeß- und Perzeptionsanalysen (phänomenologische Methode)

Mit seinen ,,Ideen zu einer reinen Phänomenologie und phänomenologischen Philosophie" (1913) wurde *Edmund Husserl* (1859 - 1938) zum Urvater der modernen sozialwissenschaftlichen Schule der Entscheidungsanalyse. Zwar lassen sich nur indirekte Entwicklungslinien aufzeigen, doch bildete bereits für *Husserl* die

Sinnklärung und scharf unterscheidende Bedeutungsanalyse von vortheoretischen Aussagen ein primäres Forschungsziel. Husserls Phänomenologie des Bewußtseins, seine Erfassungs- und Erlebnisweisen, Akte und Intentionen drängte auf Ausbildung einer deskriptiven Psychologie auf anschaulicher Grundlage, aber — seinerzeit noch — ohne Einspannung in empiristisch-naturalistische Kausalmethodik und Erklärung.

Ein zweiter wichtiger Anstoß für Entscheidungsprozeß- und Perzeptionsanalysen (Perzeption = Sichtweise) kam von *Alfred Schütz* (1899 - 1959), einem Schüler und Kritiker *Max Webers*, der ohne Zweifel von Husserls Denken mit beeinflußt war. Die von *Schütz* entwickelte „Theorie des Fremdverstehens" (Der sinnhafte Aufbau der sozialen Welt, 1932) bestimmte den Anfang der 50er Jahre formulierten außenpolitischen Entscheidungsansatz in grundlegender Weise. Die Methode des „nachkonstituierenden Vollzugs" fremder Bewußtseinserlebnisse durch den Analytiker unter vorrangiger Suche nach dem „Um-zu" und „Weil" -Motiv des politisch Handelnden (Zweck und Grund von Handlungen) führt, nach Ansicht der Begründer des außenpolitischen Entscheidungsansatzes, zu der gewünschten *Klärungs- und Deutungsmöglichkeit* außenpolitischen Entscheidungsverhaltens.

Neben diesen beiden inhaltlichen Denkanstößen, die auf die Begründer des außenpolitischen Entscheidungsansatzes einwirkten, gilt es einen dritten, fachwissenschaftlichen Anstoß zu erwähnen. *Hans Morgenthau* (1904 - 1980), der unumstritten als Begründer der modernen sozialwissenschaftlichen Disziplin der Internationalen Politik gilt (Politics among Nations, 1948), hatte in seinem vom Denkansatz des Politischen Realismus geprägten Standardwerk noch die These vertreten: „... daß Staatsmänner im Sinne eines als Macht verstandenen Interesses denken und handeln ... Will man Außenpolitik verstehen ist es weniger wesentlich die Beweggründe eines Staatsmannes zu kennen, als seine intellektuelle Fähigkeit, die Elemente der Außenpolitik zu erfassen, und seine politische Fähigkeit, das einmal Erkannte in erfolgreiches politisches Handeln umzusetzen." (*Morgenthau* 1963: 51f) Außenpolitik wird durch objektive vorgegebene staatliche Interessen, nicht durch subjektive, sinnhafte Willensentscheidungen der außenpolitischen Entscheidungsträger erklärt. Morgenthaus normativ-deduktiver Theorieansatz fand Anfang der 50er Jahre seine Kritiker in der Schule der Szientifisten, die — vom naturwissenschaftlichen Methodenpluralismus beeindruckt — den traditionalistischen Denkansatz kritisieren. Gerade die oben zitierte Passage *Morgenthaus* hat seinen jüngeren Fachkollegen *Snyder, Bruck* und *Sapin* den Antrieb zu einer Gegenposition gegeben, die *Richard Snyder,* der Begründer des außenpolitischen Entscheidungsansatzes zusammen mit seinen Kollegen wie folgt beschrieb: „... if one is interested in the fundamental ‚why' of state behaviour, the search for reliable answers must go beyond the derived conditions and factors ... which are normally the focus of attention." *(Snyder/Bruck/Sapin* 1962: 68) Damit waren Grundgedanke und Zielrichtung des außenpolitischen Entscheidungsansatzes formuliert. Um Außenpolitik zu verstehen, ist es *wesentlich* die Beweggründe eines Staatsmannes zum Handeln zu verstehen.

Von einer Entscheidung kann im allgemeinen Sinn gesprochen werden, wenn folgende Kriterien erfüllt sind:

1. Eine rationale Wahlhandlung muß vorhanden sein, die eine Wahl betrifft, in der eine Handlungsmöglichkeit (Option) aus zumindest zwei vorhandenen ausgewählt wird.
2. Um eine Auswahl treffen zu können, muß ein Optionsraum gegeben sein. Wenigstens eine Option muß, wenn die Wahl auf sie fällt, in der Lage sein, die Entscheidungsituation zu verändern.
3. Eine Wahl zwischen Optionen muß bewußt vollzogen werden. Handeln aus Gewohnheit oder unbewußtes Nichthandeln, welches zu keiner Veränderung der Umwelt führt, ist kein Entscheidungshandeln.
4. Die Entscheidung setzt den Willen eines durchsetzungsfähigen Entscheidungsträgers voraus, die Entscheidung zu verwirklichen.

Diese allgemeinen Kriterien einer Entscheidung gelten für den gesamten Bereich außenpolitischen Entscheidungshandelns. Die Anwendung dieser Kriterien auf außenpolitisches Entscheidungshandeln impliziert eine Eingrenzung auf einen komplexen menschlich-organisatorischen Bereich. *Richard Snyder* und seine Kollegen verstehen unter einer außenpolitischen Entscheidung den Prozeß: „von einer gesellschaftlich bestimmten und begrenzten Anzahl problematischer alternativer Projekte eines auszuwählen, das denjenigen Zustand herbeiführen soll, den die Entscheidenden wünschen." (*Snyder/Bruck/Sapin* 1962: 90)

Snyders begriffliche Abgrenzungskriterien gründen sich im wesentlichen auf die spezifischen Merkmale des Entscheidungsraumes „Außenpolitik und Internationale Politik", die weder bei innenpolitischen noch bei Unternehmerentscheidungen eine dominante Rolle spielen. (*Snyder/Bruck/Sapin* 1962: 104f)

Jede menschliche Entscheidung bedingt einen Denkakt, der mit einem Denkprozeß gekoppelt ist. Die allgemeinen Stadien eines den Regeln der Logik entsprechenden Denk- und Entscheidungsablaufs setzen sich nach *Kade/Meißner* aus vier Stadien zusammen: Information, Programmierung, Realisation und Kontrolle. (*Kade/Meißner* 1971: 275) Dementsprechend folgt der prozessuale Ablauf außenpolitischer Entscheidungen diesen — idealtypischen — analytischen Stufen:

1. Festsetzung einer außenpolitischen Lagebeurteilung. (Perzeption/Information)
2. Die Phase der außenpolitischen Lagebeurteilung. (Perzeption/Information)
3. Die aus der Lagebeurteilung hervorgehende Entwicklung von außenpolitischen Optionen.
4. Die Auswahl einer Option. (Die eigentliche Entscheidung)
5. Die außenpolitische Entscheidungsausführung. (Diplomatie/Militär)
6. Die außenpolitische Entscheidungskontrolle (durch die Regierung).
7. Die außenpolitische Entscheidungskorrektur der Zielsetzungen und/oder des Mitteleinsatzes.
   (s. Abbildung S. 140)

Neben den konstitutiven und prozessualen Merkmalen müssen ebenso die elementaren Kennzeichen außenpolitischer Entscheidungen erwähnt werden. Außenpolitische Entscheidungen werden weder in einem luftleeren Raum noch in einem von der Außenwelt isolierten Bezugsrahmen gefällt. Sie werden in einer faktischen Wirklichkeit (Umwelt) gefällt, die vom Entscheidungsträger ganz oder partiell perzipiert wird. Die faktische und/oder perzeptive Umwelt wird neben anderen Kodeterminanten die Lagebeurteilung des Entscheidungsträgers mitbestimmen und somit einen Einfluß auf die Entscheidung ausüben. Hier sollen nur die allgemeinen elementaren Merkmale einer außenpolitischen Entscheidung erwähnt werden.

Zeitlicher Prozeßablauf einer außenpolitischen Entscheidung im Bezugsrahmen der logischen Abfolge (*Schellhorn 1974: 9*)

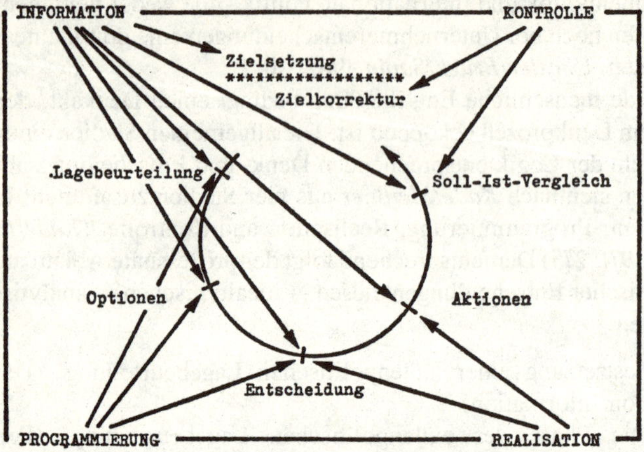

Jede wird in einem konstellationsbedingten Entscheidungsraum gefällt, der einer stetigen Veränderung unterliegt. Der Entscheidungsraum umfaßt die faktische und die — nicht immer identische — perzeptive (Vorstellungs-)Umwelt einer spezifischen Entscheidungssituation. So kann der Entscheidungsraum z.B. nach den Differenzierungskriterien der innerstaatlichen und außerstaatlichen Umwelt auf einfache Weise strukturiert werden. Zu diesem von Entscheidungssituation zu Entscheidungssituation veränderlichen Entscheidungsraum gehören die personalen Akteure (Regierungsmitglieder, Berater, Ressorts) ebenso, wie geographische, zeitgebundene, systemspezifische und andere konstellationsorientierte Entscheidungselemente. Jedes der Entscheidungselemente kann auf einen Entscheidungsträger in wirkungsmächtiger Weise einwirken. Die daraus resultierende reziproke Determiniertheit einer Entscheidung durch eine Vielzahl von Entscheidungsdeterminantenfelder prägt die Entscheidungskomplexität, deren analytische Durchdringung als eine weitere Aufgabe der außenpolitischen Entscheidungsanalyse gelten kann.

Grobmaschig können zumindest drei unterschiedliche Richtungen außenpolitischer Entscheidungsansätze klassifiziert werden. Eine erste Gruppe wird von der zentralen Bedeutung, die den prozessualen Entscheidungsdeterminanten beigemessen wird, gekennzeichnet. Diesen dezisionistischen Ansätzen steht eine zweite Gruppe gegenüber, in der vorrangig systemtheoretische und/oder spieltheoretische Betrachtungen zur Deskription von Veränderungen in Entscheidungssystemen verwendet werden. Diese schwerpunktmäßig systemar orientierten Ansätze werden ergänzt durch eine dritte Gruppe, die als Mischform zwischen der dezisionistischen und systemaren Gruppe steht und schwerpunktmäßig individual- und sozialpsychologische Komponenten betont. Die dezisionistischen Ansätze von *Snyder* et al., *Richard Rosecrance, William Coplin* wie auch die systemtheoretischen Ansätze von *Joseph Frankel, Karl Deutsch, J.W. Burton, Michael Brecher/Blema Steinberg/Janice Stein* werden ergänzt durch die psychologischen Ansätze von *Herbert Kelman, Robert Jervis* und *Joseph de Rivera.*

Wie oben erwähnt, gilt das Autorenteam *Snyder/Bruck/Sapin* als Begründer der dezisionistischen außenpolitischen Entscheidungsanalyse. *Snyder* und seine Mitarbeiter gingen von der Prämisse aus: ,,It is one of our methodological choices to define the state as its official decision makers... State action is the action taken by those acting in the name of the state." (*Snyder/Bruck/Sapin* 1962: 65)

Der Schlüssel für eine analytische Rekonstruktion der stets subjektiven Sichtweisen außenpolitischer Entscheidungsträger liegt in der Untersuchung der ,,Definition der Lage". Die außenpolitische Lagebeurteilung vollzieht sich in einem Feld von ,,Settings", die, grob umrissen, als ,,innerer Bezugsrahmen", ,,Äußerer Bezugsrahmen" und ,,Gesellschaftliche Struktur und Verhaltensnormung" bezeichnet werden. Außenpolitische Entscheidungsträger können — in Anlehnung an das Thomas-Theorem — nur im Hinblick auf Dinge agieren, die sie selbst ,,sehen". Da die außenpolitische Entscheidung eine Handlungssequenz impliziert, erläutern *Snyder* et al. vor allem die dominierenden prozessualen Determinanten außenpolitischen Verhaltens. Sie bestimmen als wichtigste prozessuale Determinanten die Kompetenzsphäre, sowie die Informations- und Motivationslage des Akteurs. Neben diesen personal-prozessualen Determinanten müssen jedoch auch die vom Akteur als ,,objektiv" erkannten Außenweltfaktoren gesehen werden. Diese besitzen allerdings — nach *Snyder* — nur dann Relevanz, wenn sie durch die Perzeption der Akteure in den Entscheidungsprozeß eingebracht werden. Die Frage nach der Motivation außenpolitischen Handelns (siehe *Husserl* und *Schütz*) ist daher stets identisch mit der primären analytischen Fragestellung des Forschers, ,,Wozu" und ,,Warum" in einer spezifischen außenpolitischen Entscheidungssituation so und nicht anders entschieden und gehandelt worden ist. Stellvertretend für die stärker systemtheoretisch orientierte Richtung wird folgend der Ansatz *Joseph Frankels* kurz erläutert. (*Frankel* 1963)

In Absetzung zu *Snyder* führt *Frankel* eine — notwendige — Ergänzung ein. Die Grundanschauung Snyders, daß der Mensch auf seine Umwelt gemäß seiner Apperzeption reagiert, wird von Frankel dahingehend erweitert, daß das Element der ,,objektiven Umwelt" eingeführt wird. Mit dem Hinweis auf die Forschungsergebnisse von *Sprout/Sprout* erläutert *Frankel*: ,,... (es) wird daher zwischen der psychologischen Umwelt, wie sie von den Entscheidungsträgern wahrgenommen wird und der Operationsumwelt, wie sie von einem allwissenden Beobachter wahrgenommen werden könnte, unterschieden. Die psychologische Umwelt bestimmt die Grenzen möglicher Entscheidungen, während die Operationsumwelt die Grenzen möglicher effektiver Handlungen festlegt. Der Entscheidungsträger kann Möglichkeiten für effektives Handeln sehen, die nicht ganz gegeben sind, womit seine psychologische Umwelt größer als seine operationale ist. Ebenso kann er bestehende Möglichkeiten nicht kennen, wodurch seine psychologische Umwelt im Verhältnis zur operationalen verkleinert wird." (*Frankel* 1965: 20f) Frankels Betonung der ,,objektiven Umwelt", die sowohl Grenzen für Handelnde setzt, die aber auch als ein wichtiges analytisches Konzept für den Forscher gelten muß, hat zu einer differenzierteren Ausarbeitung systemtheoretischer Komponenten außenpolitischer Entscheidungen geführt, wobei David Eastons ,,dynamisches Reaktionsmodell eines politischen Systems" Pate stand. (*Frankel* 1973: Kap. V)

Als Beispiel für diese Ausrichtung wird folgend kurz der Ansatz von *Robert Jervis* vorgestellt. (*Jervis* 1970) Im Rahmen der Beschäftigung mit den oben erwähnten zentralen Fragestellungen gilt es für *Jervis* besonders die Rolle der Perzeption außenpolitischer Entscheidungsträger zu untersuchen, die er als zentralen — psychologischen — Drehpunkt für eigen- und fremdstaatliches Handeln erkennt. So vertritt er u. a. die Meinung, daß außenpolitische Entscheidungsträger über einen ,,operationalen Code" verfügen, der die Einschätzung ermöglicht, wie ein fremdstaatlicher Akteur auf eine spezifische eigenstaatliche Maßnahme reagieren wird. Dieser

Code wird sowohl von der Perzeption als auch vom *Image* beeinflußt. Hierunter versteht er: ,,those of … his beliefs about the other that effect his predictions of how the other will behave under various circumstances." (*Jervis* 1970: 5) *Jervis* baut seinen Gedankengang auf zwei Kriterien auf, die ein Image klären helfen sollen. Einerseits betont er die Bedeutung von Signalen (signals) und andererseits hebt er die Bedeutung von Indizes (indices) in der internationalen Politik hervor. Jeder diplomatischen Note, jedem militärischen Manöver oder jeder Beteiligung an einer internationalen Konferenz spricht er Signalcharakter zu. Dem außenpolitischen Willenskonkurrenten wird durch ein entscheidungsbedingtes Signal die eigenstaatliche außenpolitische Interessenlage verdeutlicht. Der Verdienst von *Jervis* liegt u. a. darin, daß er die hohe Bedeutung der Image-Bildung und Perzeption erkannt und untersucht hat. So ist — allgemein ausgedrückt — die Perzeption die der Beurteilung einer außenpolitischen Umweltlage vorangehende selektiv-subjektive Bestandsaufnahme der Wirklichkeit. Ihr kommt immer ein psychologischer Prozeßcharakter zu. So kann die analytische Rekonstruktion perzeptiver Informationsaufnahme- und Verarbeitungsprozesse ebenfalls zu einem wichtigen Instrument außenpolitischer Entscheidungsanalyse werden.

James Rosenaus Kritik an der außenpolitischen Entscheidungsanalyse hebt vor allem heraus, daß sie von einem deutlichen Theoriedefizit geprägt wird. Er vermißt vor allem ,,Wenn-Dann-Hypothesen" als Bausteine zu einer generellen außenpolitischen Entscheidungstheorie. (*Rosenau* 1967: 189 - 211) Ferner wird allgemein anerkannt, daß die hohe ungewichtete Komplexität der einzelnen Entscheidungsansätze die Gewichtung innerstaatlicher, fremdstaatlicher, personaler und organisatorischer Determinantenfelder unmöglich macht. So wird die Analyse außenpolitischer Entscheidungen vorläufig darauf beschränkt bleiben müssen: ,,…eine unendliche Fülle von Beziehungen zwischen Entscheidungen einerseits, Strukturen, wirtschaftlichen und technologischen Bedingungen und Motivationen und Perzeptionen andererseits aufzuklären." (*Dormann* 1971: 21) Drittens lassen sich die vorliegenden Entscheidungsansätze in der Analyse-Praxis nur schwer anwenden. Die Vielfalt und Interdependenz der Entscheidungsdeterminanten in der Mehrzahl der Entscheidungsansätze ist für einen empirisch arbeitenden Forscher überwältigend. Darin liegt wohl das Hauptdilemma außenpolitischer Entscheidungsanalyse. Andererseits sind einzelne Teile sehr unterschiedlicher außenpolitischer Entscheidungsansätze in die Praxis der Fallstudienanalysen erfolgreich eingeflossen. Diese Möglichkeiten können hier nicht mehr beschrieben werden, jedoch sei der Hinweis erlaubt, daß ohne die vielfältigen außenpolitischen Entscheidungsansätze die praktische Analyse von außenpolitischen Entscheidungen, von Außenpolitik und Internationaler Politik auf einem wesentlich niedrigeren Niveau arbeiten müßte. Die Methoden der außenpolitischen Entscheidungsanalyse haben wesentliche Fragestellungen an den Forschungsgegenstand aufgeworfen, systematisiert und Wege vorgestellt, die zu ihrer systematischen Beantwortung geführt haben und in Zukunft noch weiter führen werden.

Literatur

Deutsch, K., 1963, The Nerves of Government, London;

Dorman, M., 1971, ,,Faktoren der außenpolitischen Entscheidung", in: Politische Vierteljahresschrift, Bd. 1/1971, S. 15 - 28, hier S. 21;

Easton, D., 1953, The Political System. An Inquiry into the State of Political Science, New York;

Easton, D. 1965, A Systems Analysis of Political Life, New York, London, Sydney, 1965;

Frankel, J., 1963, The Making of Foreign Policy: An Analysis of Decision-Making. New York;

Frankel, J., 1965, Die außenpolitische Entscheidung, Köln;

Frankel, J., 1973, Contemporary International Theory and the Behavior of States, London, Oxford, New York;

Jervis, R., 1970, The Logic of Images in International Relations, Princeton;

Jervis, R., 1976, Perception and Misperception in International Politics, Princeton;

Kade, G. & Meißner, W., 1971, ,,Wissenschaft und Politik als kybernetisches System" in: Maier, Hans; Ritter, Klaus; Matz, Ulrich (Hg.): Politik und Wissenschaft, München, S. 259 - 286;

H. Morgenthau, 1963, Macht und Frieden, Grundlegung einer Theorie der Politik, Gütersloh;

Rosenau, J.N., 1967, ,,The Premises and Promises of Decision-Making Analysis", in: Charlesworth, James C. (Hg.): Contemporary Political Analysis, New York 1967, S. 189 - 211;

Schellhorn, K., 1974, Krisen-Entscheidung. Der geheime amerikanische außenpolitische Entscheidungsprozeß zur Bombardierung Nord-Vietnams 1964/65, München;

Snyder, R.&Bruck, H.W.&Sapin, B., 1962, Foreign Policy Decision Making: An Approach to the Study of International Politics, New York.

K. M. Schellhorn

4. Normative Methoden

4.1 Ideologiekritik

Grundvoraussetzung für die ideologiekritische Methode ist die Annahme, daß Ideen nicht aus sich selbst, unabhängig von der sozialen Umwelt, in der sie auftreten, erklärt werden können. Das methodische Postulat der Abhängigkeit ideologischer, politischer, religiöser und kultureller Vorstellungen von einer materiellen Interessenbasis hat sich in zahllosen Untersuchungen bewährt. Ebenso interessant und wichtig aber ist die Einsicht, daß Ideologien und Politiken nicht nur von ökonomischen Gesetzmäßigkeiten, sondern auch von den strukturellen Notwendigkeiten der Organisationen, in denen sie generiert werden, oder von den Eigenschaften der (z.B. technischen) Medien, durch die sie übertragen werden, beeinflußt sind.

Es ist ein Streitpunkt, ob die ideologiekritische Methode darüber hinaus mit einer Forschungshaltung leben kann, die ihr Neutralität gegenüber den hinterfragten Ideen und Ideologien auferlegt. Sicherlich hat vor allem die Wissenssoziologie, gipfelnd im „totalen Ideologiebegriff" *Karl Mannheims* dazu beigetragen, alle Ideen und Wissensinhalte im Sinne eines „totalen Ideologieverdachts" als sozial und historisch relativierte und relativierbare zu betrachten. (vgl. *Mannheim* 1952 III) Führt diese Vorgehensweise aber zu einer Herauslösung des Ideologieproblems aus dem Zusammenhang der Gesellschaftstheorie, also zu einer Verselbständigung der Methode gegenüber ihrer theoretischen Ermöglichung, so ist erkenntnismäßig nichts gewonnen. Der Ideologiekritiker kann dann zwar mit dem ständigen Pochen auf die prinzipielle Gleichwertigkeit aller Standorte und Bewußtseinsformen sich und andere in einem Zustand schwebender Ratlosigkeit halten, er hat aber zugleich auf die Möglichkeit eines Begriffs von tätiger Veränderung gesellschaftlicher Verhältnisse, auf ein Verständnis des Verhältnisses von Praxis und Theorie verzichtet.

Wenn Ideologiekritik zu Handlungsorientierungen verhelfen, also beispielsweise einen Pfad durch die „ungehemmte Renaissance nationalstaatlicher Machtpolitik, ideenpolitischer und weltanschaulicher Konflikte nicht nur in den Ländern der Dritten Welt" (*Lenk* 1984 IX: 11) schlagen soll, so kann man nicht bei der Feststellung der „Relativität" der Ideen stehenbleiben, sondern muß sich der Rekonstruktion der tatsächlichen Entwicklung von Ideen durch materielle Interessenzusammenhänge, durch organisatorische Notwendigkeiten, durch medientechnische Bedingungen hindurch zuwenden. Eine derartige „Rückführung" von Ideen und Ideologien auf ihre Entstehungsgründe nimmt ihnen schon deshalb einen Teil ihrer Relativität, weil am Maßstab gesellschaftlicher Entwicklung Standpunkte und Bewußtseinsformen durchaus gewichtet und in handhabbare Relationen gebracht werden können.

Die Rückverfolgung der Entwicklung von Ideen und Vorstellungen aus materiellen Interessenlagen ist, wie gesagt, die wichtigste Variante der ideologiekritischen Methode. Schon hier kann es letztlich nicht um die „Entlarvung" falschen Bewußtseins gehen, sondern um die Aufdeckung der Mechanismen, die zu verzerrter, einseitiger oder reaktionärer Weltsicht führen. Derartige Sichtweisen treten sogar mit Notwendigkeit auf, so lange es im lebenswichtigen Bereich des Ökonomischen antagonistische Gegensätze gibt. Nur wenn dieser Prozeß erhellt wird, eröffnen sich andererseits die Möglichkeiten einer produktiven Einwirkung auf die Wirklichkeit gerade auch mit dem Ziel, ökonomische Widersprüche aufzuheben und damit diese Sphäre gesellschaftlichen Lebens endgültigen Problemlösungen zuzuführen.

Materielle Interessengegensätze sind auch der Hintergrund für einen interessanten Gegenstand ideologiekritischer Bemühungen auf dem Feld internationaler Beziehungen: das Problem der Legitimierung und Legitimität von Regimen, Regierungen, Regierungsformen (*Denitsch* 1979). War es beispielsweise noch in den fünfziger Jahren fast selbstverständlich, die politischen Systeme Osteuropas als illegitime, einer desorientierten Bevölkerung von außen aufgezwungene Regime und die politische Ordnung der prosperierenden westlichen Länder als kaum noch veränderungsfähig bzw. verbesserungsbedürftig, getragen vom breiten Konsens auch der Arbeiterparteien und der Gewerkschaften, zu betrachten, so hat sich inzwischen das Bild geändert: in vielen westlichen Gesellschaften wird das politische System von der organisierten Linken und von sozialen Bewegungen grundsätzlich in Frage gestellt; in den Ländern Osteuropas einschließlich der Sowjetunion gibt es, neben dem Aufflackern von Dissidentenbewegungen, eine auf Legitimierungen drängende Grundströmung gerade auch in der selbstbewußten Industriearbeiterschaft. Und das alles geschieht in einer Welt, in welcher sich Entwicklungsländer immer energischer mit der Forderung nach einer neuen Weltwirtschaftsordnung zu Wort melden und zugleich die Aufteilung der Welt in eine westliche und in eine östliche Einflußsphäre zu konterkarieren versuchen.

Offensichtlich muß der in diesen Prozessen entstehende Legitimierungsbedarf ideologische Rechtfertigungen in großer Zahl und auch von neuer Qualität erzeugen. Damit öffnet sich der ideologiekritischen Methode das große Gebiet sozial- und wirtschaftspolitischer Vorstellungen: so stehen hier beispielsweise marktwirtschaftliche gegen planwirtschaftliche, kapitalorientierte gegen arbeitsorientierte, rüstungsstaatliche gegen sozialstaatliche und sogar geldwirtschaftliche gegen subsistenzwirtschaftliche Konzeptionen in vielfältiger Kombination und Ausgestaltung. Die Zurückverfolgung oder entwicklungsmäßige Rekonstruktion solcher Vorstellungen muß, um ihren materiellen Interessenhorizont auszumessen, unter Zuhilfenahme der Erkenntnisse verschiedener sozialwissenschaftlicher Disziplinen (Ökonomie, Politikwissenschaft, Soziologie, Geschichte) und auch wissenschafts- und erkenntnistheoretischer Überlegungen gleichsam allen Verästelungen nachgehen und zugleich immer nach dem praktisch-politischen Wirkungsgrad bzw. nach der Organisierbarkeit des Praxisbezugs der einschlägigen ideologischen Ausformungen fragen (vgl. *Mies* 1986).

Auf diese Weise jedenfalls kann eine weitere Gefahr ideologiekritischen Denkens sich nicht realisieren: die beispielsweise von bestimmten Varianten der „Kritischen Theorie“ der Frankfurter Schule nahegelegte Überbetonung von Kritik als einer dem desillusionierten, durch eine fehlgelaufene Geschichtsentwicklung entmachteten „kritischen Subjekt“ letztlich verbleibenden Rückzugshaltung (vgl. *Kösters* 1979). Mit dieser negativen Bestimmung des Verhältnisses von Theorie und Praxis wird Ideologiekritik und schließlich „Kritik der Kritik“ allenfalls ein Mittel subjektiver Selbstverständigung, verliert aber ihre Funktion als ein Instrument wissenschaftlicher Erkenntnis.

Ein weiterer für die Anwendung der ideologiekritischen Methode wichtiger Aspekt: die medientechnische Bedingtheit der Form und des Inhalts von Ideen, Vorstellungen und Informationen. *Gramsci* hat anläßlich einer Erörterung der Begriffe Basis und Überbau die ,,medientechnische Materialität" von Bewußtseinsprozessen mit der Frage angesprochen: ,,Gehören die Bibliotheken zur Basis oder zum Überbau? Was sind die Experimentierwerkstätten der Wissenschaftler? Die Musikinstrumente eines Orchesters usw.?" Seine Antwort: ,,Sie gehören zur Basis und zum Überbau: selbst die typographische Industrie, die in dieser besonderen Sparte des ‚technischen Instruments' eine unwahrscheinliche Bedeutung angenommen hat, nimmt an dieser doppelten Natur teil. Sie ist Objekt des Eigentums und damit der Klassenteilung und des Kampfes, aber sie ist auch untrennbares Element eines ideologischen Sachverhalts oder mehrerer Sachverhalte: der Wissenschaft, der Literatur, der Religion, der Politik usw." (*Gramsci* 1983: 97f.)

Auf ähnliche Weise haben auch *H. Marcuse* und nach ihm *J. Habermas* (mit der Formel ,,Wissenschaft und Technik als ‚Ideologie' ") auf diesen Zusammenhang aufmerksam gemacht. *Marcuse* sieht beispielsweise für die Gegenwart, ,,in der Kapitalismus und Kommunismus, über- und unterentwickelte Gebiete, technologische und vortechnologische Kulturen, wohlhabende und bettelarme Gesellschaften in einer einzigen Globalstruktur zusammengefaßt sind", in der ,,automatisierenden Massenindustrie als der materiellen technischen Basis der Gesellschaft" das Hindernis für eine Einsicht in die Ursachen der heutigen Bedrohung: ,,Die Gefahr einer die Vernichtung der Menschheit herbeiführenden Atomkatastrophe scheint gerade diejenigen Kräfte zu schützen, die eine nie versiegende Quelle eben dieser Gefahr darstellen. Das unmittelbare Interesse an der Verhinderung einer solchen Katastrophe verdrängt die Suche nach den Kausalfaktoren, die in der Sozialstruktur enthalten sind; diese bleiben vielmehr von der öffentlichen Meinung unerkannt und unangefochten." (*Marcuse* 1984: 320ff.; vgl. *Habermas* 1968). Dies ist eine Fragestellung, in der Ideologiekritik in Technikkritik übergeht.

Die Forderung nach einer internationalen Informationsordnung hat die ,,medientechnische" Seite des Ideologieproblems in einer noch vor wenigen Jahren kaum vorstellbaren Weise zu einem praktisch-politischen Problem der internationalen Politik gemacht. Ein DDR-Wissenschaftler bringt es aus seiner Sicht durchaus auf den Punkt: ,,Hält man sich vor Augen, daß die Massenmedien die wichtigsten und unverzichtbaren Instrumente in dem sich weiter verschärfenden ideologischen Kampf zwischen bürgerlicher und sozialistischer Ideologie sind, dann wird deutlich, daß sich diese Auseinandersetzung zwischen den beiden antagonistischen Weltanschauungen in der nächsten Zeit durch die Perfektionierung und Weiterentwicklung der Massenmedien noch weiter zuspitzen wird. Erneut stellt sich die Frage…, für welche Zwecke und Ziele die Massenmedien genutzt und eingesetzt werden. Dienen sie dem Frieden, der Abrüstung und der Entspannung, der Verständigung zwischen den Völkern, der Entwicklung einer gleichberechtigten internationalen Zusammenarbeit, der nationalen Entwicklung und der geistigen Bereicherung der Menschen? Wirken sie aktiv im Kampf gegen Kolonialismus und Neokolonialismus, gegen Rassismus und Apartheid oder fördern und rechtfertigen sie die Hochrüstung, schüren sie internationale Konflikte und Streitigkeiten, säen sie Haß und Mißtrauen zwischen den Völkern?" (*Kleinwächter* 1983: 8).

Zweifellos verlangt die Tatsache, daß täglich 8000 Tageszeitungen mit einer Gesamtauflage von 420 Mill. Exemplaren erscheinen, daß 25500 Radiosender für fast eine Mrd. Radiogeräte und ebenso viele Fernsehsender für 450 Mill. TV-Apparate Programme ausstrahlen, daß durch die Vernetzung von Satelliten, Bildschirmen, Computern und Telefonanschlüssen völlig neue Informations- und Kommunikationsmöglichkeiten entstehen, von der Ideologieforschung und ihrer ideologiepolitischen Umsetzung neue Wege. Sie müßten beispielsweise dem Umstand Rechnung tragen, daß der durch ungehemmten Medieneinsatz mögliche sozusagen wahllose Ideenfluß („free flow") zu Bewußtseinsstrukturen führen kann, die resistent gegen jede differenzierte, qualitative Beeinflussung durch Ideen sind und nur noch durch den groben Reiz einfacher Gegensätze wie gut/böse, Freund/Feind, American/Unamerican etc. zu handlungsrelevanten Reaktionen (dann natürlich ebenso groben Zuschnitts) angeregt werden.

Ein letzter Aspekt, unter dem Ideologiekritik fruchtbar werden kann, bezieht sich auf die „Determination" ideologischer Formen und Inhalte durch das organisatorische Milieu, in welchem sie entstehen und aus dem heraus sie wirken. Fragen richten sich hier vor allem auf das Problem der Genese innovativer, Wirklichkeitsveränderung intendierender Ideen und Vorstellungen. *Falk* hat beispielsweise darauf verwiesen, daß die Chance „normativer Initiativen", welche die Grundannahmen des Aufrüstungs- und Militarisierungsprozesses außer Kraft setzen könnten, innerhalb des organisatorischen Rahmens diplomatischer oder wirtschaftlicher zwischenstaatlicher Beziehungen äußerst gering ist. Auch internationale Organisationen wie die Vereinten Nationen oder regionale internationale Institutionen unterliegen Zwängen und Kontrollen, die eine Implementierung von Abrüstungsinitiativen erschweren. *Falk* schlägt vor, sich auf der Suche nach günstigeren Bedingungen für „normative Initiativität" auf Akteure zu stützen, die auf der internationalen Ebene durch freiwillige Organisation, etwa auf der Basis gemeinsamer professioneller oder wissenschaftlicher Interessen, aktiv geworden sind (*Falk* 1982). An diesem Beispiel wird deutlich, daß bei der Hinterfragung ideologischer Positionen und Konflikte der Zusammenhang von Organisationstrukturen einerseits und Verallgemeinerungs-, Legitimierungs- und Innovationschancen auf der Bewußtseinsebene andererseits zwingend berücksichtigt werden muß — dies um so mehr, als sich „Ideologiepolitik" in modernen Gesellschaften fast nur noch über Organisationen wie Parteien, Verbände, Bürokratien bzw. über informelle Organisationen wie „invisible colleges" (*Crane* 1972) vermittelt.

Literatur

Crane, D., 1972, Invisible Change, Chicago;

Denitsch, B., (Hg.), 1979, Legitimation of Regimes. International Framework for Analysis, Beverly Hills;

Falk, R., 1982, Normative Initiatives and Demilitarization: A Third Systems Approach, New York;

Gramsci, A., 1983, Marxismus und Literatur, Hamburg;

Habermas, J., 1968, Technik und Wissenschaft als Idologie, Frankfurt/Main;

Kleinwächter, W., 1983, Massenmedien heute. Internationale Informationsbeziehungen und ideologischer Kampf, Berlin (DDR);

Kösters, W., 1979, Der Kritikbegriff der kritischen Theorie, Frankfurt/Main, New York;

Lenk, K., (Hg.), 1984 (IX), Ideologie, Ideologiekritik und Wissenssoziologie, Frankfurt/Main, New York;

Mannheim, K., 1952 (III), Ideologie und Utopie, Frankfurt/Main;

Marcuse, H., 1968, Über das Ideologieproblem in der hochentwickelten Industriegesellschaft, in: *Lenk, K.*, 1984 (IX), Ideologie, Ideologiekritik und Wissenssoziologie, Frankfurt/Main, New York;

Mies, Th., 1986, Der Praxisbezug der Sozialwissenschaften. Am Beispiel der angewandten Sozialforschung in den USA 1960-1980, Frankfurt/Main, New York.

H. J. Krysmanski

4.2 Methodologischer Essentialismus (ME)

M.E. wird von *Popper*, der ihm den Namen gab, bestimmt als ein Verfahren mit dem Ziel, Wesenheiten zu enthüllen und mit Hilfe von Definitionen zu beschreiben sowie letzte Erklärungen zu suchen. Diese aus der metaphysischen Tradition eines *Platon* stammende Methode zielt darauf ab, nicht bloß positivistisch die Erscheinungen in ihrer Vielfalt und nach ihrem durch sinnliche Wahrnehmung feststellbaren Äußeren zu registrieren, sondern in allen Gegenstandsbereichen das den jeweiligen Erscheinungen zugrundeliegende und sie letztendlich bewegende Unwandelbare, den innersten Kern einer Sache, die charakteristische, fundamentale und invariante Eigenschaft eines Dinges, das Allgemeine im einzelnen zu erfassen. Demnach kommt es in der Wissenschaft und in der Praxis z.B. nicht auf die Betrachtung der Vielzahl von Staaten in ihrer Unterschiedlichkeit an, sondern auf das Vorstoßen auf das allen Staaten Gemeinsame und sie wesenhaft Bestimmende, wie z.B. die Herrschaft und die Staatsgewalt oder das Territorium eines Staates als solches. Das Wesen einer Sache ist zugleich die ihr je spezifisch zukommende, ihr eigene und angemessene Form, die es beim Handeln als Norm zu berücksichtigen gilt, will man wesens- und damit auch normgerecht verfahren. Nach der oben gegebenen Wesensbestimmung von Staat ist also ein herrschaftsloses Gemeinwesen nicht möglich und ein Streben nach ihm norm- und wesenswidrig.

Das Wesen eines (physischen und sozialen) Dinges kann gewonnen werden mit den Verfahren der Intuition und der Abstraktion: Die Intuition (auch Wesensschau) ist weitgehend irrational und intersubjektiv nur schwer zu vermitteln, da die Erkenntnis hier auf einer nicht näher definierbaren, individuell vermeintlich schöpferischen und unmittelbaren Zusammenschau größerer Zusammenhänge durch dazu besonders veranlagte Menschen beruht. Die Abstraktion ist dem Wortsinn nach das gedankliche „Herauslösen" einer Eigenschaft (hier des Wesens) aus einem konkreten, in der Erfahrung gegebenen Ganzen. Wenn man alle Staaten betrachtet, so kann man durch gedankliche Überlegungen als das all ihnen Gemeinsame die territoriale Ausdehnung „herauslösen".

In der Disziplin der Internationalen Politik verfahren vor allem die sog. „realistische" und „idealistische" Schule (→Methodologische Grundpositionen) mit ihrem traditionellen Wissenschaftsverständnis essentialistisch: So geht *Morgenthau* bei der Analyse von der fundamentalen Annahme aus, daß ,,internationale Politik (...) wie alle Politik, ein Kampf um die Macht (ist). Wo immer die letzten Ziele der internationalen Politik liegen mögen, das unmittelbare Ziel ist stets die Macht." Dabei läßt er es allerdings im Unklaren, ob dies nur eine Rationalannahme (→Rationalanalyse) ist, oder ob er sie anthropologisch in der (biologischen) Natur des Menschen fundiert sieht. Für letzteres spricht, daß die Vertreter der ,,realistischen Theorie" stark von der protestantischen Theologie *Niebuhrs* geprägt wurden, insbesondere von deren Feststellung einer sündenfallbedingten, stets potentiellen und meist realen Neigung des Menschen zur Bosheit, die Machtausübung in Form stets einzukalkulierender Gewaltanwendung (z.B. anderer Staaten) zur Folge habe, die aber wiederum auch nur (durch staatlich legitimierte) Macht eingedämmt werden könne (z.B. in Form eines internationalen Gleichgewichtssystems). Eine Mißachtung des Machtaspektes in der internationalen Politik wird demnach als wesens- und normwidriges Handeln notwendig zum Untergang eines Nationalstaates führen oder zum Chaos, das einen Krieg auslösen könne.

Die Gegentheorie zum ,,Realismus", der sog. ,,Idealismus", unterscheidet sich methodologisch nicht von ihm, da er ebenso essentialistisch von der anthropologischen Grundannahme der Aufklärung ausgeht, der Mensch sei zur vernunftgemäßen Selbstbestimmung fähig. In der internationalen Politik könnte demnach, darauf vertrauend, zur Initiierung von Abrüstung, an die Vernunft und den Friedenswillen der Staatsmänner anderer Staaten appelliert werden und als Vorleistung sowie zum Beweis des eigenen Friedenswillens eigene Abrüstungsmaßnahmen eingeleitet werden.

Die Kritik am Essentialismus, wie sie vor allem vom Positivismus verschiedenster Provenienz geleistet wurde (sie wird als methodologischer Nominalismus bezeichnet), leugnet nicht, daß es Ziel der Wissenschaft sei, Konstanten aufzufinden. Was sie kritisiert, ist vielmehr die Suche nach der wahren Natur eines Dinges, der angeblich ein hinter den Erscheinungen liegendes abhängiges Dasein zugeschrieben wird. Aufgabe der Wissenschaft müsse es demgegenüber sein, ,,das Verhalten eines Dinges unter verschiedenen Umständen zu beschreiben und insbesondere anzugeben, ob dieses Verhalten irgendwelche Regelmäßigkeiten aufweist, mit anderen Worten: der methodologische Nominalismus sieht das Ziel der Wissenschaft in der Beschreibung der Gegenstände und Ereignisse unserer Erfahrungen und in einer Erklärung dieser Ereignisse, d.h. in ihrer Beschreibung mit Hilfe universeller Gesetze." ,,Der methodologische Nominalist wird nie annehmen, daß eine Frage wie *,Was ist Energie?'* (...) für die Physik von Bedeutung sei; aber Fragen wie ,Wie kann die Energie der Sonne nutzbar gemacht werden?' (...) wird er für wichtig halten." (*Popper* 1957: 61) Solche Gesetze sind keine selbständig wirkenden, den Dingen immanenten, notwendigen Wesenheiten, sondern Konstrukte (Namen, Bezeichnungen, daher Nominalismus) zur Erklärung der Wirklichkeit, die (sprachliche) Instrumente des Wissenschaftlers sind und sich empirisch bewährt haben müssen, die aber nichts desto trotz der steten Revision durch die Empirie unterliegen und die auch, da nur Konstrukte zur Erklärung, nicht Grundlage normativ-praktischer Entscheidungen sein können.

Ein (nominalistischer) Versuch der Koppelung von historischer Individualität (→ historische Methode) und verallgemeinernder Aussage (Gesetz) ist das Verfahren der Bildung von Idealtypen nach *Max Weber*: Der Idealtypus ist ein historischer Begriff, der keine abstrakte Gattungsbestimmung intendiert, der vielmehr umgekehrt, da er sich auf eine in ihrer individuellen Eigenart bedeutungsvolle (historische) Erscheinung bezieht (z.B. das Konzert der Mächte im Zeitalter Metternichs), erst aus seinen der geschichtlichen Wirklichkeit zu entnehmenden Bestandteilen allmählich komponiert werden muß, als Folge der wissenschaftlichen Untersuchung und nicht als deren Voraussetzung. Dabei sind die im Idealtypus herauskristallisierten Gesichtspunkte nicht die einzig möglichen, sondern nur die jeweils wissenschaftlich interessierenden. Weber nennt daher den Idealtypus vorsichtig nur eine provisorische Veranschaulichung.

Literatur

Bergstraesser, A, 1965, Weltpolitik als Wissenschaft, Köln/Opladen;
Morgenthau, H., 1963, Macht und Frieden, Gütersloh;
Popper, K.R., 1957, Die offene Gesellschaft und ihre Feinde, Bern;
Weber, M., 1968, Methodologische Schriften, Frankfurt a.M.

J. Bellers

4.3 Topisches Verfahren (T = Topik)

Die T. ist ein von *Aristoteles* erstmals entwickeltes Hilfsverfahren, mit dem begrenzte Problembereiche unter Beachtung aller relevanten Gesichtspunkte erschlossen, widerspruchsfrei erörtert und einer Lösung näher geführt werden können. Sie orientiert sich dabei an typisch immer wiederkehrenden, über Zeiten tradierten und sozial allgemein akzeptierten Gesichtspunkten (Topos = gemeinsamer Denkort), die diese Erwägungen leiten sollen. Ein solcher Gesichtspunkt oder Denktyp ist z.B. auf der allgemeinen Ebene der rechte Bezug einer abstrakten Definition auf einen konkreten Fall, oder bezogen auf einen spezifischen Lebens- und Wissenschaftsbereich der Topos der Vermittlung zwischen verschiedenen Interessen in der internationalen Politik. Die Topik verfolgt damit mehrere Ziele:

1. optimale Entscheidungsfindung und Normensetzung in einer gegebenen Gesellschaft für einen vorliegenden Fall nach Erhebung des Problembestandes unter Berücksichtigung aller relevanten Gesichtspunkte;
2. widerspruchsfreie, schlüssige Beweisführung für einen Standpunkt aus den Vorgaben der Denktypen heraus;
3. rhetorische Überzeugung eines Leser- oder Hörerpublikums für eine Problemlösung;
4. rationale, heuristische Findung von (evtl. neuartigen) Thesen und Argumenten in einem politischen oder wissenschaftlichen Disput (ars inveniendi) und daraus folgend:
5. Entwicklung einer innovativen sozialen Einbildungskraft, auch zur Überschreitung bestehender Verhältnisse.

Damit rationalisiert die T. zwar die Entwicklung von Argumenten und (Hypo) Thesen, die im Gegensatz dazu in der Wissenschaftstheorie von *Popper* dem Irrational-Psychologisch-Individuellen des jeweiligen Redners oder Forschers überlassen bleibt. Dazu beansprucht sie allerdings für ihre Entscheidungen, Normen, Beweise und Argumente nicht die generelle, präzise, unveränderliche Geltung von Gesetzesaussagen z.B. der Natur- und positivistisch verstandenen Sozialwissenschaften nach *Popper*, die daher aber auch die Normfindung in den vorwissenschaftlichen Bereich verweisen müssen und die derart die Präzision ihrer Aussagen mit einer analytischen Beschränkung ihres Geltungsbereichs erkaufen. Die T. beschränkt sich vielmehr bewußt auf die Anwendung von Gesichtspunkten auf jeweils konkret vorliegende Problemfälle (unter Vernachlässigung eines allgemeinen Gültigkeitsanspruches) und kommt hierzu 1) mit dem Urteil des verständigen Bürgers auf der Grundlage meinenden, ungefähren, wahrscheinlichen Abwägens der Vor- und Nachteile, 2) mit Hilfe des auf Erfahrung beruhenden common sense sowie 3) unter Einbezug aller relevanten Interessen und Meinungen anderer zu einem zeit- und situationsbezogenen, das Problem voll erfassenden Ratschluß, der für das jeweilige Problem eine das Abwägen beendende und das Handeln einleitende, freiwillig orientierende, nicht gewaltsam zwingende Kraft hat. Dieser Ratschluß ist nicht apodiktisch-endgültig, wie z.B. der „überzeitliche" und „überörtliche" geltende kategorische Imperativ von *Kant* („Handle so, daß Dein Handeln allgemeingültig sein kann"), sondern, da Resultat eines intra- und intersubjektiven, empirischen, induktiven, nicht aus allgemeinen Prinzipien deduzierten Abwägensprozesses, je situationsspezifisch für andere Probleme wieder anders zu gestalten. Vor allem, was die Politikwissenschaft betrifft, sind politische Praxis und politische Wissenschaft dabei nicht zu trennen. Politikwissenschaft besteht gerade im verstehenden Nachvollzug der politisch-abwägenden Praxis einer intakten Gesellschaft.

Die topische Erörterung orientiert sich an Topikkatalogen, die es für jeden Lebensbereich oder für jede Wissenschaft gibt, bzw. die hierfür entwickelt werden können. In ihnen werden die lebensweltgebundenen Gesichtspunkte und Denktypen aufbewahrt, die quasi das geschichtlich überlieferte Erfahrungswissen darstellen, das sich in einer Gesellschaft zu einem Lebens- und Wissenschaftsbereich entwickelt hat. Sie ersparen, im Vertrauen auf die Weisheit des traditional akzeptierten Wissensstandes einer Gesellschaft, langwierige philosophische Letztbegründungsreflexionen und ermöglichen schnelles Handeln auch unter Zeitdruck. So verweist *Negt* auf die Bedeutung von Topikkatalogen sowie von Topoi wie „wir hier unten, die da oben" als Formen kollektiver Erinnerung für das einheitliche politische Handeln der Arbeiterbewegung und für eine diesbezügliche politische Bildung. Konservative Politiker und Politologen arbeiten bevorzugt mit Topoi aus dem Umkreis des Topos vom „Staat als Schiff", veränderungswillige Politiker mit allen möglichen Ausformungen des Topos vom „Goldenen Zeitalter", das in der

Vergangenheit oder in der Zukunft (kommunistische Gesellschaft, Reich Gottes) liegen kann. Aus diesen Grundtopoi können in der Argumentation eine Kette von weiteren Topoi entwickelt werden, woraus sich dann Topikkataloge bilden. *Carl Schmitts* mythologisch geprägtes Denken erklärt und rechtfertigt Politik sowie Geschichte z.B. mit dem Topoi-Gegensatzpaar „Freund und Feind" sowie „Land oder Meer" (Kontinentalmächte gegen Seehandelsmächte).

In der Disziplin der Internationalen Politik kommt die T. gegenwärtig vor allem in der Denkschule der sog. „Realisten", wenn auch weitgehend nur implizit, zur Anwendung, da diese nicht von einem sozialwissenschaftlich verengten Wissenschaftsbegriff ausgeht, sondern ganz im Sinne der T. auf geschichtlich fundierten Klugheits- und Weisheitsregeln basiert. (→ Methodologische Grundpositionen) Sie gehen dabei vom Topos des „Kampfes aller gegen alle" aus, wie er sich vor allem in der internationalen Politik zeige. Daraus wird für dieses Problemfeld geschlußfolgert, daß, da die dezentrale, nationalstaatliche Struktur und damit der Kampf in der Staatenwelt auf absehbare Zeit nicht aufzuheben sein werde, internationale Politik die „Vermittlung" zwischen den konkurrierenden Parteiungen bewerkstelligen muß — ebenfalls ein transhistorischer Topos der Politik, der sich in vielfältigen Formen wiederfindet: Friedliche Koexistenz, Politik des Brückenschlags, Historischer Kompromiß, Gleichgewicht der Kräfte, Konzert der Mächte. Neuerdings hat *Patzelt* — vor allem aus Gründen einer anschaulichen, mnemotechnisch einfachen Vermittlung sowie einer didaktisch zu verantwortenden Komplexitätsreduktion von Problemen der internationalen Politik — einen Topikkatalog entwickelt, der auch zur wissenschaftlichen Analyse heuristisch verwandt werden kann. Die Topoi werden dabei aus den wissenschaftsgeschichtlich grundlegenden Arbeiten von *J.D. Singer* und der Systemtheorie von *T. Parson* gewonnen. Demnach bedürfen folgende Gesichtspunkte (und deren Verbindungen) der steten Beachtung in der Analyse, lehrenden Vermittlung und politischen Gestaltung von internationaler Politik:

I. drei Ebenen
1. die beteiligten Akteure;
2. die handelnden Organisationen; und
3. die Beschaffenheit des Staatensystems der betroffenen Region; und

II. je Region folgende Aspekte:
1. der wissenschaftliche Aspekt;
2. die politischen Ziele;
3. soziale und wirtschaftliche Sachverhalte;
4. Wertvorstellungen und Ideologien.

Literatur

Bellers, J., 1982, Internationale Politik und politische Moral, Münster;
Breuer, D./Schanzer, H. (Hrsg.), 1981, Topik, München;
Hennis, W., 1963, Poltik und praktische Philosophie, Neustadt/Berlin;
Negt, O., 1968, Soziologische Phantasie und exemplarisches Lernen, Frankfurt/M.;
Patzelt, W., in: PVS, H. 1, 60 - 79.

J. Bellers

III. (Erhebungs-)Techniken

1. Befragung (B)

Die B. ist eine armselige Technik. Ihr Nutzen ist sehr begrenzt. Allerdings ist die B. auch eine ungemein beliebte Technik. Und zwar gleichermaßen bei An- und Verwendern. Beide Gruppen sind nicht gegen die Versuchung gefeit, mittels der Befragung Aussagen zu machen und/oder diese zu verwenden, obgleich die Grundlage für die Entstehung dieser Aussagen oft im Dunkeln liegt und damit problematisch ist. Der nahezu tägliche Sündenfall der Nutzung von Befragungsergebnissen ist z.B. in Zeitungen/Zeitschriften gedruckt oder in Rundfunk/Fernsehen gesendet zu bestaunen: ,,X Prozent der Bundesbürger sind für und Y Prozent dagegen: Z Prozent haben keine Meinung. Das ergab eine repräsentative Umfrage des Instituts für Meinungsforschung in XYZ.“ Spätestens mit dem Siegeszug der Meinungs- und Umfrageforschung haben sich Nutzen und Nutzung der B. verselbständigt. Entsprechend extensiv wird die B. genutzt. Problematisch dabei ist allerdings die nur selten reflektierte Unterstellung, Aussagen von Personen über soziale Realität — ihre eigene Realität eingeschlossen — seien auch nur annähernd zuverlässige und gültige Abbildungen sozialer Realität (vgl. *Irle* 1983: 55). Selbst bei der Anwendung der B. in wissenschaftlich begründeten Analysen ist gerade dieser Punkt nur unzureichend geklärt. Das mag damit zusammenhängen, daß auch Wissenschaftler der Faszination einer vergleichsweise leichten Datenbeschaffung erliegen können. Die Beliebtheit der Technik hat ihre Ursache aber sicher auch in der Tatsache, daß ihr eine schlicht alltägliche und damit bekannte soziale Handlungsweise zugrunde liegt. Fragen zu stellen und Antworten zu bekommen, ist ein normaler Bestandteil der alltäglichen Kommunikation. Und genau wie bei dieser wird in der ,,wissenschaftlich“ eingesetzten B. entweder direkt, unvermittelt gefragt rsp. geantwortet oder indirekt, vermittelt und schriftlich. Aber: Eine B. zu erleben, ist beileibe kein natürlicher Vorgang und das gilt trotz der inflationären Nutzung dieses Instruments. Jeder von uns kennt vermutlich die Situation, auf der Straße angesprochen und von einem Menschen mit Bleistift und Papier nach irgendetwas befragt zu werden. Aber sicherlich wird niemand verhehlen, daß dies erstens eine ungewöhnliche Situation ist, zweitens oftmals eine unbehagliche, und drittens eine Situation, die besondere und nicht immer normale Reaktionen hervorruft. Diese Einschätzung wird sich bei aufwendigeren Befragungen (Haustür/schriftlich zugesandter Fragebogen oder Bitte um ein Interview) potenzieren. Völlig ungewöhnlich wird das Verhalten des Befragten sein, wenn erkannt oder zumindest vermutet wird, daß die Antworten Konsequenzen haben werden. Somit verändert die Durchführung einer B. soziale Realität im doppelten Sinne:

1. für den Befragten in seiner aktuellen Situation und
2. durch den Befragten in seinem Antwortverhalten.

Für die B. und vor allem die mit ihr zu erzielenden Ergebnisse muß deshalb gelten:

1. Realität im Sinne des Befragungsobjektes ist ein im höchsten Maße artifizielles und gleichzeitig subjektives Produkt.
2. Eine „Verwissenschaftlichung" im Sinne von Objektivierung wird nicht allein dadurch erreicht, daß Fragen und vor allem Antworten systematisiert und gegebenenfalls mit Hilfe der Statistik → quantifiziert werden.

Grundsätzlich sind zwei Arten von Befragungsobjekten zu unterscheiden:

1. Personen, ihre Meinungen, Einstellungen, ggf. Aussagen über eigene Handlungen. Diese Personen sind direkt Objekt des Erkenntnisinteresses.
2. Besteht die Möglichkeit, daß die (befragten) Personen dem Wissenschaftler (Fragesteller) nur als Medium dienen, daß das Erkenntnisinteresse auf Handlungen, Meinungen, Einstellungen und ggf. Aussagen von Dritten zielt, die über das Instrument der Befragung nicht direkt erreichbar sind.

In beiden Fällen werden allerdings höchst subjektive soziale Realitäten erfragt, die mit Sicherheit verschieden sind. Und in beiden Fällen gelten unterschiedliche Kriterien der Auswahl.

Die empirische Meinungs- und Umfragenforschung hat mit viel Energie Wege ermittelt, repräsentative Stichproben, bezogen auf eine Grundgesamtheit (z.B. die Bevölkerung der Bundesrepublik) zu erstellen (s. u.a. *Karmasin* und *Karmasiny* 1977/*Holm* 1975/*Noelle* 1963). Auch in der Disziplin der Internationalen Beziehungen sind B. vor allem von Gesamtbevölkerungen von Bedeutung, die z.B. auf ihre Feindbilder gegenüber anderen Staaten hin untersucht werden, deren potentielle psychologische Dynamik insbesondere in außenpolitischen Krisensituationen von Relevanz sein kann. Es existieren eine Vielzahl von Kriterien und Regeln, nach denen die Stichprobe einer Umfrage angelegt werden können oder sollen. Besteht allerdings nicht die Absicht, ganze Bevölkerungsgruppen oder -schichten als Objekt der Befragung dienen zu lassen, sondern sollen spezielle Zielgruppen befragt werden, dann nützen Auswahlkriterien wie z.B. Alter/Geschlecht/Wohnort/Beruf wenig.

Repräsentativität als Anforderung an eine Befragung z.B. der außenpolitischen Elite der Bundesrepublik ist wenig sinnvoll. Kleine und hochqualifizierte Gruppen sind nur über eine Vollerhebung zu befragen. Es gilt: Je kleiner das zu untersuchende Segment einer Gesellschaft, desto präziser müssen die Auswahlmerkmale sein.

Dies gilt auch für B. von außenpolitisch wichtigen, nationalstaatlichen Eliten, wie sie *K.W. Deutsch* (1967) und *D. Schossler/E. Weede* (1978) unternommen haben, z.B. mit den Ergebnissen, daß seit 1957 die europapolitische Integrationswilligkeit in westeuropäischen Eliten abnahm, oder daß die Entspannungsbereitschaft gegenüber dem Ostblock in der westdeutschen Elite auch in den 70er Jahren nicht so ausgeprägt war, wie es öffentlich schien.

Nach gängiger Praxis der Elitenforschung kann die Zielgruppe „Elite“ über die Hilfskriterien „Ausübung von Macht/Herrschaft“ und „Mitgliedschaft in Führungs- oder Entscheidungsfindungsgruppen“ definiert werden. In der Praxis gestaltet sich dieses Verfahren als ungemein schwierig. Insbesondere politische Eliten sind Teil eines komplexen und komplizierten Handlungssystems, dessen Struktur und innere Gesetzmäßigkeit nicht immer leicht durchschaubar ist. Es kommt ein weiterer, für die Anlage einer Befragung entscheidender Aspekt hinzu: Entscheidungskompetenz und Wissenskompetenz sind gerade bei politischen Eliten nicht immer deckungsgleich. Gerade im Bereich der Außen- und Internationalen Politik gelten zusätzlich traditionell gewachsene und nicht immer rational faßbare Regeln, die unter dem Sammelbegriff ,,Geheimdiplomatie“ gefaßt werden.

Wird der damit grob beschriebene Personenkreis mit einer Befragung (zu welchem Aspekt auch immer) konfrontriert, muß von jedem einzelnen diese Tatsache eingeschätzt werden.

Denkbar und verhaltenssteuernd sind sowohl Überschätzung, Unterschätzung und ganz allgemein Fehleinschätzung. Kurzum: Die für die B. allgemein gültigen Verzerrungskriterien werden im Fall der B. von politischen Eliten potenziert. Es werden systematisch mindestens vier Fehler eingebaut.

1. Der Fragende geht davon aus, daß seine Frage verstanden wird.
2. Er nimmt weiterhin an, daß er die Antworten richtig verstanden hat.
3. Er glaubt, daß diese Antworten kompetent und ernsthaft gegeben wurden.
4. Er glaubt, daß die Antworten wahr sind.

Diese vier Fehler gelten umgekehrt (in Bezug auf die Fragen und die Selbsteinschätzung der Antworten) ebenfalls für den Beantworter. Nun kann und soll dies nicht dazu verleiten, die Technik der Befragung völlig zu verdammen. Das Ziel der Problematisierung ist vielmehr die Schaffung einer gewissen Sensibilität für den Umgang mit diesem Instrument.

1.2 Befragung und Erkenntnisinteresse

Am Anfang jeder Forschung mit Hilfe empirisch-analytischer Instrumente sollte eine konsequente Selbstbefragung des Forschers stehen. Die Fragen sind simpel und gleichzeitig tiefgründig: ,,Was will ich wissen und warum?“ Es wäre naiv anzunehmen, daß die Antworten leicht seien. Im Gegenteil. Dies ist in der Konsequenz vermutlich das schwierigste am Forschungsprozeß. Allen theoretischen und idealtypischen Darstellungen zum Trotz — die meisten wissenschaftlichen Analysen kranken gerade daran, daß diese Fragen nicht ausreichend beantwortet sind, daß im Extremfall die Antworten erst nach Abschluß der Datenerhebungen gegeben werden und entsprechend die einmal vorliegenden Ergebnisse auf das jetzt erst klare Erkenntnisinteresse hin ,,bearbeitet" werden. Deshalb ist die Forderung nach der Präzisierung und Konkretisierung des Erkenntnisinteresses keine Leerformel. Konkret bedeutet das: Das zunächst grob umrissene Erkenntnisinteresse muß über die Entwicklung von Fragen konkretisiert werden, diese Fragen müssen wiederum ,,zerlegt" und in weiter strukturierte Fragen untergliedert werden und es muß der ständige Rückkoppelungsprozeß gewährleistet sein, der sicherstellt, daß einmal gebildete Fragen in logisch stringenter Beziehung zur Ausgangsfrage stehen. Eng verknüpft damit ist die Frage nach der Quelle der zu erhaltenden Information. ,,Wer hat das Wissen, wen will oder muß ich befragen?" Diese Entscheidung ist niemals unabhängig vom definierten Erkenntnisinteresse. Denn es wird sich nicht selten zeigen, daß die gesuchten Antworten nicht unbedingt oder nur unzureichend von anderen Menschen beantwortet, also durch die B. gewonnen werden können. Inhaltsanalysen oder teilnehmende Beobachtungen (z.B. an außenpolitischen Entscheidungsprozessen durch den Forscher selbst) oder idealiter mehrere Instrumente gemeinsam, sind nahezu immer der bessere, aber auch der schwierigere Weg.

Die Entscheidung für eine B., sei es in Form von einem/mehreren Interview(s) oder in Form von Fragebögen, ist auch von ganz unwissenschaftlichen Kriterien abhängig. Die zur Verfügung stehenden Ressourcen (Zeit/Personen/Geld) sind determinierende Faktoren, die gerade bei auftragsfreier Forschung nicht genügend problematisiert und besonders bei der Bewertung der Ergebnisse meist bereits verdrängt sind.

Es ist gerade bei der B. von speziellen Zielgruppen unerläßlich, die Fragen dem speziellen Verhältnis der jeweiligen Befragten zum inhaltlichen Gegenstand der Frage anzupassen. Das bedeutet, daß eine erhebliche Portion an Vorwissen beim Fragesteller vorhanden sein muß. Ein beispielhaftes Verfahren ist im SIPLA-Projekt, einer Befragung von 864 ,,Elitepersonen" vorgeführt worden (s. u.a. *Schössler/Weede* 1978). In einer Reihe von Arbeitssitzungen mit Personen aus der späteren Befragungsgruppe wurden die Fragen der Wissenschaftler formuliert und/oder korrigiert. Durch dieses Verfahren wurde erreicht, daß die Fragen von den Befragten als ,,sinnvoll" angesehen wurden (sog. pretest). Durch die Einbindung von Befragungspersonen in diese Phase der Forschung wurde — quasi als Nebeneffekt — noch ein weiteres erreicht. Die Teilnehmer der

Arbeitsgruppen fungierten später als Meinungsbildner in ihrer jeweiligen Primärgruppe und lieferten damit einen wichtigen Beitrag zur Begründung der Notwendigkeit der Forschung, d.h. sie trugen dazu bei, daß die Fragebögen nicht gleich in dem Papierkorb landeten. Als Ansprechpartner für diese Möglichkeit der Fragenbildung können z.B. Referenten von politischen Mandatsträgern fungieren und/oder die jeweiligen Spezialisten bei den Stiftungen der politischen Parteien. Dieser Personenkreis ist meist sehr sachkundig und im Unterschied zu den eigentlichen Mitgliedern der ,,Elite" wissenschaftlichen Fragestellungen gegenüber recht aufgeschlossen.

Wenngleich dadurch Zweifel an der Unabhängigkeit der Forschung entstehen können, wird aber auf jeden Fall erreicht, daß die Befragten in den Fragen einen von ihnen nicht immer a priori angenommenen Sachverstand der Fragesteller erkennen. Der Effekt ist nicht zu unterschätzen. Denn mit Sicherheit leiden große Teile der Politikwissenschaft — auch die internationalen Beziehungen — immer noch an einem Praxisdefizit.

Im SIPLA-Projekt wurde die Befragungstechnik erweitert. Nachdem Fragen und Formulierungen gefunden und eine erste Meinungsbefragung abgeschlossen war, wurden die Ergebnisse den Befragten zustellt. Eine zweite sich anschließende Befragung sollte dann zum Ergebnis führen, inwieweit die Kenntnis der Resultate der ersten B. die Meinungen (besser: die Antworten) beeinflußt hat. Dieses Verfahren kommt der speziellen Variante der politikwissenschaftlich genutzten DELPHI-Befragung sehr nahe. Das besondere Moment der B. von Eliten besteht also gerade darin, daß die Befragten von der Notwendigkeit der Befragung überzeugt werden und einen auch für sie akzeptablen Sinn in den einzelnen Fragen identifizieren können. Letztendlich ist dies nur durch ein hohes Maß an Problembewußtsein und Einfühlungsvermögen durch die Fragenden zu erreichen. Schlichte ,,Was ist" oder gar ,,Warum-Fragen", die mit drei, vier Antwortvorgaben gepaart sind, werden die Wahrscheinlichkeit einer Antwort mit Sicherheit miniminieren.

Werden Fragebögen konstruiert, ist speziell für Elitebefragungen eines besonders zu berücksichtigen. Politische Entscheidungsträger weigern sich in aller Regel ihre Antworten auf binäre Codes, also schlichte Zustimmung oder Ablehnung, zu reduzieren. Über die Gründe mag man spekulieren, es ändert nichts daran, dieses Faktum zu berücksichtigen. Alternative Möglichkeiten, wie ,,direkte Befragung" oder „Tiefeninterview" sollten deshalb gerade bei dieser Zielgruppe vorgezogen werden. Wenn allerdings die Absicht/Notwendigkeit besteht, große Gruppen zu befragen und es aus Kapazitätsgründen nicht möglich ist, ein Heer von geschulten Interviewern einzusetzen, dann bleibt nur diese Möglichkeit. Und damit muß das Ziel der Erreichung eines möglichst hohen, für Computer aufbereiteten, quantitativen Datenniveaus zugunsten der Akzeptanz des Fragebogens durch die Befragten zurücktreten. Das bedeutet in der Konsequenz:

1. Die Fragen müssen möglichst speziell und sachbezogen sein.
2. Die Anzahl der vorgesehenen Antwortmöglichkeiten pro Frage sollte möglichst gering sein.
3. Jede Antwortmöglichkeit wiederum muß präzise und ausführlich formuliert sein.
4. Es sollte immer die Möglichkeit für freie Antworten vorgesehen werden.

Die Anzahl der Fragen rsp. die Zeit, die für ihre Beantwortung nötig ist, spielt bei Elitebefragungen eine nachgeordnete Rolle. Denn während bei der Bitte um ein Interview die Ablehnung meist gerade mit dem Zeitargument begründet wird, zeigt die Erfahrung, daß für die Beantwortung von Fragebögen bis zu einer Stunde investiert wird. Voraussetzung ist, daß die Fragen tatsächlich das Interesse des Befragten wecken und seine fachliche Kompetenz herausfordern. Gerade deshalb ist für Elitebefragungen/Fragebögen vom üblichen Muster des „zunächst einige Angaben zu Ihrer Person" abzuraten. Man sollte im Gegenteil diese soziodemographischen Pflichtübungen ans Ende plazieren. An den Anfang gehören möglichst fachspezifische und intelligente Fragen. Eine spezielle Variante für sogenannte „heikle" oder unter den Mantel des Schweigens der internationalen Politik fallenden Fragen kann das „Scherenverfahren" (vgl. *Bellers/Grimm/Heiks* 1982) sein. Das grundlegende Prinzip hierbei ist zunächst die alte Weisheit, daß sich über andere leichter reden läßt, als über sich selbst. Notwendig ist deshalb die natürliche Existenz und Einbeziehung einer zweiten Befragungsgruppe, deren Beziehung zur ersten theoretisch definiert sein muß. Somit werden Fragen an die Gruppe A über Handlungen, Meinungen und Aussagen der Gruppe B gestellt und umgekehrt. Für politische Eliten bieten sich hier beispielsweise hohe Beamte oder

Fachjournalisten an. Für beide Gruppen muß gelten, daß sie nicht nur in theoretischer, sondern auch in praktischer Beziehung zur handelnden politischen Elite stehen. Durch ,,Kreuzfragen" (z.B. ,,Was würde nach Ihrer Meinung A tun, wenn ...") lassen sich empirische Sachverhalte einigermaßen einkreisen. Diese Vorgehensweise für einen Fragebogen bietet sich insbesondere dann an, wenn Beziehungen zwischen interagierenden Gruppen erforscht werden sollen. Aber dieses Verfahren ist auch in anderen Fällen verwendbar, wobei als Grundlage ein erkenntnisleitendes Modell der Beziehungen unerläßlich ist.

Die Praktikabilität eines Fragebogens wie auch die Aussagefähigkeit der mit ihm erhaltenen Antworten sollten in mehrstufigen Verfahren getestet werden. Hierzu gibt die Literatur (z.B. *Friedrichs* 1973) ausreichend Auskunft. Sozialwissenschaftler investieren nicht wenig Zeit und intellektuelle Kapazität in die Erforschung des Verhaltens ihrer Untersuchungsobjekte. Das eigene Verhalten, bezogen auf den Umgang mit Untersuchungsergebnissen, wird nicht immer vergleichbar sensibel und kritisch beobachtet. Dabei tut es not, denn nur allzu oft verfallen empirisch arbeitende Wissenschaftler spätestens beim Vorliegen von Rohdaten z.B. aus einer Befragung in aktionistische Euphorie. Computer werden gefüttert, komplexe mathematische Verfahren den Daten geradezu übergestülpt. Dabei ist gerade beim Vorliegen der beantworteten Fragebögen Vorsicht am Platze. Kreuzchen auf dem Papier sind bei weitem kein Garant für Erkenntnis. Computerberechnete Häufigkeiten bei bestimmten Antworten, Korrelationen, d.h. ein bestimmter Zusammenhang zwischen zwei oder mehreren Antworten, oder gar ,,höherwertige" mathematisch-statistische Daten (→ szientifisches Verfahren) sind nicht zu verwechseln mit der Wahrheit. Denn gerade weil die B. als singulär angewandtes Instrument nur eine geringe Tragfähigkeit hat, sollten ihre Ergebnisse immer wieder kritisch befragt werden. Dabei ist der Weg der einfachen Plausibilitätsüberprüfung, gepaart mit dem Mut, die gewonnenen Ergebnisse in Frage zu stellen, unerläßlich. Und gerade weil die B. nur einen sehr spezifischen Realitätszugriff erlaubt, ist ein mehrgleisiges Verfahren angebracht. Andere Techniken wie z.B. die Inhaltsanalyse von Texten oder die (teilnehmende) Beobachtung von Handlungen der jeweiligen Zielgruppe, sollten soweit wie möglich ergänzend angewendet werden. Es ist gerade bei der Zielgruppe der politischen Eliten a priori ins Kalkül und damit in die Analyse jeder Untersuchung mit einzubeziehen, daß die Technik der B. nur begrenzten Erkenntnisgewinn verspricht. Neues ist in der Regel mit ihr nicht zu erfahren.

Literatur

Bellers, J./Grimm, J./Heiks, M., 1982, Methodologische Probleme bei der Analyse von Pressewirkungen auf außenpolitische Entscheidungsprozesse. In: *Schatz,H./Lange,K.* (Hrsg.), Massenkommunikation und Politik, Frankfurt/M., 99 - 120;

Friedrichs, J., 1973, Methoden der emprischen Sozialforschung, Reinbek;

Deutsch, K.W., 1967, France, Germany and the Western Alliance, New York;

Holm, K. (Hrsg.), 1975, Die Befragung 1, München;

Irle, M., 1983, Umfrageforschung — Auch in Zukunft der ,,Königsweg" der empirischen Sozialforschung? In: *Kaase, M./Ott, W./Scheuch, E.* (Hrsg.), Empirische Sozialforschung in der modernen Gesellschaft, Frankfurt/M., 55 - 67;

Karmasin, F./Karmasin, H., 1977, Einführung in Methoden und Probleme der Umfrageforschung, Graz;

Noelle, E., 1963, Umfragen in der Massengesellschaft, Einführung in die Methoden der Demoskopie, Reinbek;

Schössler, D./Weede, E., 1978, West German Elite Views on National Security and Foreign Policy Issues, Königsstein

M. Heiks

2. Inhaltsanalyse (IA)

Der überwiegende Teil der Quellen, die zur Erforschung der internationalen Beziehungen herangezogen werden, ist in sprachliche Form gekleidet, sei es in Bild, Schrift oder mündlicher Äußerung: Fernseh-, Presseberichterstattung, Verträge, Reden, Memoiren oder Antworten, die Außenpolitiker im Rahmen einer wissenschaftlichen Befragung geben. Die Untersuchung dieser Texte (darunter verstehen wir auch optische Zeichen wie Fotographien und Filme) kann nun nach dem hermeneutischen Modell der Interpretationskunst des einzelnen Forschers überlassen bleiben, oder aber systematisch, intersubjektiv nachvollziehbar mit Hilfe operationalisierter Kategorien erfolgen. Im zweiten Fall spricht man von IA (content analysis). Darunter sollen hier nur solche Verfahren zur Texterhebung und -auswertung verstanden werden, die die Zuverlässigkeit (Reliabilität) und Gültigkeit (Validität) der Instrumente nachweisen und die in diesem Sinne als ,,emprisch" gelten. Das Ziel einer solchen methodisch kontrollierten Analyse kann z.B. sein, das Weltbild eines Politikers oder den Zweck einer außenpolitischen Aktion zu rekonstruieren, soweit dies im untersuchten Textmaterial zum Ausdruck kommt.

IA befaßt sich im weitesten Sinne mit Botschaften. Sie ist keineswegs auf die semantische, im herkömmlichen Verständnis ,,inhaltliche" Seite von Texten beschränkt, wie der Name vielleicht vermuten läßt. Sie umfaßt ebenso Stil- und syntaktische Analysen wie auch die Analyse von pragmatischen Aspekten, die den Kommunikaten eigen sind.

Nur selten werden IA zur reinen Beschreibung von Texten benutzt. Zumeist besteht ein Interesse, durch die Texte etwas zu erfahren, was selbst außerhalb der Texte liegt. So untersuchte man während des 2. Weltkriegs in den USA inhaltsanalytisch die Nazipropaganda, um die dt. Kriegsziele und Verschiebungen im politischen Apparat des ,,Dritten Reichs" frühzeitig erkennen zu können. Ähnliche Studien wurden im Hinblick auf die UdSSR durchgeführt. Dabei werden die

Texte als eine Art fossiliertes Relikt betrachtet, die Aufschluß geben sollen über den Kommunikator und seine Absichten *(diagnostischer Ansatz)*, über den Adressaten und potentielle Wirkungen der Rezeption *(prognostischer Ansatz)* oder insgesamt über die Situation *(reflektorischer Ansatz)*, in der die Botschaft produziert und konsumiert wurde (vgl. *Merten* 1983: 15f). Vor allem *Holsti* hebt auf die Funktion der IA zur Erschließung von Kontexten ab, die über den eigentlichen Untersuchungsgegenstand hinausgehen, wenn er definiert: „Content analysis is any technique for making inference by objectively and systematically identifying characteristics of messages" (*Holsti* 1969: 14). *Holsti* modifiziert und erweitert damit die berühmte Definition von *Berelson*, der IA als „objektive, systematische und quantitative Beschreibung manifester Kommunikationsinhalte" verstanden wissen wollte (*Berelson* 1952: 18). Die Auffassung von *Berelson* wurde als zu eng empfunden, da sie den Inhaltsanalytiker auf Deskription festlegt und ihn von der Untersuchung der interessantesten Fragen abhält. Im übrigen gab der Berelsonsche Definitionsversuch Anlaß zu einer Reihe von Mißverständnissen, die teilweise auch heute noch durch die Diskussion um die IA geistern. Wenig sinnvoll ist es etwa, „manifeste" und „latente" Inhalte einander polar gegenüberzustellen, wie das von Kritikern der IA immer wieder getan wird. Denn „manifest" ist keine fixe Eigenschaft, die einem Textdatum per se zukommt oder nicht. Vielmehr hängt es vom Verfahren ab, ob es gelingt, mit Hilfe der angegebenen Verfahrensregeln einen beliebigen Inhalt manifest zu machen, d.h. bei wiederholter Analyse die gleichen Resultate zu erzielen.

IA ist eine spezifische Lesweise von Texten, die es erlaubt, größere Textmengen nach einem einheitlichen Analyseprinzip zu untersuchen. Wie jede Rezeption ist die IA selektiv, sie berücksichtigt nur solche Textmerkmale, die gemäß der Fragestellung relevant erscheinen. An ein und demselben Text sind grundsätzlich mehrere IA möglich, die je nach gewählter Perspektive verschiedene Aspekte des Materials erfassen, jedoch immer auch deren ursprüngliche Komplexität und Informationsfülle reduzieren. Vom „normalen" Lesen unterscheidet sich die IA insofern, als sie den Text in kleine überschaubare Einheiten zerlegt und diese Einheiten dann systematisch, regelgeleitet auf das Vorkommen bestimmter Merkmale absucht. Auf diese Weise wird erreicht, daß jedem Textteil die gleiche Aufmerksamkeit in der Analyse zukommt, die bei gewöhnlicher Lektüre und hermeneutischen Verfahren nicht gesichert, zumindest nicht nachprüfbar ist (vgl. *Herkner* 1974: 160). Allerdings ist die Bezeichnung ,,objektiv" für die IA in gewisser Weise irreführend; denn die methodische Kontrolle bei der Erhebung von Textmerkmalen eliminiert nicht, sondern diszipliniert nur die Subjektivität des Inhaltsanalytikers.

Erst im zweiten Schritt quantifiziert die IA, indem sie die erhobenen Textmerkmale auszählt, miteinander vergleicht, zueinander in Beziehung setzt und mit geeigneten statistischen Verfahren so auswertet, daß Schlüsse hinsichtlich der forschungsleitenden Frage gezogen werden können. Der unleidige Streit zwischen ,,quantitativer" und ,,qualitativer" IA, der von *Kracauer* begonnen wurde (*Kracauer* 1952: 631ff), beruht auf einer Scheinalternative. Beide Ansätze schließen sich nicht aus, sondern ergänzen sich. Die Quantifizierung baut auf qualitativen Textdaten auf und dient letztlich einer abschließenden Qualifizierung des Untersuchungsgegenstands. Von der Fragestellung hängt es ab, ob der Zwischenschritt einer Quantifizierung zweckmäßig erscheint.

Im folgenden wollen wir uns näher mit der ,,konventionellen" IA beschäftigen, der die meisten der praktisch durchgeführten IA angehören. Wir gehen zunächst auf die Vorbereitung und den Ablauf der Erhebungsphase ein, um anschließend einige Auswertungsmodelle zu diskutieren.

Ablaufschema der Erhebungsphase bei einer konventionellen IA

Bei einer ,,konventionellen" IA, der die meisten der praktisch durchgeführten IA angehören, wird das Textmaterial von einem geschulten Codiererstab verschlüsselt, d.h. die Codierer identifizieren im Text vorher festgelegte Merkmale, ordnen sie sog. inhaltsanalytischen Kategorien zu und versehen sie mit Codeziffern, die dann mit Hilfe von Computern weiter verarbeitet werden können. Im Unterschied dazu wird die Verschlüsselung bei einer ,,elektronischen" IA direkt vom Computer geleistet — allerdings nach Vorgaben durch den Inhaltsanalytiker, die denen der konventionellen IA gleichen.

Welche Arbeitsschritte sind nun für eine konventionelle IA nötig? Zu allererst bestimmt der Forscher die *Fragestellung* und das Untersuchungsziel. Er interessiert sich beispielsweise für die Aufmerksamkeit, die die bundesdeutsche Presse verschiedenen Politikern des Auslandes widmet. Dem folgt die Festlegung einer *Stichprobe,* da eine Gesamterhebung aller Presseorgane zu aufwendig wäre. Dabei ist darauf zu achten, daß das Untersuchungssample nach Zufallsgesichtspunkten ausgewählt wird und, nach unserem Beispiel, die bundesdeutsche Presse angemessen repräsentiert. Man unterscheidet sich also etwa für eine Anzahl regionaler und überregionaler Zeitungen und untersucht jede siebte Ausgabe, die jeweils auf einen anderen Wochentag fällt. Die Variation der Wochentage in der Stichprobe ist deshalb sinnvoll, da sich möglicherweise die Berichterstattung am Montag von der am Samstag systematisch unterscheidet. Sodann sind nach dem theoretischen Verständnis des Untersuchungsgegenstands *Hypothesen* zu formulieren, die durch die IA geprüft werden sollen. Eine Hypothese könnte lauten: Die dt. Presse bevorzugt westliche vor östlichen und deutsche vor nichtdeutschen Politikern. Die *Merkmalsdimensionen,* nach denen der Textkorpus klassifiziert werden soll, müssen nun so abgestimmt werden, daß sie den Hypothesentest erlauben. Wir definieren als Merkmalsdimension „die Staatsangehörigkeit von Politiker", die es bei jeder Nennung eines Politikers in der Presse zu erfassen gilt. Dazu müssen wir noch ein *Kategoriensystem* entwickeln, das das Erhebungsinstrument operationalisiert. Um die Frage nach dem Verhältnis von in- und ausländischen Politikern in der Presse beantworten zu können, genügt ein schlichtes Zweierschema mit den Kategorien „deutsche-" und „nichtdeutsche Politiker". Diese Kategorien ließen sich beliebig differenzieren, z.B. „bayerische-", „hessische-" bzw. „russische-" und „amerikanische Politiker". Das Allgemeinheitsniveau der Kategorien ist frei wählbar. Üblicherweise werden die wichtigen Inhalte mit spezifischen Kategorien und die übrigen mit sog. Restkategorien erhoben.

Das Kategoriensystem muß bestimmten formalen Anforderungen genügen. Eine Kategorienreihe darf nur aus einem *einzigen Klassifikationsprinzip* abgeleitet sein, so daß sich alle Kategorien auf die gleiche Merkmalsdimension beziehen. Allerdings können in einem Analysevorgang mehrere Merkmalsdimensionen untersucht werden. Nichts hält uns davon ab, im obigen Beispiel zusätzlich die Nennungen von Hauptstädten zu klassifizieren, obwohl diese nicht unter die Merkmalsdimension „Staatsangehörigkeit von Politikern" fallen. Für jede weitere Dimension gilt dann natürlich wiederum das Prinzip der Gleichartigkeit. Die Kategorien müssen außerdem *trennscharf* sein, sich also wechselseitig ausschließen. Stünde die Kategorie „süddeutsche-" neben der Kategorie „deutsche Politiker", so wäre eine eindeutige Zuordnung nicht immer möglich, da eine Person gleichzeitig zwei Kategorien angehören kann. Die letzte Anforderung betrifft die *Vollständigkeit* einer Kategorienreihe. Jede Texteinheit, die sich auf die erhobene Merkmalsdimension bezieht, muß sich einer Kategorie subsumieren lassen. Wenig aussagekräftig wäre es, nur deutsche und europäische Politiker kategorial zu berücksichtigen, wenn die Fragestellung auf das Verhältnis aller in- und ausländischen Politiker abzielt.

Fast immer ist es nicht ausreichend, eine Kategorie nur zu benennen. So bleibt, schon in unserem einfachen Beispiel, offen, ob mit dem Kategoriennamen „deutsche Politiker" nur bundesdeutsche oder auch DDR-Politiker gemeint sind. Auch „amerikanische Politiker" ist unklar. Gilt der Kontinent oder die USA als Zuordnungskriterium? Es ist also notwendig, die Kategorien zu definieren. Dies kann dadurch geschehen, daß man eine Liste aller sprachlichen Ausdrücke erstellt, die der Definition entsprechen sollen. Häufig ist das jedoch nicht möglich und auch gar nicht sinnvoll. Denn eine Listendefinition ist entweder lückenhaft oder erfordert einen nicht mehr vertretbaren Aufwand, um alle möglichen Fälle vorauszusehen. Zudem hängt die Bedeutung eines Ausdrucks vom Kontext ab, der u.U. verschiedene Klassifikationen des gleichen Wortes erforderlich macht. Dem wird eine reine *Listendefinition* nur schwerlich gerecht. Das wirft insbesondere Probleme für die elektronische IA auf, die ausschließlich mit solchen Wörterlisten arbeitet. In der Forschungspraxis der konventionellen IA werden *semantische Definitionen* bevorzugt, die den Geltungsbereich der Kategorie umschreiben und durch die Angabe von sprachlichen Indikatoren und Extrembeispielen die Grenzen genauer bestimmen (vgl. *Früh* 1981: 93). Dabei verbleibt ein Interpretationsspielraum, der durch spezielle Regeln der Zuordnung von Textdatum und Kategorie weiter eingeengt wird, ohne daß der Spielraum allerdings völlig verschwindet.

Mit der Festlegung der *Protokolleinheit* gibt der Forscher die Erhebungsgröße vor, für die jeweils ein Kategoriencode notiert werden darf. Man könnte sich dafür entscheiden, jedes Wort, das einen Politiker benennt, zu zählen. Ebenso möglich ist es, nur die Nennung innerhalb eines Satzes, eines Abschnitts oder eines ganzen Artikels mit maximal einem Code zu berücksichtigen. Darüber hinaus ist es in manchen Fällen sinnvoll, die *Analyseeinheit* anzugeben, innerhalb der Kontextinformationen herangezogen werden, um die

Protokolleinheit richtig in das Kategoriensystem einzuordnen.

Die genannten Operationalisierungen haben den Zweck, den Analysevorgang möglichst eindeutig und transparent zu gestalten. Nach Kenntnis des Kategoriensystems und des Regelapparats sollte im Prinzip jeder in der Lage sein, das Untersuchungsmaterial zu bearbeiten. *Früh* konnte in einem Experiment nachweisen, daß Kategoriendefinitionen und Zuordnungsregeln unerwünschte Codierereinflüsse auf die Ergebnisse minimiert und die Gefahr willkürlicher Entscheidungen bei der Kategorienvergabe erheblich vermindert (*Früh* 1983).

Die Zuverlässigkeit des Erhebungsinstruments (Reliabilität) hat sich in einem gesonderten Test zu erweisen. Alle Codierer verschlüsseln identisches Material. Darauf werden die Übereinstimmenden Codierungen (Ü) für jedes Codiererpaar (Codierer 1 mit Codierer 2, 1 mit 3 usw.) ermittelt und zur Summe der Codierungen (C1, C2, C3 etc.) ins Verhältnis gesetzt. Für n Codierer lautet die Formel:

$$R = \frac{2(\ddot{U}1/2 + \ddot{U}1/3 + \ldots + \ddot{U}m/n)}{(n-1)(C1 + C2 + \ldots + Cn)}$$

Der Koeffizient R gibt den Grad der Übereinstimmungen zwischen den Codierern *(Intercodererliabilität)* an. Erstreckt sich die Codierung in der eigentlichen Hauptuntersuchung über einen längeren Zeitraum, so empfiehlt sich ein weiterer Reliabiliätstest. Dazu wird der erste Test zu einem späteren Zeitpunkt wiederholt. Nun vergleicht man die Codierungen, die eine Person in den beiden Tests vornahm, und verfährt nach der angegebenen Formel. (Der Multiplikator „n-1" im Nenner entfällt dabei.) Der ermittelte Wert repräsentiert die Stabilität des Instruments in der Zeit *(Intracoderreliabilität)*. Koeffizienten über .80 oder .90 gelten nach anerkanntem Standard als gute Gewähr für die Zuverlässigkeit einer IA. Eine 100prozentige Übereinstimmung ist schon deshalb nicht zu erwarten, da der Text an manchen Stellen selbst nicht eindeutig ist und verschiedene Les- und Codierweisen zuläßt. Solche Fälle werden von der Analyse ausgeschlossen, oder der Inhaltsanalytiker trifft eine Ermessensentscheidung über die nach dem „common sense" zu erwartende wahrscheinlichste Bedeutungszuweisung. Jede Kategorisierung bewahrt zudem einen unaufhebbaren Rest an Subjektivität, denn zwischen Textdatum und Kategorie vermittelt die Verstehensleistung des Codierers. Das

Ausmaß der Subjektivität wird bei einer IA allerdings intersubjektiv kontrolliert. Eben dies ist die Funktion des Reliabilitätstests.

Nach Abschluß der Erhebungsphase, d.h. nach Abschluß der als reliabel ausgewiesenen Codierungen, kann die Datenanalyse beginnen. Dazu muß man ein geeignetes Auswertungsmodell wählen, mit dessen Hilfe die erhobenen Daten der Fragestellung gemäß aggregiert, verglichen und auf Signifikanzen hin untersucht werden.

Zu einigen Auswertungsmodellen

Die einfachste Art der Auswertung ist die *Frequenzanalyse,* die Auszählung der Kategorien und der Vergleich der Häufigkeiten. Vor allem die Propagandaforschung der 40er und 50er Jahre, die unter dem Eindruck des 2. Weltkrieges die IA nachhaltig beeinflußte, interpretierte Häufigkeiten als Indikator für die Aufmerksamkeit, die Sender und, nach der theoretischen Annahme, auch das Publikum den Kategorien und den ihnen zugeordneten Symbolen widmen. Sehr bald schon erschien die bloße Quantität zu wenig aussagekräftig. Bei jeder Nennung eines Symbols wurde darum zusätzlich dessen Bewertung, d.h. die positive, neutrale oder negative Darstellungsweise, berücksichtigt *(Valenzanalyse).* Mit diesem inhaltsanalytischen Modell wies die Gruppe um *Lasswell* im bekannten „World Attention Survey" u.a. nach, daß sich die Haltung von Mexiko zur USA bei Ausbruch des 2. Weltkriegs zum Positiven gewandelt hatte. Der große und starke Nachbar hatte nun offenbar weniger Bedrohliches an sich, er konnte ja möglicherweise als Schutzschild dienen (*Lasswell* u.a. 1941).

Ein kombiniertes Instrument aus Frequenz- und Valenzanalyse kam im Forschungsprojekt „Medienwirkungen in der internationalen Politik" zur Anwendung, dem eine wirkungsprognostische Fragestellung zugrunde lag. Die Studie befaßte sich mit dem Einfluß der Presseberichterstattung auf den außenpolitischen Entscheidungs- und Verhandlungsprozeß, der 1970 zum „Warschauer Vertrag" führte. Im inhaltsanalytischen Teil des Multimethodenansatzes wurden die Argumente der bundesdeutschen Prestigepresse auf einer fünfstufigen Pro-contra-Skala danach bewertet, ob in ihnen eine Befürwortung oder Ablehnung der Polenverhandlungen zum Ausdruck kam. Die Häufigkeit der uneingeschränkten Pro-Argumente markiert die Emissionsfrequenz e1, Contra-Argumente e5. Zwischenstufen werden durch e2 bis e4 repräsentiert. Mittels eines Vektormodells, das die Nennung neutraler Argumente ausklammert, lassen sich dann die potentiell verhandlungsfördernden und -behindernden Inhalte gegeneinander aufrechnen und zu einem Gesamtwert gwp *(gerichtetes Wirkungspotential)* zusammenfassen: gwp = e1 + e2 · sin 45° - e4 · sin° - e5 (*Grimm* 1986: 550f; *Bellers/Grimm/Heiks* 1982: 107f). Der gwp-Wert ist die Resultante aus den Emissionsfrequenzen und der jeweils im Winkel ausgedrückten wahrscheinlichen Wirkungsrichtung.

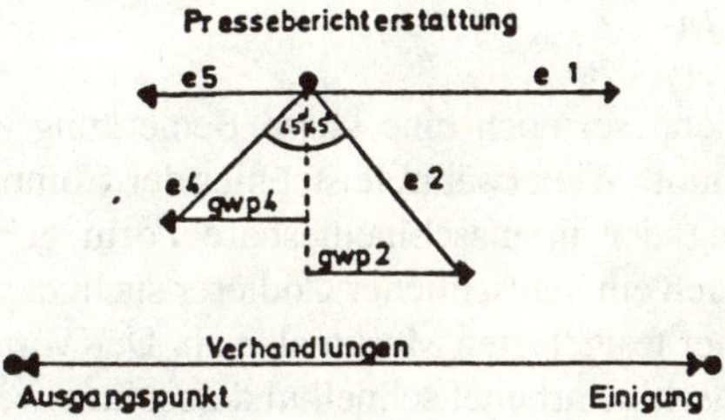

Im gwp-Modell wird davon abgesehen, daß Rezeptionsvariablen das gerichtete Wirkungspotential der Presse noch stark verändern können. So hängt es u.a. von der Struktur des außenpolitischen Interaktionsfeldes ab, ob und in welchem Maße Presseargumente vom politischen Entscheidungszentrum aufgenommen und in die Verhandlungen eingebracht werden. Der nächste Analyseschritt verbindet deshalb gwp mit den historisch rekonstruierten Phasen des Entscheidungs- und Verhandlungsprozesses. Ergibt sich dabei eine inhaltliche und zeitliche Korrespondenz zwischen hohen gwp-Werten und darauf folgender Verhandlungsbeschleunigung, so wird die Vermutung erhärtet, daß in diesem Fall die Presse außenpolitischen Einfluß ausübte. Auf diese Weise kann zwar eine Plausibilitätssteigerung der Wirkungshypothese erreicht werden, die die IA nahelegt, ohne allerdings Beweischarakter anzunehmen.

Mit der Verknüpfung von Kategorien und Zeichen untereinander beschäftigt sich die Kontingenzanalyse von *Osgood* (1959). Hier wird das überzufällig häufige gemeinsame Auftreten von Wörtern, Symbolen und größeren semantischen Einheiten als Indikator für eine zugrundeliegende Assoziationsstruktur des Senders betrachtet. Auch Dissoziationen (Vermeidung einer Verbindung) lassen sich über den Signifikanztest (Chi² bzw. Berechnung des Standardfehlers bei Prozentsätzen) ermitteln. Anhand der Tagebücher von *Goebbels* stellte *Osgood* beispielsweise fest, daß der Propagandachef von *Hitler* den harten Kriegswinter mit Eigenlob assoziiert. Eine weitere Assoziation besteht zwischen „dt. Generalität" und dem Gedanken an Schwierigkeiten im internen Kreis um *Hitler* (*Osgood* 1959).

Auf die Darstellung weiterer Auswertungsmodelle muß aus Platzgründen verzichtet werden. Ich verweise auf *Merten* (1983), der insgesamt 35 verschiedene inhaltsanalytische Verfahren bespricht.

Elektronische IA

Abschließend sei noch eine kurze Bemerkung zur „elektronischen" IA erlaubt. Wie erwähnt leistet hier der Computer bereits die Verschlüsselung der in maschinenlesbare Form gebrachten Texte. Ähnlich wie auch ein menschlicher Codierer sucht der Computer den Text nach vorher festgelegten Merkmalen ab. Der Vorteil liegt auf der Hand. Die Maschine arbeitet schnell und absolut zuverlässig. Sie ermüdet nicht und hält sich strikt an die Analyseregeln. Der Reliabilitätsgewinn muß jedoch mitunter durch einen Validitätsverlust bezahlt werden. So besitzt der Computer keine eigene Sprachkompetenz und behandelt jedes Wort, jede Beugungsform als gesonderte Zeichenkette. Mit Hilfe von Wörterbüchern versucht man nun Kategorien zu definieren, die ähnliche Zeichenketten unter einem Oberbegriff zusammenfassen und die dann genauso ausgewertet werden können wie die Kategorien der konventionellen IA. Da zur Zeit noch Schwierigkeiten bestehen, Kontextinformationen bei der Konstruktion der Wörterbücher einzubeziehen, fällt eine semantisch gültige Operationalisierung der Kategorien schwer. Allerdings gibt es bereits Ansätze zur Lösung des Problems. *Bröker* entwickelte (1981) das Wörterbuch VAWIB, das auf die Berichterstattung zu weltpolitischen Ereignissen ausgerichtet ist; es gelang ihm Kontextinformationen bei der Kategorisierung in gewissem Maße zu berücksichtigen. Trotz der bisher insgesamt spärlichen Anwendung sind bei der elektronischen IA in den nächsten Jahren wichtige Entwicklungen zu erwarten.

Resümee

IA ist eine vielfältig verwendbare und in der Regel auch ökonomische Technik zur Untersuchung von Texten aller Art. Sie hat den

Vorteil, daß sie, wie etwa bei Zeitungsartikeln und Briefen, mit Rohdaten arbeiten kann, die unter ,,natürlichen" Bedingungen zustande kamen und nicht, wie bei der Befragung, erst aktiv erzeugt und dabei möglicherweise verzerrt werden. Erst der Codiervorgang oder, bei der computergestützten IA, die Konstruktion des Wörterbuchs bedeutet einen instrumentellen Eingriff in den Untersuchungsgegenstand. Dieser läßt sich methodisch besser kontrollieren als beispielsweise die Einflußfaktoren eines Feldexperiments.

Da in der Politikforschung primär ein Interesse besteht, von Texten auf außertextuelle ,,Wirklichkeiten" zu schließen, muß allerdings nachdrücklich auch auf die Grenzen der IA hingewiesen werden. Die IA allein kann weder die Einstellungen und Absichten des Kommunikators noch die Wirkungen der Texte valide nachweisen. Eine IA kann zwar diagnostisch oder prognostisch ausgerichtet sein, der Schluß auf den politischen Rahmen der Textproduktion und -rezeption muß jedoch durch textexterne Daten zusätzlich untermauert werden. Ihre große Aussagekraft gewinnt die IA deshalb in der Verbindung mit anderen Methoden.

Literatur

Bellers, J., J. Grimm, M. Heiks, 1982, Methodologische Probleme bei der Analyse von Pressewirkungen auf außenpolitische Entscheidungsprozesse, in: H. Schatz u.a. (Hrsg.), Massenkommunikation und Politik. Aktuelle Probleme und Entwicklungen im Massenkommunikationssystem der Bundesrepublik Deutschland. — Frankfurt a.M., S. 99 - 120;

Berelson, B., 1952, Content analysis in communication research. — Glencoe/Ill.;

Bröker, E., 1981, Computerunterstützte Inhaltsanalyse der internationalen Berichterstattung. Zur Möglichkeit der systematischen Beschreibung internationaler Beziehungen. — Münster 1981 (Dissertation, vervielfältigtes Schreibmaschinenmanuskript);

Früh, W., 1981, Inhaltsanalyse. Theorie und Praxis. — München 1981;

Früh, W., 1983, Inhaltsanalyse und Validität. Ein empirischer Vergleich von Inhaltsanalyse und Rezeptionsanalyse, in: Spiel, Jg. 2, Heft 2, S. 315 - 350;

Grimm, J., 1986, Inhaltsanalyse der Presseberichterstattung zu den Polenverhandlungen 1969/70, in: G.W. Wittkämper (Hrsg.), Medienwirkungen in der internationalen Politik. — Münster, Teil II, S. 501 - 753;

Herkner, W., 1974, Inhaltsanalyse, in: I. Koolwijk, M. Wiecken-Mayser (Hrsg.), Techniken der empirischen Sozialforschung. — München, Wien, S. 158 - 191;

Holsti, O.R., 1969, Content analysis for the social sciences and humanities. — Reading/Mass.;
Kracauer, S., 1952, The challenge of qualitative content analysis, in: Public Opinion Quarterly, Jg. 16, S. 631 - 642;
Lasswell, H.D. u.a., 1941, The world attention survey, in: Public Opinion Quarterly, Jg. 5, S. 456 - 462;
Merten, K., 1983, Inhaltsanalyse. Einführung in Theorie, Methode und Praxis. — Opladen 1983;
Osgood, Ch.E., 1959, The representational model and relevant research methods, in: J. de S. Pool (Hrsg.), Trends in content analysis. — Urbana/Ill. 1959, S. 33 - 88.

J. Grimm

3. Event- und Transaction-Analysis (EA)

Diese Techniken werden hinsichtlich der Verfahrensschritte (Kategorienbildung, Definition, Codierung, Codiererschulung u. dgl.) prinzipiell ähnlich wie die Inhaltsanalyse angewandt, nur daß hier die grundlegenden Analyseeinheiten nicht Texte sind, sondern innen- und außenpolitische sowie zwischenstaatliche Ereignisse (events) oder zwischenstaatliche Transaktionen aller Art (vom Briefverkehr bis zum Warenaustausch), deren Häufigkeit (meist pro Jahr) gezählt und bestimmten Kategorien zugeordnet und dadurch gemessen wird. Ziel ist die quantitative Erfassung der Struktur des internationalen Systems nach bestimmten Gesichtspunkten (Zahl der Konflikte zwischen Staaten, Konflikt-, Kooperationsgehalt, Dichte und Gegenseitigkeit usw. der Beziehungen) auf der Objektebene, d.h. nicht psychische Einstellungen, sondern Geschehnisse werden analysiert. Die derart gewonnenen Datenreihen können mit anderen Datenreihen (z.B. denen aus Inhalts- und Graphenanalyse zu Bewußtseinsstrukturen von Politikern) statistisch in Verbindung (korreliert) werden, um derart mögliche Verhältnisbeziehungen zwischen ihnen festzustellen.

Ein Ereignis wird definiert als ein Geschehnis, das zum jeweiligen Zeitpunkt aktuell in einer allgemein zugänglichen und angesehenen Publikation berichtet wurde (*Keesings Archiv der Gegenwart, New York Times, Schulthess Geschichtskalender, Frankfurter Allgemeine Zeitung* usw). Ob alle oder nur ein Teil dieser Publikationen herangezogen wird, hängt von den Forschungskapazitäten ab (Geld, Zeit). Im Unterschied dazu werden Transaktionen bestimmt als die in einem längeren Zeitraum kontinuierlich wiederkehrenden Austauschbeziehungen zwischen Nationalstaaten (also nicht *aktuelle* Ereignisse), z.B. der Warenverkehr, während der Abschluß eines Handelsvertrages ein ,,Ereignis" ist. Fundquellen für Transaktionsanalysen sind die zahlreichen statistischen Veröffentlichungen (*Bundesamt für Statistik, UN, OECD, ILO, FAO,* siehe auch *Ca. C. Taylor,*

Handbook of Political and Social Indicators, 1982, III). Einer der bekanntesten Vertreter der Transaction-Analysis ist *K.W. Deutsch,* der das Verfahren vorzüglich in der internationalen Integrationsforschung verwendet. *E. Azar,* der Begründer der EA, hat für die Zeit seit 1948 die event-Daten der Beziehungen von 135 Nationalstaaten erhoben und für Computer abrufbar verarbeitet (beziehbar über das Inter-university Consortium for Political and Social Research, University of Michigan; veröffentlicht z.T. in: *E. Azar/Th. Sloan,* Dimensions of Interaction). *Azar* kategorisiert die event-Daten nach acht Gegenstandsbereichen:

1. Politisch-symbolische Beziehungen (z.B. die Äußerung einer außenpolitischen Präferenz);
2. Ökonomische Beziehungen (z.B. Boykott);
3. Militärische Beziehungen (gemeinsame Manöver);
4. Kulturelle und wissenschaftliche Beziehungen (Besuch von Wissenschaftlern);
5. Umweltpolitische Beziehungen (Abschluß eines internationalen Abkommens über Emmissionsschutz);
6. Menschenrechtliche, demographische und ethnische Beziehungen (z.B. Unterstützung für Exilanten);
7. Politische Beziehungen (Aufnahme der diplomatischen Beziehungen, Anerkennung der Souveränität usw.);
8. Residualkategorie (alle anderen Beziehungstypen).

Weiterhin werden die event-Daten auf eine 15 Punkte umfassenden Kooperations/Konflikt-Skala eingeordnet (15 = extensiver Krieg bis 1 = freiwillige Integration zwischen Staaten). Da diese Skala kein Maß dafür angibt, um wieviel intensiver z.B. der extensive Krieg ist im Vergleich zu einer ernsthaften, verbalen Drohung (Skalenpunkt 10), wurden die Punkte von Experten auf die Intensität ihrer Relation untereinander hin gewichtet. (→Befragung) Das kann am folgenden Beispiel verdeutlicht werden: (s. S. 183)

Darüber hinaus unterscheidet *Azar* u.a. folgende Kategorien: Akteure, die Ereignisse tragen, sowie Ziele, auf die Ereignisse gerichtet sind.

Diesbezüglich bahnbrechend für den deutschsprachigen Bereich waren vor allem die event-Untersuchungen von *D. Frei* und *D. Ruloff.* Sie korrelierten für die Ost-West-Beziehungen zahlreiche event- und Transaktions-Datenreihen miteinander (Konflikt/Kooperations-

US-Verhalten gegenüber der UdSSR						gewichtete Ereignisse		
Skalen-punkt	Ge-wicht	1967	1968	1969		1967	1968	1969
15	(102)							
14	(65)							
11	(29)	2	1		11	2x29=58	1x29=29	
10	(16)	26	15	17	10	26x16=416	15x16=240	17x16=272
9	(6)	14	10	11	9	14x6=84	10x6=60	11x6=66
8	(1)	17	11	18	8	17x1=17	11x1=11	18x1=18
7	(6)	47	24	52	7	47x6=282	24x6=144	52x6=312
6	(10)	3	1	5	6	3x10=30	1x10=10	5x10-350
5	(14)	8	7	1	5	8x14=112	7x14=98	1x14=14
4	(27)	3	1		4	3x27=81	1x27=27	
3	(31)							
2	(47)							
1	(12)							
		Zahl der Ereignisse						

-Daten nach *Azar*; Handelsbeziehungen; Rüstungsausgaben in Ost und West; Zahl der politischen Sanktionen im Osten sowie Höhe der Arbeitslosigkeit im Westen; usw.) und kamen zu dem Ergebnis, daß die Ursachen für den Niedergang der Entspannungspolitik seit der zweiten Hälfte der 70er Jahre insbesondere durch das Auf und Ab der Konflikt/Kooperations-Beziehungen der Akteure in Ost und West zu erklären ist.

Literatur

Azar, E.A./Sloan, Th.J., 1975, Dimensions of Interaction, International Studies, Occasional Papers No. 8;

Frei, D./Ruloff, D., 1982, Entspannung in Europa: Perzeption und Realität, Politische Vierteljahresschrift, H.1, S. 27 - 45.

J. Bellers

4. Spieltheorie

Die Spieltheorie ist eine mathematische Disziplin. Sie ist immer dann eine relevante Analysetechnik, wenn eine Entscheidungssituation vorliegt, deren Ergebnis von mehreren Akteuren („Spielern") in gegenseitiger Abhängigkeit bestimmt wird. Grundlegend ist hierbei die Annahme, daß die beteiligten Akteure rational handeln. Die Möglichkeit, Spieltheorie in der internationalen Politik anzuwenden, erscheint deshalb begrenzt. „Die Spieltheorie ist", wie *Anatol Rapoport,* einer ihrer Begründer, formulierte, „mehr wegen ihres Versagens als wegen ihrer mathematischen Erfolge wichtig". Das Versagen beruht u.a. darauf, daß die Annahme rationalen Handelns (→Rationalanalyse) realitätsfern ist und eine grobe Vereinfachung darstellt. Spieltheorie wird deshalb für den Bereich der internationalen Politik i.d.R. nicht verwendet, um konkrete Handlungsanweisungen abzuleiten. Vielmehr leistet die spieltheoretische Diskussion internationaler Probleme einen Beitrag zur Präzisierung und Klassifikation einer Reihe von zentralen Begriffen (z.B. Konflikt) und Fragestellungen (z.B. „Herrscht ein Gleichgewicht?") der internationalen Politik. Sie verlangt eine Auseinandersetzung mit dem Konzept des Nutzens und damit mit dem Interessenbegriff, mit dem Rationalitätsbegriff und schließlich mit den Möglichkeiten und Grenzen der Quantifizierung. Eine politische Entscheidung öffnet sich der spieltheoretischen Analyse in dem Maße, in dem die Argumentation über politische Institutionen, Werte und Verfahren auf das Rationalitätskonzept zurückgeführt wird (*Kliemt* 1984). Dies gilt insbesondere dann, wenn das Rationalmodell nicht nur in die Argumentation eingebracht wird, sondern wenn es zur Grundlage der Gestaltung politischer Institutionen genommen wird (beispielsweise für Abstimmungsregeln oder Wahlverfahren, vgl. die entsprechenden Beiträge in *Holler* 1982). Aufgrund dieses normativen Einflusses des Rationalkonzepts ist es sowohl für den Politiker als auch den Bürger von Vorteil, sich damit auseinanderzusetzen.

Individuell rationales Handeln beinhaltet, daß ein Individuum i (a) bezüglich je zwei Alternativen X und Y sagen kann, ob es X der Alternative Y, oder Y der Alternative X vorzieht oder ob es indifferent ist, (b) daß i jede Alternative mit denselben wesentlichen Eigenschaften wie X mindestens so hoch bewertet wie X selbst und (c) daß i die Alternative Z nicht der Alternative X vorzieht, wenn aus der Sicht von i die Alternative X mindestens so gut wie die Alternative Y und Y mindestens so gut wie Z ist. Diese Forderungen an das Verhalten des Individuums i, nämlich (a) Vollständigkeit, (b) Reflexivität und (c) Transitivität, beschreiben eine vollständige Präferenzordnung über die Menge A, die die Menge aller Alternativen X, Y, Z etc. umfaßt, auf deren Realisierung i Einfluß hat (im Sinne einer Entscheidung) oder deren Bewertung dem Urteil von i unterliegt. Die so formulierte (ordinale) Präferenzordnung reicht aus, eine rationale Wahl aus A zu treffen, falls alle Elemente sichere Ereignisse sind, d.h. falls sie mit Wahrscheinlichkeit $p = 1$ realisiert werden können.

Möglicherweise enthält A aber auch Alternativen, die mit einer Wahrscheinlichkeit $p < 1$ eintreten werden — die Entscheidung findet dann unter Risiko statt, falls i allen Alternativen objektive Wahrscheinlichkeiten zuordnen kann. Oder das Ergebnis einer Entscheidung und damit die Wahl eines Elements aus A hängt vom Verhalten anderer Akteure ab und ist, insofern i deren Verhalten nicht mit Sicherheit vorhersagen kann bzw. kennt, mit Unsicherheit verbunden. Kann i den Entscheidungen der „Mitspieler" subjektive Wahrscheinlichkeiten zuordnen, so braucht zwischen Unsicherheit und Risiko nicht mehr unterschieden werden, wir können dann allgemeiner von unsicheren Ereignissen sprechen.

Die formale Behandlung sicherer und unsicherer Ereignisse leistet die sogenannte von Neumann-Morgensternsche Nutzenfunktion (VNM-Nutzenfunktion). Grundlage dieses Konzepts ist das Stetigkeitsaxiom: Wenn das Individuum i die Alternative X der Alternative Y und diese wiederum der Alternative Z vorzieht, gibt es immer eine Wahrscheinlichkeit p ($0 \leqq p \leqq 1$) dergestalt, daß das sichere Ereignis Y den gleichen Nutzen beinhaltet wie eine Lotterie aus (p,X) und (1-p,Z), wobei das Ereignis X mit der Wahrscheinlichkeit p, das Ereignis Z mit der Wahrscheinlichkeit (1-p) auftritt. Für eine Nutzenfunktion $u_i(\cdot)$, die dieses Axiom sowie die Forderungen einer Präferenzordnung erfüllt und für die auch die Gesetze der

Wahrscheinlichkeitstheorie zutreffen, gilt die Hypothese des erwarteten Nutzens (HEN-Hypothese). Sie beinhaltet, daß der Nutzen eines mit der Wahrscheinlichkeit $p < 1$ eintreffenden Ereignisses gleich dem p-fachen des Nutzens des sicheren Ereignisses ist:

$$u_i\,(p,X) = p \cdot u_i\,(X).$$

Folglich ist der Nutzen der Lotterie aus X und Z:

$$u_i\,[(p,X),\,(1\text{-}p,Z)] = p \cdot u_i\,(X) + (1\text{-}p) \cdot u_i\,(Z).$$

Diese Hypothese ist das Kernstück einer VNM-Nutzenfunktion. Jede Nutzenfunktion, die die HEN-Hypothese erfüllt, ist eine VNM-Nutzenfunktion.

Die Normierung der VNM-Nutzenfunktion ist frei. Man kann sie beliebigen linearen, ordnungstreuen Transformationen unterwerfen, ohne daß die Analyseergebnisse dadurch verändert werden. Ist etwa $u_i\,(\cdot)$ eine gegebene Funktion, so ist

$$v_i\,(\cdot) = a + bu_i\,(\cdot) \text{ mit } b > 0$$

eine ebenso zulässige und denselben Sachverhalt beschreibende Nutzenfunktion (für $b<0$ ist die Transformation nicht ordnungstreu). Für eine gegebene Situation muß die Normierung aber festliegen, und die VNM-Nutzenfunktion beinhaltet somit ein kardinales Maß. Da andererseits die Normierungen beliebig sind, sind die Nutzen zweier Individuen nicht vergleichbar.

Ein Spiel G kann nun durch folgende Elemente beschrieben werden:

(1) die Menge der Spieler $N = \{1,\ldots,i,\ldots,n\}$,
(2) die Menge der Strategien-n-Tupeln $\Sigma = \{s_1, \ldots, s_r\} = \{s_t\}$, wobei s_t ein Element des Cartesischen Produkts der Strategienmengen S_i der Spieler $i = 1,\ldots,n$ ist,
(3) die Menge der Alternativen A = {X,Y,Z etc.}, wobei jedem Element aus Σ ein Element aus A zugeordnet wird,
(4) die Nutzenfunktionen u_i der Spieler, durch die jedem Element in A ein Element — ein Nutzenvektor u — im Auszahlungsraum P zugeordnet wird (der einer Alternative X zugeordnete Nutzenwert u_i (X) heißt Auszahlung des Spielers i),
(5) die Menge der Information $I = \{I_1,\ldots,I_n\}$, kraft der jedem Spieler i ein bestimmtes Wissen I_i bezüglich N, Σ, A, P und I zugeordnet wird.

Ad (2): Eine Strategie ist ein System von Instruktionen, „die im vorhinein angeben, wie ein Spieler bis zum Ende des Spieles jeden *Zug* zu wählen beabsichtigt, und zwar unter Berücksichtigung der Information, die ihm zur Zeit der wirklichen Wahl des Zuges zur Verfügung steht" (*Shubik* 1965: 22). Wir gehen in der folgenden Darstellung von vollkommener Information im Sinne *Harsanyis* (1977: 91) für alle Spieler aus und unterstellen, daß jeder Spieler die Mengen N, Σ, A, P und I kennt. Dies erlaubt uns, Spiele in ihrer Normal- bzw. Matrixform zu analysieren. Die Grundsituation eines Spiels ist durch zwei Spieler, 1 und 2, die über jeweils zwei Strategien verfügen, gegeben. Die Strategienmenge des Spielers 1 besteht aus a_1 und a_2 und die des Spielers 2 aus b_1 und b_2. u_1, u_2, u_3 und u_4 bzw. v_1, v_2, v_3 und v_4 beschreiben die Auszahlungen für Spieler 1 und Spieler 2 in den 4 möglichen Alternativen. Unser Ziel ist es, die optimalen Strategien der Spieler zu erkennen.

Matrix I gibt eine allgemeine Formulierung dieser Grundsituation eines Spiels wieder:

Matrix I

		Spieler 2	
		b_1	b_2
Spieler 1	a_1	(u_1, v_1)	(u_2, v_2)
	a_2	(u_3, v_3)	(u_4, v_4)

Matrix II

		Spieler 2		
		b_1	b_1	min_1
Spieler 1	a_1	(1, -1)	(2, -2)	1
		(0, 0)	(3, -3)	0
	min_2	-1	-3	

Ist stets $v_k = -u_k$ für alle k, beschreibt die Matrix I ein Nullsummenspiel. Jedes Nullsummenspiel hat ein Gleichgewicht entweder in reinen Strategien („Lösung") oder in gemischten Strategien („Sattelpunkt"). Sei beispielsweise folgende Auszahlungen gegeben: $u_1 = 1$, $u_2 = 2$, $u_3 = 0$, $u_4 = 3$ und für v_k die entsprechenden negativen Werte, so hat das Spiel ein Gleichgewicht für die Kombination von reinen Strategien a_1 für Spieler 1 und b_1 für Spieler 2. Der Wert des Spiels ist gleich dem Nutzenvektor, der zu diesem Strategienpaar gehört. Er beträgt also 1 für Spieler 1 und -1 für Spieler 2. Er wird gefunden, in dem man die Nutzenminima in jeder Spalte und Zeile aufsucht (in Matrix II sind sie für den Spieler 1 in der Spalte min_1 und für den Spieler 2 in der Zeile min_2 zusammengefaßt) und unter diesen jeweils das Maximum (also 1 für den Spieler 1 und -1 für den Spieler 2) wählt. Die diesem Gleichgewicht entsprechenden Strategien heißen Maximin-Strategien. Weicht ein Spieler von seiner Gleichgewichtsstrategie ab, während der andere seine beibehält, so stellt er sich schlechter, d.h. a_1 und b_1 sind wechselseitig beste Antworten und bilden ein nicht-kooperatives Entscheidungsgleichgewicht im Sinne von *Nash* (1951).

Das skizzierte Nullsummenspiel könnte auch die Form eines Konstantsummenspiels haben. Aufgrund der Eigenschaften der VNM-Nutzenfunktion läßt sich z.B. die Nutzenfunktion des Spielers 2 um einen konstanten Betrag 4 erhöhen, ohne daß dadurch der Charakter des Spiels verändert würde. Matrix III zeigt das Ergebnis. Eine derartige Transformation hat keinen Einfluß auf das Gleichgewicht, a_1 und b_1 sind weiterhin wechselseitig beste Antworten.

Matrix III

Spieler 2

		b_1	b_2	min_1
Spieler 1	a_1	(1, 3)'	(2, 2)	1
	a_2	(0, 4)	3, 1)	0
	min_2	3	1	

In den Matrizen II und III wird b_2 von b_1 dominiert, d.h. b_1 gibt für jede beliebige Entscheidung des Spielers 1 dem Spieler 2 mindestens eine gleich hohe, in mindestens einem Fall aber eine höhere Auszahlung als b_2. Spieler 2 wird deshalb unabhängig von seinen Überlegungen bezüglich der Entscheidung des Spielers 1 die Strategie b_1 wählen. Dies erleichtert selbstverständlich auch die Entscheidungsfindung des Spielers 1, der a_1 wählt.

Unterstellen wir $u_1 = 3$, $u_2 = 1$, $u_3 = 2$ und $u_4 = 4$ sowie $u_k = -v_{k'}$, so ist u' = 2 der Maximin-Wert des Spielers 1 und v = -3 der Maximin-Wert für Spieler 2. Die dazugehörigen Strategien a_2 und b_1

sind keine wechselseitig beste Antworten, das Spiel hat kein Gleichgewicht in reinen Strategien (d.h. in Strategien, die mit Wahrscheinlichkeit $p = 1$ oder $p = 0$ gewählt werden). Es hat aber ein Gleichgewicht in gemischten Strategien. Wählt nämlich Spieler 1 mit jeweils der Wahrscheinlichkeit $p = 1/2$ die Strategien a_1 und a_2, so ist seine erwartete Auszahlung 5/2, unabhängig davon, welche Strategie Spieler 2 verfolgt. Wählt Spieler 2 mit Wahrscheinlichkeit $q = 3/4$ die Strategie b_1 und mit der Wahrscheinlichkeit $1\text{-}q = 1/4$ die Strategie b_2, so ist sein Erwartungswert ebenfalls 5/2. (Zur Berechnung und Interpretation gemischter Strategien in Konstantsummenspielen vgl. *Luce/Raiffa* 1957: 68ff.).

Nullsummen- bzw. Konstantsummenspiele charakterisieren Entscheidungssituationen mit antagonistischen Interessen der Akteure: eine extreme Konfliktsituation. Solche Situationen sind für den Bereich der internationalen Beziehungen denkbar, sie dürften jedoch Ausnahmefälle darstellen. Im allgemeinen sind die relevanten Interessen nicht strikt gegensätzlich, neben rivalisierenden sind gemeinsame Interessen auszumachen. Die entsprechende spieltheoretische Formulierung der Entscheidungssituation ergibt Nicht-Nullsummen-Spiele. Im folgenden werden einige typische Spiele aus dieser Klasse skizziert.

(1) Ein Prisoner's Dilemma (Gefangenen-Dilemma) ist dadurch gekennzeichnet, daß $u_3 > u_1 > u_4 > u_2$ und $v_2 > v_1 > v_4 > v_3$ gilt. Das Spiel hat ein eindeutiges *Nash*-Gleichgewicht in den nicht-kooperativen Strategien a_2 und b_2 und dem Auszahlungsvektor (u_4,v_4), obwohl beide Spieler den Vektor (u_1,v_1) vorziehen würden (vgl. *Luce/Raiffa* 1957: 94ff.).

(2) Ein Chicken Game ist gegeben, wenn $u_3 > u_1 > u_2 > u_4$ und $v_2 > v_1 > v_3 > v_4$ gilt. Das Spiel hat für reine Strategien zwei Gleichgewichtspunkte: (u_2,v_2) und (u_3,v_3). Sofern jeder Spieler mit der Wahl seiner Strategie den für ihn vorteilhafteren Gleichgewichtspunkt anstrebt, droht das Ergebnis (u_4,v_4), der Vektor mit den ungünstigsten Auszahlungen für beide Spieler. Sind beide Spieler zur Konzession bereit, so ergibt sich der vorteilhaftere Vektor (u_1,v_1); dieser repräsentiert allerdings — wie (u_4,v_4) — kein Gleichgewicht (*Brams* 1975: 39ff.).

(3) Ein Battle of the Sexes liegt vor, wenn $u_3 > u_2 > u_1 = u_4$ und $v_2 > v_3 > v_1 = v_4$ gilt (vgl. *Luce/Raiffa* 1957: 90ff.). Für reine

Strategien ergbeben sich zwei Gleichgewichtspunkte: (u_2,v_2) und (u_3,v_3).

(4) Ein Freiwilligen-Dilemma ist gegeben, wenn $u_3>u_1 = u_2>u_4$ und $v_2>v_1 = v_3>v_4$ gilt (*Diekmann*, 1985). Das Spiel hat zwei Gleichgewichtspunkte in reinen Strategien: (u_2,v_2) und (u_3,v_3). Ein Gleichgewichtspunkt kann nur dann erreicht werden, wenn sich einer der beiden Spieler mit seiner zweitbesten Auszahlung „freiwillig" zufrieden gibt. Ansonsten droht das Ergebnis (u_4,v_4).

(5) Ein Koordinationsspiel liegt vor, wenn (a) eine Entscheidungssituation mehrere Gleichgewichtspunkte beinhaltet und (b) diese entsprechend den Präferenzen beider Spieler gleichwertig sind. Dies ist z.B. für $u_2 = u_3>u_1 = u_4$ und $v_2 = v_3>v_1 = v_4$ erfüllt (*Schelling* 1970, 1960: 95ff.).

Für die Spiele mit multiplen Gleichgewichten, d.h. für die Spiele (2) mit (5) lassen sich schwache Gleichgewichtspunkte (vgl. *Harsanyi* 1977: 104f.) als gemischte Strategien über die reinen Gleichgewichtspunkte ableiten. Wenn den Spielern keine Erfahrung und auch keine Theorie zur Verfügung steht, aufgrund der sie schließen können, welche Strategie der Gegenspieler unter seinen Gleichgewichtsstrategien auswählt, ist es individuell rational, die eigene Strategie aus der Menge der Gleichgewichtsstrategien durch einen Zufallsmechanismus (Münze, Würfel) auszuwählen. Der Zufallsmechanismus stellt zusammen mit den reinen Gleichgewichtsstrategien eine gemischte Gleichgewichtsstrategie dar.

Wie die genannten spieltheoretischen Strukturen ineinander übergehen, sei an folgendem Beispiel erläutert. Ein Spiel vom Typ des Gefangenen-Dilemmas kann als Modell für Abrüstungsverhandlungen angesehen werden. Dabei wird angenommen, daß beide Seiten ein gemeinsames Abrüsten einem Wettrüsten vorziehen. Noch lieber wäre es jeder Seite freilich, wenn nur die andere abrüstete, weil sie diese dann mit den verbliebenen Machtmitteln leichter zu Konzessionen bewegen könnte. Am wenigsten wird der Zustand geschätzt, in dem man selbst abgerüstet hat, ohne daß die andere Seite nachgezogen hätte (*Junne* 1972: 52). Die Auszahlungsmatrix könnte etwa wie folgt aussehen: (s. S. 192)

Matrix IV

		Spieler 2	
		abrüsten	nicht abrüsten
Spieler 1	abrüsten	(5, 5)	(-10, 10)
	nicht abrüsten	(10, -10)	(-5, -5)

Die Bedingungen des Gefangen-Dilemmas (s.o.(1)) sind erfüllt. Gleichgewichtig sind die nicht-kooperativen Strategien ,,nicht abrüsten", denn bei gegebener Strategie des Gegenspielers beinhalten sie stets eine höhere Auszahlung als die Strategie ,,abrüsten". Ein Chicken-Game ist gegeben, wenn es von beiden Seiten schlechter bewertet wird, gemeinsam zu rüsten, als einseitig abzurüsten. Unter der Prämisse, daß Wettrüsten zwangsläufig zum Krieg führt, ist das keine unsinnige Alternative. Die zugehörige Auszahlungsmatrix könnte die Gestalt haben:

Matrix V

		Spieler 2	
		abrüsten	nicht abrüsten
Spieler 1	abrüsten	(5, 5)	(-5, 10)
	nicht abrüsten	(10, -5)	(-10, -10)

Eine Spielsituation ,,Battle of the Sexes" würde sich ergeben, wenn beide Seiten einseitige Rüstung als schlimmstes Resultat betrachteten:

Matrix VI

		Spieler 2	
		abrüsten	nicht abrüsten
Spieler 1	abrüsten	(-5, -5)	(5, 10)
	nicht abrüsten	(10, 5)	(-5, -5)

Das wäre z.B. der Fall, wenn Situationen der gleichseitigen Rüstung ebensowie der gleichseitigen Abrüstung als labil und deshalb unerwünscht beurteilt werden, so daß die eindeutige Überlegenheit einer Seite selbst für den Unterlegenen noch vorzuziehen ist.

Die hier aufgezeigten Spiele lassen sich auf mehr als zwei Spieler erweitern. Allerdings wird dann das Problem der Koalitionsbildung relevant. Dies kann in der Form kooperativer und quasi-kooperativer Spiele behandelt werden (vgl. *Holler* 1984), deren Grundprinzip sich wiederum anhand der Zwei-Personen-Spiele skizzieren läßt. Wird z.B. ein Prisoner's Dilemma in einer Folge mit nicht vorhersehbarem Ende wiederholt, so kann es für die Spieler rational sein, vom oben beschriebenen Gleichgewicht (u_4,v_4) abzugehen und die Strategien a_1 und b_1 zu wählen. In jedem Teilspiel ergibt sich dann der Vektor (u_1,v_1). Die Folge der Teilspiele stellen in ihrer Gesamtheit ein Superspiel dar und die entsprechenden Auszahlungen sind die quasi-kooperative Lösung der Entscheidungssituation (vgl. *Luce/Raiffa* 1957: 97 ff.; *Brams* 1975: 30ff.). Das gleiche Ergebnis kommt u.U. zustande, wenn das Prisoner's Dilemma wiederholt und für die Züge des entsprechenden Metaspiels (die Folge der Teilspiele) eine bestimmte zeitliche Struktur unterstellt wird (vgl. „Theorie der Züge", *Brams* 1983: 75ff.).

Durch die Wiederholung der Spielsituation sind die Interessen der Spieler in den Superspielen nicht mehr gegensätzliche und bei passenden Auszahlungsvektoren setzen sich die quasi-kooperativen Superspiel-Strategien durch. Das ist immer dann von großer Bedeutung, wenn die Akteure keine verbindlichen Absprachen treffen können, deren Einhaltung von außen garantiert wird. Dies ist für den Großteil der internationalen Beziehungen der Fall. Können sich hingegen die Akteure qua Absprachen und Vertrag binden und sind die Interessen nicht strikt gegensätzlich, so entspricht die Entscheidungssituation einem kooperativen Spiel. Im Koordinationsspiel (5) reicht bereits die Möglichkeit der Kommunikation aus, um zu einer kooperativen Lösung zu gelangen. Es beinhaltet keines der strategischen Probleme, die für die Spieltheorie i.e.S. kennzeichnend sind; es stellt ein „degeneriertes Spiel" dar.

Konkurrierende und gleichgerichtete Interessen charakterisieren das Gefangenen-Dilemma. Können die Spieler verbindliche Absprachen treffen, so sind für sie grundsätzlich alle Alternativen in Matrix IV und deren Mischungen (als Ergebnis gemischter Strategien) realisierbar. Das gängige Konzept einer kooperativen Lösung aus dem Auszahlungsraum P ist die *Nash*-Lösung. Sie bestimmt jenen Vektor $\bar{u}$, $\bar{v}$ aus P, der das Produkt $N = (u-c)(v-d)$ maximiert. Dabei muß $u > c$ und $v > d$ gelten. (c,d) gibt die Auszahlungen der Spieler im Konfliktfall wieder, d.h. wenn keine Einigung zustande kommt. Die so formulierte Lösung erfüllt, wie *Nash* (1950) zeigt, die Eigenschaften der Pareto-Optimalität, Symmetrie, Unabhängigkeit von irrelevanten Alternativen und von äquivalenter (linearer) Transformation der Nutzen (vgl. *Roth* 1979: 4ff.; *Holler* 1985: 19ff.).

Durch die *Nash*-Lösung wird stets genau ein Auszahlungsvektor (u,v) aus P bestimmt. Dieser stellt, weil das Lösungskonzept die vorgegebenen Eigenschaften erfüllt, nach *Nash* eine ,,faire und vernünftige Lösung" des Verhandlungsproblems dar (vgl. *Davis* 1970: 104ff.; *Owen* 1971: 145ff.).

Für einfache Verhandlungsspiele (d.h. kooperative Spiele, deren Auszahlungen im Konfliktfall vorbestimmt sind) läßt sich die *Nash*-Lösung auf mehr als zwei Spieler erweitern. Eine Anwendung dieses Konzepts auf die europäische Sicherheitskonferenz (KSZE) findet sich in *Reich* (1971). (→ Experiment)

Kann für eine Entscheidungssituation unterstellt werden, daß (a) die Nutzen der Akteure vollkommen transferierbar sind und somit P durch eine lineare Nutzengrenze abgeschlossen ist, (b) getroffene Vereinbarungen eingehalten werden und (c) jeder Teilmenge S von N eine reelle Zahl v(S) zugeordnet werden kann (die Abbildung v(·) heißt hier charakteristische Funktion), so läßt sich der Erwartungswert Φ_i eines Akteurs i in N hinsichtlich des durch v(S) beschriebenen ,,abstrakten" Spiels v durch den *Shapley*-Wert ausdrücken. Für den Wert eines Spielers i im Spiel v gilt nach *Shapley* (1953):

$$\Phi_i(v) = \sum_{S \subset N} \frac{(s-1)!\,(n-s)!}{n!}\left[v(S) - v(S-\{i\})\right]$$

Hierbei sind s die Zahl der Akteure in der Koalition S und n die Gesamtzahl der Akteure, v(S)-v(S- {i}) ist der Beitrag, den i zum Wert der Koalition S, also zu v(S) leistet. *Harsanyi* (1977: 212ff.) zeigt, daß bei entsprechenden Voraussetzungen der *Shapley*-Wert mit der *Nash*-Lösung des einfachen Verhandlungsspiels identisch ist.

Der *Shapley*-Wert stimmt mit folgender Vorstellung überein: Die Spieler treten nacheinander in eine Koalition ein; ein Spieler i erhält den Betrag zugerechnet, um den sich der Wert der bestehenden Koalition S - {i} ändert, falls i hinzukommt und sich die Koalition S bildet. Die Differenz der Koalitionswerte, die i zugerechnet erhält, ist also v(S) - v(S-{i}). Nun hat aber grundsätzlich jedes Mitglied i in S die Möglichkeit, das entscheidende ,,letzte" Element, d.h. der Pivot-Spieler, zu sein, denn eine bestimmte Reihenfolge wurde nicht festgesetzt. Alle Reihenfolgen sind deshalb möglich, und der Wert v(S) - v(S -{i}) ist mit der entsprechenden Wahrscheinlichkeit (s-1)!(n-s)!/n! zu gewichten, die dafür steht, daß ein bestimmter Spieler i in S der entscheidende Akteur ist, der S - {i} zur Koalition S erweitert. Berücksichtigt man dann noch alle Koalitionen S aus der Spielermenge N, in denen i Element ist, so ergibt sich der obige Ausdruck für das Maß Φ_i (v): Er gibt das Verhältnis der Zahl der Anordnungen von Spielern wieder, für die ein bestimmter Spieler i den Übergang von Koalition S - {i} zu S bewirken kann, und der Zahl aller möglichen Anordnungen, die aus n Spielern zu bilden sind (= n!).

Entsprechend dieser Vorstellung eignet sich der *Shapley*-Wert zur Beschreibung der a-priori-Abstimmungsstärke in Gremien (Komitees, Räten und Beiräten, Parlamenten etc.), d.h. jener Abstimmungsstärke, die ausschließlich auf die Sitzverteilung und die Abstimmungs- bzw. Mehrheitsregel abstellt und z.B. ideologische Bindungen oder Abneigungen, persönliche Beziehungen etc. außer acht läßt. Dem folgenden Beispiel (*Holler/Kellermann* 1978) lag die Fragestellung zugrunde, wie sich die Abstimmungsstärke der nationalen Gruppen im Europäischen Parlament aufgrund der erheblichen Modifikation der Sitzverteilung anläßlich der ersten direkten Wahlen im Frühjahr 1978 änderte. Unter der Hypothese, daß die nationalen Repräsentanten stets dieselbe Meinung vertreten und mit einfacher Mehrheit entschieden wird, errechnet sich aus den alternativen Sitzverteilungen keine Änderung für die a-priori-Abstimmungsstärke (Tabelle 1, S. 196). Andererseits würden sich aus nur einer kleinen Differenzierung der Stimmanteile der vier großen nationalen Gruppen wesentlich andere Abstimmungsstärken ergeben.

Es gibt eine Reihe vergleichbarer Untersuchungen, in denen u.a. auch die fraktionelle Zuordnung der Abgeordneten im Europa-Parlament berücksichtigt wird (vgl. *Rattinger* und *Elicker* 1979; sowie *Johnston* 1982, und die dort angegebene Literatur). Interessant ist die Analyse der a-priori-Abstimmungsstärke im Sicherheitsrat der Vereinten Nationen durch *Coleman* (1972). Diese Untersuchung macht deutlich, daß sich selbst bei Reduzierung dieser Frage auf Sitze und Abstimmungsregeln Relationen zwischen dem möglichen Einfluß der Akteure auf das Abstimmungsergebnis aufdecken lassen, die als brauchbarer Indikator für die tatsächlichen Machtver-

Tabelle 1

S_a = absolute Sitzanteile
S_r = relative Sitzanteile
Φ = *Shapley-Wert*

	Verteilung I			Verteilung II		
	S_a	S_r	Φ	S_a	S_r	Φ
Belgien	14	07	08	24	06	08
Dänemark	10	05	04	16	04	04
Deutschland (BRD)	36	18	18	81	20	18
Frankreich	36	18	18	81	20	18
Irland	10	05	04	15	04	04
Italien	36	18	18	81	20	18
Luxemburg	06	03	04	06	01	04
Niederlande	14	07	08	25	06	08
Großbritannien	36	18	18	81	20	18
Total	198	99	100	410	101	100

hältnisse anzusehen sind. Die Untersuchung zeigt aber auch, daß u.U. ein anderes Maß als der *Shapley-Wert* akzeptable Ergebnisse erbringt.

Literatur

Brams, S.J., 1975, Game Theory and Politics, New York;

Brams, S.J., 1983, Superior Beings: If They Exist, How Would We Know?, New York u.a.;

Coleman, J.S., 1971, ,,Control of Collectivities and the Power of a Collectivity to Act", Social Choice, Hrsg. v. B. Liebermann, New York, S. 269 - 299;

Davis, M., 1970, Game Theory, A Nontechnical Introduction, New York and London;

Diekmann, A., 1985, ,,Volunteers Dilemma", Journal of Conflict Resolution, 29, S. 605 - 610;

Harsanyi, J.C., 1977, Rational Behavior and Bargaining Equilibrium in Games and Social Situations, Cambridge;

Holler, M.J. (Hg.), 1982, Power, Voting and Voting Power, Würzburg;

Holler, M.J. (Hg.), 1984, Coalitions and Collective Action, Würzburg;

Holler, M.J., 1985, Ökonomische Theorie der Verhandlungen. Eine Einführung, München;

Holler, M.J./Kellermann, J., 1978, ,,Die a-priori-Abstimmungsstärke im Europäischen Parlament", Kyklos, 31, S. 107 - 111;
Johnston, R.J., 1982, ,,Political Geography and Political Power", Power, Voting and Voting Power, hrsg. von M.J. Holler, Würzburg, S. 289 - 306;
Junne, G., 1972, Spieltheorie in der internationalen Politik. Die beschränkte Rationalität strategischen Denkens, Düsseldorf;
Kliemt, H., 1984, ,,Nicht-explanative Funktionen eines "Homo oeconomicus" und Beschränkungen seiner explanativen Rolle", Homo oeconomicus III, hrsg. v. M.J. Holler, München, S. 7 - 49;
Luce, R.D./H. Raiffa, 1957, Games and Decisions, New York;
Nash, J.F., 1950, ,,The Bargaining Problem", Econometrica, 18, S. 155 - 162;
Nash, J.F., 1951, ,,Non-Cooperative Games", Annals of Mathematics, 54, S. 286 - 295;
Neumann, J. von/O. Morgenstern, 1961, Spieltheorie und wirtschaftliches Verhalten (übers. nach der 3. Aufl. von Theory of Games and Economic Behavior, Princeton 1953; 1. Aufl. 1944), Würzburg;
Owen, G., 1971, Spieltheorie (übers. nach der 1. Aufl. von Game Theory, Philadelphia u.a. 1968), Berlin u.a. (2. Aufl. von Game Theory, New York u.a. 1982);
Rattinger, H./H. Elicker, 1979, ,,Machtverteilung im Europäischen Parlament vor und nach der Direktwahl", Zeitschrift für Parlamentsfragen, 10, S. 216 - 232;
Reich, U.P., 1971, Die europäische Sicherheitskonferenz. Ein spieltheoretisches Experiment, München;
Shubik, M. (Hg.), 1965, Spieltheorie und Sozialwissenschaften, Frankfurt;
Schelling, T.C., 1970. ,,Planungsrationalität und Entscheidungskalkül", Planung und Entscheidung, hrsg. v. O.W. Haseloff, Berlin, S. 108 - 116;
Schelling, T.C., 1960, The Strategy of Conflict, Cambridge.

M. J. Holler/ U. P. Reich

5. Simulationen (S)

Mit dem Begriff S. kennzeichnet man allgemein das Arbeiten mit Ersatzsystemen, seien diese Gruppen ausgewählter Menschen oder in Computerprogrammen niedergelegte Denkschemata. Im ersten Fall könnte eine S. darin bestehen, eine Gruppe von Personen, die nach bestimmten Kriterien zusammengestellt wurde, anstelle einer Regierung eine Entscheidungssituation in einem außenpolitischen Konflikt durchspielen zu lassen, um sie dabei zu beobachten und möglicherweise Aufschlüsse über Entscheidungsmechanismen in der Regierung zu erhalten (Experiment). Wesentlich weiter entfernt man sich im anderen Fall vom Originalsystem. Hierbei wird das Ersatzsystem aufgrund vorliegender Kenntnisse über bestimmte Verhaltensweisen oder Abläufe in Form von Computerprogrammen konstruiert. Die Computerprogramme sind Listen von Anweisungen, mit deren Hilfe ein Computer Berechnungen durchführen oder Entscheidungen nach festgelegten logischen Kriterien treffen kann. Erkenntnisse über reale Systeme erhofft man sich bei diesem Vorgehen durch Rückschlüsse aus den Resultaten, die mit dem Computerprogramm bei Eingabe verschiedener Ausgangsdaten ermittelt werden.

Diese Forschungsansätze entspringen dem Bemühen, eine Reihe von Schwierigkeiten bei der Untersuchung realer Systeme zu überwinden. Zu den Hindernissen, mit denen Forscher üblicherweise konfrontiert sind, gehören:

— schwer oder gar nicht zugängliche Daten
— unbekannte Entscheidungsmechanismen
— mehr als gleichzeitig überschaubare Beziehungen
— die Unmöglichkeit, Experimente am realen System vorzunehmen.

In der Analyse internationaler Beziehungen standen am Anfang Plan- und Rollenspiele sowie Mensch-Maschine-Simulation, die vor allem zur Überwindung der beiden zuerst genannten Probleme dienen sollten. Ihr zentrales Interesse galt der Untersuchung menschlichen Verhaltens in vom Forscher kontrollierten Situationen. Im Bereich der Forschung wurden diese Ansätze im Laufe der Zeit durch reine Computer-Simulationen verdrängt (vgl. *Kern* und *Rönsch*, 1972: 22, 52). Als Lern- und Demonstrationsmethode für die beteiligten Mitspieler haben die S.en menschlichen Verhaltens aber weite Verbreitung gefunden. Den veränderten Schwerpunkt bei Simulationsstudien verdeutlicht auch die Definition von *Alker* (1977: 117): „Simulation im Gesellschaftsbereich bezieht sich sowohl auf den Bau als auch auf die Verwendung vollkommen programmierter symbolischer Modelle, deren Wirkungsweise in gewisser Hinsicht bestehende gesellschaftliche Vorgänge imitiert oder simuliert." Dabei betont er die Notwendigkeit, die einbezogenen Sachverhalte empirisch zu ermitteln. Die Durchführung einer Simulationsstudie kann man sich in fünf Schritte aufgeteilt vorstellen. Als erstes werden theoretische Kenntnisse über die Gegenstände der S. gesammelt und zu einem Gesamtbild hypothetischer Zusammenhänge zusammengestellt. Der zweite Schritt besteht in der Erstellung einer Datenbasis, die nicht nur Zeitreihen- und Querschnittsdaten enthalten kann, sondern auch gesetzliche Richtlinien, formalisierte Entscheidungsverfahren untersuchter Organisationen und ähnliches. Solche Daten sind z.B. in einem Modell von Bedeutung, in dem das Wechselspiel von Konfliktintensität und dem Engagement einer internationalen Organisation, die ja gewissen Regeln unterworfen ist, untersucht werden soll. Drittens wird auf diesen Arbeiten basierend ein Computer-Modell gebildet, das aus mathematischen Gleichungen und logischen Entscheidungsketten bestehen kann. Die Form des Modells wird durch die Art der geplanten S. und der eingesetzten Computer-Software (Programme, mit deren Hilfe Schätzungen, Berechnungen, Eingabe und Ausgabe von Daten und ähnliche Aufgaben durchgeführt werden, z.B. DYNAMO oder TROLL, vgl. *Zwicker* 1981: 522ff.) bestimmt. Der vierte Schritt besteht in einer umfassenden Überprüfung der Eigenschaften des Modells. In der Regel müssen diese vier Schritte in einem iterativen Prozeß mehrmals durchlaufen werden, bis ein als hinreichend gültig angesehenes Modell erreicht wird. Der abschließende fünfte Schritt beinhaltet dann Studien am Modell. Je nach Modelltyp werden dabei bestimmte exogene Größen oder Parameter geändert und die Auswirkungen dieser Maßnahmen auf die anderen Größen durch sogenannte Simulationsläufe festgestellt. Diese Simulationsläufe sind Auswertungen des Modells unter Einsatz bestimmter Programme.

Häufig werden die Simulationen systematisch mit dem Ziel wiederholt, günstige Eingriffsmöglichkeiten in einem realen System zu finden, um damit gewisse Ziele leichter oder besser erreichen zu können.

Die Vorgehensweise bei einer Simulationsstudie kann exemplarisch an der Arbeit „Nations in Conflict" von *Choucri* und *North* (1975) erläutert werden.

Die Autoren untersuchen anhand des Verhaltens der sechs Großmächte (England, Frankreich, Deutschland, Italien, Rußland, Österreich-Ungarn) in der Zeit von 1870 bis 1914 die Dynamik von Konflikt und Krieg sowie die Frage, inwieweit Wachstum und Expansion der Nationen zu einem vermehrten Einsatz von Gewalt führen. Ihre Arbeitsbasis besteht in der Annahme, daß die internationalen Beziehungen grundlegend durch die Entwicklung von fünf sich gegenseitig beeinflussenden Bereichen innerhalb der beteiligten Länder geprägt werden:

— Expansion: Bedürfnisse, die aus Effekten des Bevölkerungswachstums und des technischen Fortschritts erwachsen, geben Anlaß zu Aktivitäten außerhalb der eigenen Grenzen (gemessen durch die Größe kolonial abhängiger Gebiete).
— Interessenkonflikte: Sich ausdehnende Staaten laufen Gefahr, in ihren Aktivitäten außerhalb ihrer Grenzen zusammenzustoßen; solche Zusammenstöße bergen ein gewisses Gewaltpotential in sich (gemessen durch eine metrisierte Größe für Konflikte über koloniale Fragen zwischen den Hauptmächten).
— Militärische Fähigkeiten: Militärische Ausrüstungen steigen als Ergebnis des heimischen Wachstums und der Konkurrenz mit den Ausrüstungen anderer Staaten an (gemessen durch die Militärbudgets).
— Bündnisse: Nationen bewerten ihre Macht, Ressourcen und Fähigkeiten im Vergleich mit anderen Nationen und versuchen, ihre Stellung durch internationale Bündnisse zu verbessern (gemessen in der Anzahl der eingegangenen Bündnisse).
— Gewalteinsatz: Die Nationen beteiligen sich an internationaler Gewalt als Folge ihrer Ausdehnung, ihrer militärischen Fähigkeiten und ihrer Bündnisse (gemessen durch eine metrisierte Größe für Gewalt bei Aktionen gegen Staaten der übrigen Welt).

Diese Grundvorstellung über die Dynamik internationaler Gewalt wird in einem zweiten Schritt graphisch dargestellt (s. Abb. 1). Die Größen in Kästchen sind die abhängigen, im Systemzusammenhang zu erklärenden Variablen (endogene Größen); die anderen Variablen sind in dem Modell gegebene erklärende Größen (exogene Größen). Pfeile bezeichnen einen Einfluß in Pfeilrichtung; das Symbol ‚+' deutet an, daß eine steigernde Wirkung in der Beziehung vermutet wird.

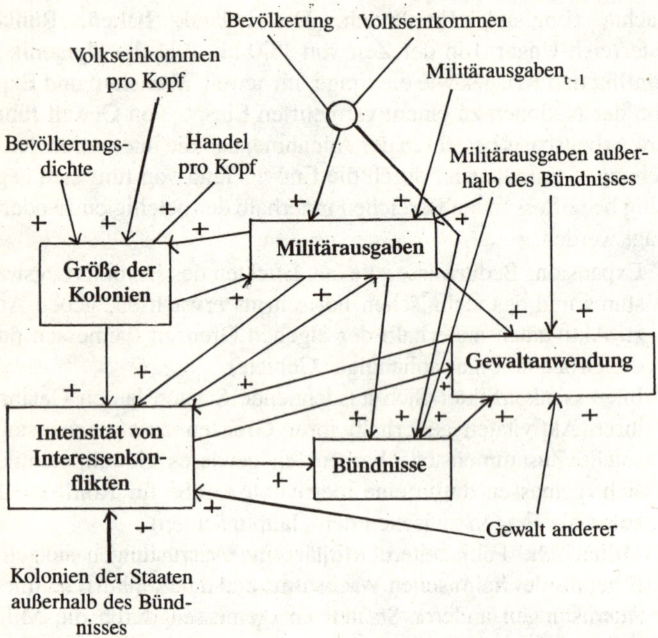

Abbildung 1: Graphische Darstellung des Modells der Dynamik der Gewalt (*Choucri/North* 1975: 168).

Die weiteren Arbeitsschritte entsprechen in wesentlichen Zügen dem Vorgehen bei der Entwicklung von ökonometrischen Simulationsmodellen in der Wirtschaftswissenschaft. Die graphisch dargestellten Beziehungen werden als für jedes Jahr zwischen 1870 und

1914 gültig angesehen. Davon ausgehend werden die Bestimmungsgründe für jede der fünf endogenen Variablen in eine formale Gleichung übertragen, die zu jedem Zeitpunkt gültig ist. Abb. 2 zeigt diesen Vorgang für die Variable ,,Intensität von Interessenkonflikten". Auf der linken Seite der Gleichung steht die zu erklärende Größe; die rechte Seite besteht aus einem erklärenden Ausdruck und dem Fehlerglied μ, das später erklärt wird. Der erklärende Ausdruck setzt sich aus dem konstanten Niveau α und den Koeffizienten $\beta_1, \ldots, \beta_5$ zusammen. Diese sechs Größen $\alpha, \beta_1, \ldots, \beta_5$ sind konstante Zahlen, die die Funktionsweise des Modells wesentlich bestimmen. Ihnen werden entweder aufgrund allgemeiner Kenntnisse oder durch statistische Berechnungen feste Werte zugeordnet (Modellparameter). Mit Hilfe dieser Zahlen kann man den Wert des erklärenden Ausdrucks in der Gleichung für jedes Jahr t = 1870,...,1914 der Referenzperiode durch Einsetzen der Daten für die unabhängigen Variablen ausrechnen. Dabei ergibt sich eine Annäherung an die abhängige Variable ,,Intensität der Interessenkonflikte": die Differenz zwischen dieser Annäherung und dem wirklichen Verlauf der Variablen ergibt für jedes Jahr einen Anpassungsfehler μ. Er repräsentiert den Teil der historischen Entwicklung, den man mit dem Modell nicht erklären kann. Bei den S.en mit dem Modell wird dieses Fehlerglied stets Null gesetzt; anders ausgedrückt: man benutzt für S.en nur den erklärenden Teil des Modells (Abb. 2 s. S. 204).

Damit ist das Simulationsmodell im Prinzip fertig und besteht für jedes Land aus den fünf Gleichungen, den zugehörigen Modellparametern und den Datenreihen für alle im Modell vorkommenden Variablen.

Der nächste Schritt besteht in der Überprüfung des Modells durch einzelne Simulationsläufe: zunächst kann man einmal alle Gleichungen einzeln auswerten und die Anpassungsfehler μ für jede Gleichung und jedes Land bestimmen. Der nächste Test könnte in der Einbeziehung aller Interdependenzen bei der Auswertung des Modells bestehen; bei dieser sogenannten simultanen Lösung des Modells geht es hier darum, festzustellen, welche Fehler sich aus den Anpassungsfehlern der einzelnen Gleichungen bei Berücksichtigung des Gesamtzusammenhangs ergeben.

Sind diese Versuche zufriedenstellend verlaufen, kann man das Modell einsetzen, um verschiedene Fragen zu beantworten. Fragen der Form ,,Was wäre geschehen, wenn ...?" können durch Simula-

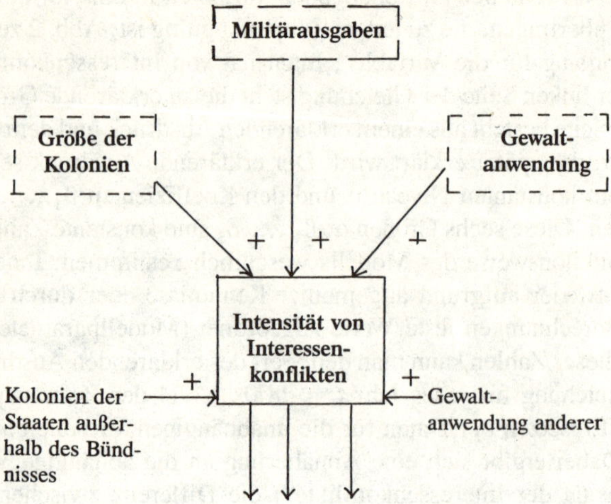

Dieses Schema wird durch die folgende Gleichung repräsentiert:

Intensität von
Interessenkonflikten = $\alpha + \beta_1 \cdot$ (Größe der Kolonien) + $\beta_2 \cdot$ (Militärausgaben) +
$\beta_3 \cdot$ (Kolonien der Staaten außerhalb des Bündnisses) +
$\beta_4 \cdot$ (Gewaltanwendung) +
$\beta_5 \cdot$ (Gewalt anderer) + μ

Abbildung 2: Übertragung eines Ausschnittes aus dem Modell für eine endogene Variable in eine Gleichung (*Choucri*/North 1975: 190)

tionsabläufe mit veränderten exogenen Variablen behandelt werden; z.B. könnte eine Lösung des Modells für Deutschland, wenn nur die Variable ,,kolonial abhängige Gebiete der anderen" um 10% vermindert würde, im Vergleich mit der Lösung des Basislaufes eine Aussage liefern wie ,,Eine 10prozentige Reduzierung der Expansion der anderen Staaten hätte die Rüstungsanstrengungen Deutschlands überproportional verringert." Man kann allerdings auch Simulationsabläufe durchführen, bei denen man die Parameter in den Gleichungen ändert. Dieses Vorgehen gibt Auskunft über das, was vermutlich hätte geschehen können, wenn z.B. die Neigung, Militärausgaben wegen der Ausdehnung der Kolonien anderer Staaten zu erhöhen, geringer gewesen wäre. Selbstverständlich sind viele andere Simulationstechniken denkbar und angewandt worden. In ähnlicher Weise, aber mit mehr Variablen, einer größeren Methodenvielfalt bei der Aufstellung der Gleichungen und unter Benutzung des System-Dynamics-Konzepts, das vor allem die Interdependenzen anders behandelt, haben *Hübner-Dick* und *Seidelmann* (1978) ein Simulationsmodell zur Erklärung der Wirkung ökonomischer Sanktionen der USA gegen Südafrika entwickelt. *Alker* und *Greenberg* (1977) haben ein Modell zur S. der Wirkung von UN-Aktivitäten bei internationalen Konflikten erstellt, bei dem verschiedene Entscheidungsabläufe innerhalb der UN-Organisationen je nach Interpretation der UN-Charta in unterschiedlich programmierten Entscheidungsbäumen abgebildet wurden.

Die meisten Simulationsstudien benötigen eine Ausstattung mit unterstützenden Computerprogrammen. Die Aufgaben, die diese Programme bewältigen müssen, bestehen in der Erstellung und Handhabung von Datenbanken, der Unterstützung bei der Bildung des Modells (d. h. bei der Formulierung der Gleichungen, Schätzung von Parametern und ähnlichem), der Hilfe bei der Handhabung des Modells und speziell bei der Lösung, sowie nicht zuletzt der Aufbereitung der Ergebnisse in übersichtlicher Form. Die selbständige Programmierung für alle diese Aufgaben in einer höheren Programmiersprache (z. B. Fortran) ist in der Regel bei der Größe heutiger Modelle zu aufwendig. Beispiele für fertige Softwaresysteme sind bei *Zwicker* (1981: 522 - 578) beschrieben.

Simulationsstudien sind vielen Kritiken ausgesetzt. Unter anderem werden neben wissenschaftlichen Vorbehalten gegenüber den verwendeten Hypothesen häufig folgende Einwände vorgetragen:

— Die Entwicklung ist oft langwierig und bringt hohe Kosten mit.
— Die Funktionsweise der Modelle ist für Laien und häufig auch für Experten kaum verständlich.
— Es besteht nicht selten eine große Unsicherheit über die Gültigkeit der Modelle.
— Die wesentlichen Entscheidungsmechanismen und -kräfte, die grundlegende Änderungen herbeiführen, treten historisch in immer wieder unterschiedlichen Formen auf und können nicht durch starre Gesetze in Simulationsmodellen erfaßt werden.

Literatur

Alker, H. R., jr., 1977, ,,Computer-Simulationen: Unelegante Mathematik und noch schlechtere Sozialwissenschaft?" In: Schmutzer, Manfred E. A. (Hrsg.). Mathematische Methoden in der Politikwissenschaft. München, Wien: Oldenbourg, (Scientia nova) 115 - 142;

Alker, H. R., jr. and W. J. Greenberg, 1977, ,,On Simulating Collective Security Regime Alternatives." In: Bonham, G. Matthew and Michael J. Shapiro (Ed.). Thought and Action in Foreign Policy: Proceedings of the London Conference on Cognitive Process Models of Foreign Policy, March 1973. Basel, Stuttgart: Birkhäuser, (Interdisciplinary Systems Research; 33), 263 - 305;

Apel, H., 1979, Simulation sozio-ökonomischer Zusammenhänge. Darmstadt: S. Toeche-Mittler, (Informatik und Operations Research, Schriftenreihe Band 8);

Choucri, N./R. C. North, 1975, Nations in Conflict: National Growth and International Violence. San Francisco: Freeman;

Hübner-Dick, G./R. Seidelmann, 1978, ,,Simulating Economic Sanctions and Incentives: Hypothetical Alternatives of United States Policy on South Africa." Jounal of Peace Research 15, 153 - 174;

Kern, L./H. D. Rönsch (Hrsg.), 1972, Simulation internationaler Prozesse. Opladen: Westdeutscher Verlag, (Politische Vierteljahreshefte, Sonderheft 3);

Pollins, B. M., 1983, ,,Internationaler Handel und Politik." In: Eberwein, Wolf-Dieter (Hrsg.). Politische Stabilität und Konflikt: neue Ergebnisse der makroquantitativen Politikforschung. Opladen: Westdeutscher Verlag (Politische Vierteljahreshefte, Sonderheft 14), 240 - 258;

Zwicker, E., 1981, Simulation und Analyse dynamischer Systeme in den Wirtschafts- und Sozialwissenschaften. Berlin, New York: de Gruyter.

H. Roß

6. Prognosetechniken

Prognosen sind Vorhersagen über zukünftige Entwicklungen. Wissenschaftliche Prognosen sind von Prophezeihungen im Sinne von Vorhersagen auf Grund rein subjektiver Ahnungen zu unterscheiden; in ihnen spiegelt sich nämlich das Bestreben wider, nachvollziehbare und überprüfbare wissenschaftliche Aussagen zu erreichen. Trotz aller Bemühungen gelangt man mit wissenschaftlichen Prognosen allerdings dennoch nicht zu einem Vorherwissen der Zukunft, sondern nur zu einer rational eingegrenzten Erwartung der zukünftigen Ereignisse auf Grund von Erfahrungen. Zahlreiche Autoren verdeutlichen die Verwandtschaft von Prognosen mit anderen Formen wissenschaftlicher Aussagen, indem sie die Argumentation der Prognose in verschiedene Schritte gliedern und ihre Logik offenlegen. Als Beispiel ist hier die Gliederung von *Freeman* und *Job* (1979: 177) in drei Arbeitsschritte wiedergegeben:

1. Aufstellung von bekannten Gesetzmäßigkeiten oder akzeptierten Verallgemeinerungen, die die Beziehungen zwischen bestimmten Erscheinungen unter sicheren Bedingungen betreffen.
2. Behauptung über das Zutreffen dieser Bedingungen zu einem zukünftigen Zeitpunkt t_z.
3. Aussage über die Mutmaßlichkeit des Eintritts eines Ereignisses zum Zeitpunkt t_z, beruhend auf (1) unter der Annahme von (2).

Dies sei an einem Beispiel veranschaulicht:

— Verallgemeinerung (1): Je größer die wirtschaftlichen Schwierigkeiten im Inland sind, desto stärker strebt die Regierung außenpolitische Erfolge an, und zwar vor allem solche, die populäre nationale Ziele betreffen.
— Behauptung über die Zukunft (2): Die Realeinkommen der Bevölkerungsmehrheit werden auch im nächsten Jahr noch weiter sinken. Gewisse traditionelle territoriale Ansprüche des Landes A gegenüber Land B werden auch in Zukunft populär sein.

— Prognose (3): Die Regierung des Landes A könnte versucht sein, in nächster Zeit den Konflikt mit Land B zu verschärfen, um die territoriale Frage für sich zu entscheiden.

In der Konklusion in (3) handelt es sich in der Regel um eine Wahrscheinlichkeitsaussage, weil die Gesetzmäßigkeiten in (1) mit Unsicherheiten verbunden sein können und auch das Eintreten der Bedingungen in (2) häufig nur mit bestimmten Wahrscheinlichkeiten behauptet wird. Vom Grad der Bewährtheit der Gesetzesaussagen und der Vertrauenswürdigkeit der Aussagen über das Eintreten der Bedingungen hängt es ab, inwieweit eine Prognose akzeptiert werden kann oder nicht. Andere Kriterien für die Beurteilung einer Prognose sind die Präzisierungen hinsichtlich der Art der Ereignisse, des Eintrittszeitpunktes und des Ausmaßes an Unsicherheit (Mutmaßlichkeit).

Das Prognoseproblem ist also in erster Linie ein Problem der Logik wissenschaftlicher Aussagen. Die praktischen Arbeiten bei Prognosen decken sich in weiten Teilen mit den Arbeiten bei anderen wissenschaftlichen Erklärungen, so daß die sogenannten Prognoseinstrumente im wesentlichen spezielle Anwendungen auch sonst gebräuchlicher Instrumente sind. Schließlich besteht der erste Schritt der Prognose (nach dem Schema von *Freeman* und *Job*) in einer wissenschaftlichen Erklärung, wie sie auch sonst üblich ist. Auch der zweite Schritt beruht häufig auf einer solchen Erklärung, zum Beispiel einer Beurteilung des Beharrungsvermögens einer Gesellschaft in einer ihrer Eigenschaften, aus der zukünftige Zustände und Ereignisse mit einiger Wahrscheinlichkeit absehbar sind.

Bislang wurden die Gegenstände der Prognose nur als zu prognostizierende Ereignisse bezeichnet. Für die weiteren Ausführungen sind einige Präzisierungen angebracht. Man kann die zu prognostizierenden Gegenstände allgemeiner als Werte bestimmter Größen (Variablen) betrachten.

Beispiele:

a) Ist gefragt, ob ein gewisses Ereignis eintritt oder nicht, so ist eine dichotome (nur zweier Werte fähige) Variable mit den zulässigen Werten ja und nein, oder Null und Eins zu wählen.
b) Ist zu prognostizieren, welche von n möglichen Ausprägungen eines Merkmals auftreten wird (qualitative Fragestellung), so ist auf eine nominal skalierte (→mathematische Darstellungsweise) Variable zurückzugreifen, die n Werte annehmen kann.

c) Wenn es darum geht, das Ausmaß einer Entwicklung vorauszusagen (quantitative Fragestellung), so ist die Wahl einer metrischen (→ mathematische Darstellungsweise) Variablen angezeigt.

Häufig werden im Zusammenhang mit qualitativen Fragestellungen (dichotomen und anderen nominal skalierten Variablen) auch metrische Größen verwendet. Dies beruht dann auf der Verwendung des Konzeptes absoluter und relativer Häufigkeiten. Die Anzahl des Auftretens einer bestimmten Ausprägung eines Merkmals (= bestimmter Wert einer nominal skalierten Variablen) in einem festen Zeitraum bezeichnet man als Häufigkeit, und zwar als absolute. Die relative Häufigkeit des Eintritts einer bestimmten Ausprägung ermittelt man, indem man die absolute Häufigkeit ins Verhältnis zur Summe der absoluten Häufigkeiten aller Ausprägungen setzt. Diese relativen Häufigkeiten liegen stets zwischen Null und Eins. Die Summe der relativen Häufigkeiten aller Ausprägungen ist stets Eins. Sammlungen von Daten über Häufigkeiten kann man z.B. durch Auswertungen der Beratungsunterlagen des Sicherheitsrates der UNO über Anrufungen bei internationalen Streitigkeiten gewinnen. Umfangreiche Untersuchungen dieser Art sind im Rahmen des ‚Correlates of War‘ -Projektes unternommen worden (vgl. *Eberwein* 1979: 7)

Im folgenden werden die Grundideen einer Reihe ausgewählter Vorgehensweisen bei Prognosen skizzenhaft dargestellt. Dabei wird aus Raumgründen der Bezug zum oben erläuterten allgemeinen Prognoseschema nicht explizit erläutert.

1. Beim Analogieschluß (vgl. *Bruckmann* 1978: 72 - 75) handelt es sich um ein nicht formales Verfahren, das vermutlich am häufigsten bei Prognosen eingesetzt wird. In der Politikwissenschaft ist dabei vor allem an historische Analogien zu denken; Vergleichsobjekte sind dann etwa das Verhalten eines gerade betrachteten Landes in einer ähnlichen Situation oder das Verhalten eines vergleichbaren Landes. Daneben können aber auch sachliche Vergleiche mit Erkenntnissen aus anderen Wissenschaften herangezogen werden, z.B. aus der Individualpsychologie oder gar aus den Naturwissenschaften. Bei letzteren wird es sich aber in der Regel eher um die Veranschaulichung einer Erwartung als um deren Begründung handeln (→Isomorphie-Verfahren).

2. Die Grundlage des Analogieschlusses ist, daß das Verhalten eines Akteurs (z.B. eines Staates) in verschiedenen aber vergleichbaren Situationen gleich bleibt.
In ähnlicher Weise beruhen Extrapolationsverfahren darauf, daß Gesellschaften ein gewisses Beharrungsvermögen in ihren Eigenschaften aufweisen; hier aber in einer anderen Weise, nämlich in ihrer Tendenz, sich gleichmäßig zu ändern.
Eine einfache Extrapolation liegt dann vor, wenn man nach Eintragung der Werte einer Zeitreihe in ein Koordinatensystem (mit einer Längsachse für die Zeit und einer senkrechten Achse für die Werte der Variablen) die Entwicklung nach einem leicht erkennbaren Gesetz über die Gegenwart hinaus weiterzeichnet.
3. Formale Verfahren zur Extrapolation einer einzelnen quantitativen Größe (also ohne die Hinzuziehung weiterer Informationen wie die Entwicklung anderer Größen) beruhen darauf, daß aus der Kenntnis der vergangenen Entwicklung eine Gesetzmäßigkeit abgeleitet wird, wobei häufig statistische Methoden verwendet werden. Beobachtungen der Werte einer Variablen y zu Zeitpunkten $t=t_1, t_2, \ldots, t_n$ werden mit y_t bezeichnet. Die wichtigsten Verfahren sind die Trendextrapolation mit Hilfe von Prognosefunktionen (vgl. *Bruckmann* 1978: 45ff) und die *Verfahren der Zeitreihenanalyse* (vgl. *Box* und *Jenkins*: 1976).
4. Bei der Benutzung einer Prognosefunktion f stellt man das Entwicklungsgesetz der Zeitreihe y_t, $t = t_1, t_2, \ldots$, als einen Zusammenhang zwischen der Zeit t und der Variablen dar: $y_t = f(t)$. Gebräuchlich sind vor allem folgende drei Grundformen für f:
   — Liniare Funktionen $y_t = a + b \cdot t$. Sie spiegeln ein Entwicklungsgesetz wider, nach dem in jeder Periode die Variable y um den gleichen Betrag b steigt oder fällt. (Beispiel: Bei einer Sparrate von 100 DM/Monat beläuft sich das Sparguthaben y_t nach t Monaten auf y_t = Anfangsguthaben + $t \cdot 100$ DM.)
   — Exponentielle Funktionen
   $$y_t = a \cdot e^{b \cdot t} \text{ oder } y_t = a(1 + w)^t.$$
   Sie beruhen auf der Annahme, daß die Veränderung von einem Zeitpunkt zum anderen proportional zum bisher erreichten Niveau ist:
   $$y_t - y_{t-1} = y_{t-1} \cdot (e^b - 1) \text{ bzw. } y_t - y_{t-1} = y_{t-1} \cdot w.$$
   (Beispiel: Bei einem konstanten Jahreszinssatz r wächst eine Geldsumme y_o in t Jahren auf $y_t = y_o \cdot (1 + r)^t$ an).

— Logistische Funktionen $y_t = \bar{y} / (1 + e^{a(\hat{t}-t)})$. Diese beschreiben einen Wachstumsprozeß von y_t gegen eine Obergrenze $\bar{y}$ mit einer zunächst zunehmenden und ab dem Zeitpunkt $\hat{t}$ wieder abnehmenden Wachstumsrate (Sättigungskurve). (Beispiel: Bezeichne y_t die relative Häufigkeit der Einhaltung eines neuen internationalen Abkommens über das Verhalten bei bestimmten Vorkommnissen innerhalb von Hoheitsgewässern. Man wird vermuten können, daß die Beachtung des Gesetzes erst langsam in Gang kommt, dann schneller weite Verbreitung findet, und es zum Schluß noch lange dauert, bis alle — auch die Gegner des Abkommens — entsprechend verfahren.)

Graphisch lassen sich die Funktionen folgendermaßen darstellen:

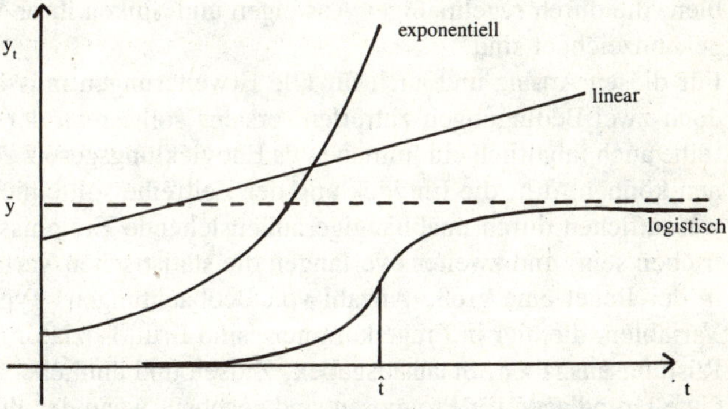

Der Verwendung solcher Funktionen muß natürlich eine Untersuchung über die sachlogische Vereinbarkeit der unterstellten Entwicklungsgesetze mit den Kenntnissen über die Eigenschaften der Variablen y vorausgehen. Lineares und exponentielles Wachstum kann man z.B. bei relativen Häufigkeiten nicht über längere Frist annehmen, weil die zugehörigen Funktionen die Grenzen 1 und 0 bei irgendeinem Zeitpunkt t überschreiten werden.

5. Zeitreihenanalytische Verfahren sind *statistische Verfahren*. Sie sind speziell für Prognosezwecke entwickelt worden. Mit ihnen strebt man eine direkte Darstellung eines *Zusammenhangs zwischen den zu verschiedenen Zeitpunkten gehörigen Werten*

y_t, $t=t_1, t_2, \ldots$, einer Variablen an. Solch ein Vorgehen ist z.B. beim Berechnen der Entwicklung einer Größe mit einer konstanten Wachstumsrate w bekannt (Zinsrechnung):

$$y_t = y_{t-1} \cdot (1 + w)$$

Die wichtigste Eigenschaft dieses Ansatzes besteht darin, daß man auch weiter zurückliegende Beobachtungen, z.B. y_{t-2} oder y_{t-3}, einbeziehen kann; man gelangt damit zu den sogenannten autoregressiven Prozessen höherer Ordnung, die gegenüber den Trendextrapolationen den Vorteil aufweisen, daß sie eine größere Vielzahl von Entwicklungsgesetzen erfassen können. So sind nicht nur gleichförmige Kurven, wie bei den im letzten Abschnitt genannten linearen, exponentiellen und logistischen Entwicklungen darstellbar, sondern auch zyklische Bewegungen, also Variablen, die durch regelmäßiges Ansteigen und Sinken ihrer Werte gekennzeichnet sind.

Für diesen Ansatz und auch für alle Erweiterungen müssen jedoch zwei Bedingungen zutreffen: erstens sollte man der Zeitreihe auch inhaltlich ein immanentes Entwicklungsgesetz zuordnen können, d.h. die Entwicklung der Zeitreihe sollte nicht im wesentlichen durch unabhängige außenstehende Ereignisse getrieben sein, und zweitens verlangen die statistischen Verfahren in der Regel eine große Anzahl von Beobachtungen. Typische Variablen, die hier in Frage kommen, sind Bruttosozialprodukt, Rüstungsausgaben, Staatsausgaben, Zinsen und ähnliche.

6) Gute Grundlagen für Prognosen sind gegeben, wenn der Zusammenhang zwischen zwei Größen bekannt ist und der Verlauf der zweiten Größe bereits vorherbestimmt oder mit einiger Wahrscheinlichkeit vorherbestimmbar ist. Beispiel: Es sei bekannt, daß die Vermittlung einer bestimmten Organisation in der Vergangenheit in p % aller Fälle zur Beilegung des betreffenden Konflikts geführt hat. Wenn bekannt ist, daß diese Organisation in einem bestimmten Konflikt die Vermittlung übernehmen wird, so ist es eine rationale Strategie, seine Erwartung über den Ausgang der Bemühungen an p zu orientieren: ist p groß, wird man Erfolg prognostizieren, bei kleinen p einen Mißerfolg. Mit dieser Strategie hätte man in der Vergangenheit durchschnittlich in p % (bzw. (100-p)% bei kleinem p) aller Fälle die richtige Erwartung gehabt.

Ähnlich wie in dem Beispiel kann man durch Interpretation historischer Häufigkeiten als bedingte Eintrittswahrscheinlichkeiten auch Modelle der Erwartungsbildung für Probleme bilden, bei denen Merkmale mit mehr als zwei Ausprägungen eine Rolle spielen. Hierbei finden Verfahren der sogenannten Stochastik, einem Teilgebiet der Wahrscheinlichkeitstheorie, Anwendung. Für die Prognose einer metrischen Größe y werden Informationen über die zukünftigen Werte einer Größe x oder mehrerer Größen $x_1,\ldots,x_n$ häufig in folgender Weise ausgenutzt: Im ersten Schritt wird ein statistischer Zusammenhang zwischen y und x (bzw. zwischen y und $x_1,\ldots, x_n$) festgestellt, der für die vergangenen Werte im „Mittel" Gültigkeit hat:

$$y_t = b_0 + b_1 \cdot x_t$$

oder

$$y_t = b_0 + b_1 \cdot x_{1t} + \ldots + b_n \cdot x_{nt}.$$

Die Gleichungen müssen so interpretiert werden, daß die Werte x_t bzw. $x_{1t},\ldots, x_{nt}$ den Wert von y_t bestimmen, man y_t also aus der Gleichung berechnen kann. Inhaltlich kann man sich vorstellen, daß sich z.B. die Rüstungsausgaben (y_t) eines Landes aus einem festen Teil (b_0), einem von der Höhe des Sozialprodukts abhängigen Teil ($b_1 \cdot x_{1t}$) und einem von der Höhe der gegnerischen Rüstungsausgaben abhängigen Teil ($b_2 \cdot x_{2t}$) zusammensetzen. Sind x_{1t} und x_{2t} für zukünftige Zeiträume bekannt (oder bereits geschätzt), so kann man aus

$$y_t = b_0 + b_1 \cdot x_{1t} + b_2 \cdot x_{2t}$$

auch y_t für die Zukunft berechnen. Mit der Erweiterung dieses Ansatzes zu mehreren sich gegenseitig beeinflussenden zu erklärenden Größen $y_{1t},\ldots, y_{mt}$ ergibt sich an dieser Stelle ein natürlicher Übergang zur Anwendung der Szenarientechnik und der Prognosemodelle.

7. Bislang sind nur Instrumente angesprochen worden, die die Entwicklung einer einzelnen Größe oder das Eintreten eines Ereignisses prognostizieren sollen. Man muß aber berücksichtigen, daß viele Ereignisse und Größen sich gegenseitig bedingen. Es ist daher naheliegend, die Prognosen einzelner Größen und Ereignisse für einen bestimmten Zeitpunkt gemeinsam in einer Zusammenstellung, einem sogenannten Szenario, eher qualitativ

(nicht quantitativ) zu betrachten und festzustellen, ob alle Einzelprognosen miteinander kompatibel sind. Eventuell zeigt sich dabei, daß einige Einzelprognosen aufgrund bekannter Zusammenhänge verändert werden müssen. Dadurch gewinnen Szenarien gegenüber einer Reihe von Einzeldarstellungen an Überzeugungskraft.

Neben der Kontrolle von Einzelprognosen liegt der Zweck der Szenariotechnik darin, ein weitgehend vollständiges Bild einer möglichen Zukunft, etwa als Grundlage für umfangreiche Planungsaufgaben, zusammenzustellen. Dabei kann im Sinne der Verringerung von Unsicherheit das Szenario durchaus auch aus einer Zusammenstellung von Ereignissen bestehen, mit denen man vermutlich nicht zu rechnen braucht.

8. Systematischer als mit der Szenariotechnik kann man simultane (d.h. gleichzeitige und gegenseitige) Abhängigkeiten zu prognostizierender Größen mit Hilfe von Prognosemodellen erfassen. Das sind in der Regel computergestützte Simulationsmodelle (→ Simulationen), bei denen nur wenige exogene Größen (d.h. außerhalb des Gesamtzusammenhangs bestimmte Größen, →Simulationen) durch Einzelprognosen vorherbestimmt werden und die anderen endogenen (oder simultan abhängigen) Größen durch das *Lösen* des Modells für zukünftige Zeitpunkte bestimmt werden. Diese Methode hat vor allem mit der Entwicklung von Weltmodellen auch im Bereich der Politikwissenschaften weite Verbreitung gefunden (vgl. *Eberwein* 1984).
9. Ganz andere Aspekte als bei den bisher behandelten Verfahren stehen bei den Delphi-Prognosen im Mittelpunkt. Bei ihnen geht es im wesentlichen um den besonderen Umgang mit Informationen. Die Delphi-Technik wurde von der RAND-Corporation für langfristige Prognosen entwickelt (vgl. *Geschka*, in *Bruckmann* 1978: 27 - 44). Sie soll dem Ziel dienen, möglichst objektiv und ohne Verzerrung durch sozialen Druck zu ermitteln, inwieweit sich führende Fachleute bei der Beurteilung bestimmter Fragen (der zukünftigen Entwicklung u.a.) einig sind. Dem Wesen nach ist sie eine systematische Sammlung und Auswertung von Expertenurteilen über zukünftige Ereignisse. Die praktische Durchführung besteht in einem iterativen Prozeß des Befragens, Auswertens und erneuten Befragens unter Bezugnahme auf die Auswertungen (→ Befragung).

Literatur

Box, G.E.P. /Jenkins, G.M., 1976, Time Series Analysis, Forecasting and Control, San Francisco;

Bruckmann, G. (Hrsg.), 1978, Langfristige Prognosen: Möglichkeiten und Methoden der Langfristprognostik komplexer Systeme, Würzburg, Wien;

Choucri, N./ Robinson, T.W. (Eds.), 1978, Forecasting in International Relations, San Francisco;

Eberwein, W.-D., 1980, „Die Zukunft als Problem der Gegenwart: Weltmodelle — Rückblick und Ausblick.", Aus Politik und Zeitgeschichte. Beilage zur Wochenzeitung Das Parlament, 25. August 1984;

Freeman, J.R. /Job, B.L. 1979, "Scientific Forecasts in International Relations: Problems of Definitions and Epistemology.", International Studies Quarterly, 23, 113 - 143;

Jöreskog, K.G./Wold, H. (Eds.), 1982, Systems under Indirect Observation: Causality - Structure - Prediction. Two Volumes. Amsterdam;

Mertens, P., 1975, Prognoserechnung. Würzburg, Wien;

Young, R.A. (Ed.), 1977, „International Crisis: Progress and Prospects for Applied Forecasting and Management." Special Issue. International Studies Quarterly, 21, 3 - 246.

H. Roß

7. Das Graphenverfahren (GV)

Das GV dient im Bereich der Politikwissenschaft und in der Internationalen Politik vor allem der Analyse von sog. cognitive maps (Bewußtseinsstrukturen, gedanklichen Konzepten zu einem bestimmten Problemfeld). Es wurde in der Mathematik entwickelt und bereits in anderen sozialwissenschaftlichen Disziplinen erfolgreich angewandt. Dabei werden — ähnlich wie in der Inhaltsanalyse (→) — die maps, wie sie sich in Texten (Interviews, Memoiren) aller Art manifestieren, versinnbildlichend dargestellt und zerlegt mit Hilfe von graphischen Pfeilen (=Pf) und Punkten (=P). P. repräsentieren den politischen Nutzen, das Interesse oder den Teil eines politischen Konzeptes eines Akteurs (außenpolitischer Entscheidungsträger, Nationalstaat, internationale Organisationen usw.) und werden daher Konzeptvariablen genannt (Variable = untersuchungsrelevanter Gesichtspunkt einer Sache). Diese Variablen werden verbunden durch Pf., die Annahmen über die Art der kausalen Beziehungen zwischen ihnen darstellen (Beziehungsvariablen). Diese Beziehungen können gleichläufig (Symbol: +) (Wenn A zunimmt, nimmt auch B zu) oder gegenläufig sein (Symbol: -) (Wenn A zunimmt, nimmt B ab). Das Symbol sagt nichts aus über die Intensität einer Beziehung.

Beispiel (auf das auch im folgenden Bezug genommen wird)

Anerkennung der Oder-Neisse-Grenze (1) — Förderung der Ost-West-Entspannung (2)

$$\overset{P}{\underset{1}{\bullet}} \xrightarrow[\text{Pf}]{+} \overset{P}{\underset{2}{\bullet}}$$

(In die cognitive maps gehen natürlich die normativen Annahmen des jeweiligen Politikers ein.)

Pfade sind mehr als zwei durch Pf. verbundene P.

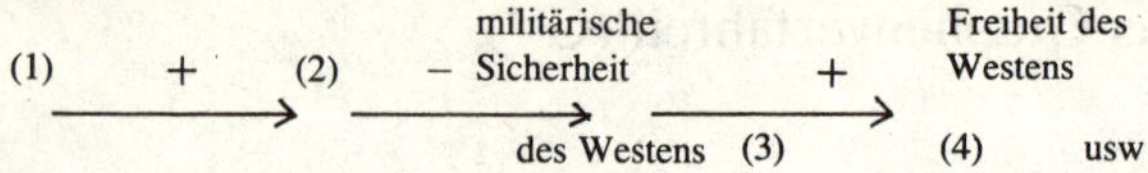

Ein Pfad (d.h. hier die indirekte Wirkung von P1 auf 4) ist positiv, wenn die Zahl der negativen Pf. gerade ist (oder alle Pf. positiv sind), bzw. negativ, wenn die Zahl der negativen Pf. ungerade ist. Zyklen sind Pfade, wobei der 1. und letzte P. durch einen Pf. verbunden sind.

positiver Zyklus (berechnet wie bei Pfaden):

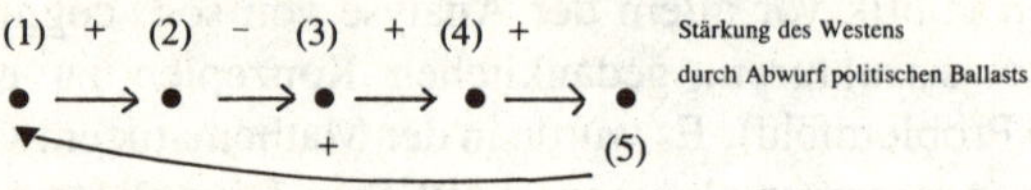

Die Gesamtwirkung aus allen Pfaden und Zyklen eines maps ist positiv, wenn alle Pfade und Zyklen positiv sind (und umgekehrt). Sind einige positiv und andere negativ, so ist die Gesamtwirkung unbestimmt.

Die Daten für cognitive maps können aus Reden, Interviews oder Aufsätzen von Politikern gewonnen werden, indem deren Aussagen nach den genannten Variablen durchgegangen und graphisch erfaßt werden. Es läßt sich aber auch aus der allgemeinen, wissenschaftlichen Kenntnis der Außenpolitik sowie der Interessen von Nationalstaaten ein derartiges cognitive map konstruieren (evtl. unter Zuhilfenahme der Delphi-Methode). (→ Befragung). Wie bei der Inhaltsanalyse besteht hier ebenso die Notwendigkeit, einen jeweiligen Aussagentyp stets gleichartig und intersubjektiv vergleichbar auf die jeweilige Variable zu beziehen (zu kodieren). Dazu bedarf es der genauen Definition dieser Variablen, so daß Aussagen genau zugeordnet werden können, sowie einer steten Selbstkontrolle des individuellen Kodierers, bzw. einer ständigen Schulung und Abstimmung von mehreren Kodierern.

Da solche maps u.U. über 100 Pf. und P. umfassen können, ist es übersichtlicher, sie in Matrixform darzustellen. Die P. werden dabei horizontal und vertikal angeordnet, die Pf. durch Symbole (+ -) in der rechteckigen Fläche „dazwischen" wiedergegeben, indem jeder P. auf jeden anderen bezogen wird. (Der Bezug eines P. auf sich selbst wird, da aussagelos, durch „x" markiert und nicht weiter in die Berechnungen einbezogen. Falls zwischen zwei P. keine Beziehung besteht, wird dies durch „0" gekennzeichnet.)

	1	2	3	4	5
1	x	+	-	-	+
2	+	x	-	-	+
3	-	-	x	+	-
4	-	-	+	x	-
5	+	+	-	-	x

(bezogen auf obiges Beispiel)

Bei Datenmengen über 100 Variablen muß der Computer eingesetzt werden.

Zur näheren Charakterisierung eines maps lassen sich zur Berechnung der +, - Daten folgende Formeln verwenden: Die Dichte eines map, d.h. die Zahl negativer oder positiver *kausaler* Beziehungen, die ein Akteur vornimmt, wird berechnet aus dem Quotienten der von einem Akteur vorgenommenen kausalen Beziehungen (kx) im Verhältnis zu dem maximal möglichen:

$$D = \frac{kx}{vx \quad (vx - 1)} \qquad \text{(v = Zahl der Variablen insgesamt)}$$

Dieses Maß kann als Indikator, als verläßlicher Hinweis auf die Fähigkeit eines Akteurs genommen werden, kausale Beziehungen herzustellen, d.h. erklären und voraussagen zu können.

Mit dem Quotienten aus Anzahl der Zyklen und Anzahl der Konzeptvariablen kann das Bewußtsein eines Akteurs für zirkuläre, interdependente Prozesse gemessen werden. Ob ein Akteur Konzeptvariablen in seinem map immer gleichartig (entweder + oder -) miteinander verbindet oder nicht, ist ein Maß für dessen innere Konsistenz. Zur Bestimmung des Grades an Übereinstimmung, bzw. Distanz zwischen Aktueren (d.h. zur Positionsbestimmung) können deren maps aufeinander bezogen werden, indem deren (aus den jeweilig einzelnen maps bezogenen) gemeinsame + und -, -+ und + + Pf.-Daten je Konzeptvariable addiert werden.

Beispiel: Übereinstimmung in der Zielstruktur zwischen USA und UdSSR auf der Seerechtskonferenz 1974.

		USA			
		x	+	-	insgesamt
	x	57	8	6	71
UdSSR	+	0	56	2	58
	-	1	0	42	43
insgesamt		58	64	50	172

nach *Axelrod*: 208

++ Variablen, die von beiden Staaten positiv gesehen werden;
+- für UdSSR sind zwei Variablen positiv, die für USA sind negativ;
-- gemeinsam negativ wahrgenommene Variablen.

Zur Errechnung der Distanz werden nur die + - und - + Daten genommen. Mit dem Distanzmaß können zugleich auch praktische Angaben über die Bedingungen der Annäherung von Akteuren gemacht werden.

An bisherigen Forschungsergebnissen sind insbesondere hervorzuheben:

1. die maps von Politikern aus ,,unterentwickelten" Ländern sind hinsichtlich der Anzahl kausaler Beziehungen ebenso entwickelt wie die der Industriestaaten-Entscheidungsträger, obwohl Bürokratie und Forschungskapazität in der Dritten Welt weit geringer ausgebaut sind.
2. Akteure operieren im Rahmen ihres wenn auch oft simplifizierten Weltbildes rational (→Rationalanalyse), d.h. es gibt keine Widersprüche in den maps.
3. Rückkopplungen (Zyklen) werden kaum wahrgenommen.

Mit dem Graphen-Verfahren läßt sich über die Bewußtseinsstrukturen das Verhalten von Akteuren analysieren, erklären und damit auch prognostizieren. Es hat den Vorteil einer quantitativ präzisen Erfassung und Darstellung dieser Strukturen und eröffnet damit die Möglichkeit deren genauen Vergleichs und Berechenbarkeit sowie der dadurch gegebenen Entwicklung von Maßen (Dichte u.dgl.), die Aussagen über ein map ermöglichen, die bei ,,bloßer" Wahrnehmung nicht gegeben wären — und das, ohne daß die Akteure unbedingt befragt werden müßten. Das ist natürlich mit einem Informationsverlust verbunden (Beschränkung z.B. auf kausale Beziehungen), die bei einer hermeneutischen Sinnerschließung (→Entscheidungsprozeß- und Perzeptionsanalysen) vielleicht nicht vorkämen, allerdings unter Inkaufnahme einer gesteigerten individuellen Subjektivität und Beliebigkeit des hermeneutischen Verfahrens. Daher ist die Kombination graphentheoretischer und hermeneutischer Methoden geboten. Beide können zu einer ,,Aufklärung" der Politik und der Politiker über ihre eigenen Wahrnehmungsweisen (und deren Defizite) beitragen. Beiden Methoden ist jedoch die Gefahr einer Überbetonung von psychologischen Prozessen in der Politik eigen.

Literatur

Axelrod, R. (Hrsg.), 1976, Structure of Decision, Princeton, New Jersey;
Frei, D. u.a., 1980, Weltbild und Außenpolitik, Zürich;
Sedlácek, J., 1972, Einführung in die Graphentheorie, Frankfurt/M.

J. Bellers

8. Soziometrie (S)

Diese Technik hat die (quantitative) Analyse von Beziehungen zwischen sozialen Einheiten aller Art (Individuen, Gruppen, Organisationen, Staaten u.ä.) zum Ziel, indem die Häufigkeit der Präferenzen und Abneigungen (positive und negative Beziehungen) dieser Einheiten in den Interaktionen mit anderen Einheiten gezählt wird. Dabei kann von den subjektiv geäußerten Präferenzen (Frage an die Einheiten, mit wem sie bevorzugt interagieren, bzw. wen sie ablehnen) (→Befragung) als auch von den faktisch erfolgenden Präferenzen ausgegangen werden (Beobachtung durch den Forscher, wer mit wem interagiert bzw. nicht interagiert). Ursprünglich wurde diese Technik von ihrem Begründer, *J.L. Moreno*, nur auf die soziale Struktur in kleineren und größeren Gruppen sowie zwischen diesen Gruppen angewandt, aber schon *Moreno* selbst weitete den Anwendungsbereich auf größere Einheiten wie Armeen und politische und soziale Prozesse aus. In der Disziplin der Internationalen Beziehungen kam sie bisher nur sporadisch und partiell zum Einsatz, dieser Beitrag soll daher auch den Anreiz zu ihrer forcierten Verwendung geben, da (Klein-) Gruppenbeziehungen und die Beziehungen zwischen Staaten sowie trans/internationalen Organisationen isomorph sein können (→Isomorphie-Verfahren).

In der S. sind mehrere Ansätze zu unterscheiden:

1. Nach dem Objekt-Ansatz werden die Merkmale von Einheiten danach bestimmt, in welcher Art sie von anderen Einheiten beurteilt bzw. in welchem Umfang sie als Interaktionspartner gewählt werden. Damit können für eine Interaktionsgesamtheit Isolierte, (die von den anderen kaum gewählt werden) oder Führer in einer Gruppe (die bevorzugt gewählt und positiv beurteilt werden) festgestellt werden.
2. Im Subjekt-Ansatz werden die subjektiven Wahlentscheidungen einer jeweiligen Einheit über ihre positiven und negativen Beziehungen zu anderen untersucht, z.B. dahingehend, ob für eine

Einheit die Zahl negativer und positiver Aktionen zusammenhängen.

3. Im Gegensatz zu diesen individualisierenden Ansätzen, allerdings auf ihnen aufbauend, werden im relational verfahrenden Strukturansatz die wechselseitigen positiven und negativen Interaktionen zwischen mehreren, sich gegenseitig wählenden Einheiten analysiert, so daß derart z.B. die innere Kohäsion einer Interaktionsgesamtheit gemessen werden kann. Der Index für die Kohäsion ist:

$$K = \frac{\text{Zahl der gegenseitigen Wahlen}}{\text{Zahl der prinzipiell möglichen gegenseitigen Wahlen}},$$

wobei der Zählerausdruck nach folgender Formel berechnet wird:

$$\frac{N\,(N\text{-}1)}{2} \quad (N = \text{Zahl aller Interagierenden})$$

Mit diesem Index kann z.B. der Integrationsgrad zwischen Staaten oder in einem Bündnis ermittelt werden.

Die Formel für den positiven bzw. negativen soziometrischen Status einer Einheit (Führer oder Isolierter) lautet:

$$\frac{\text{Zahl der empfangenen Wahlen (bzw. Ablehnungen)}}{\text{Zahl aller Interagierenden - 1}}$$

Wie stark eine Einheit „exponiert", sozial gegenüber anderen aktiv ist, wird so erfaßt:

$$\frac{\text{Zahl der von der Einheit abgegebenen Wahlen}}{\text{Zahl aller Interagierenden - 1.}}$$

Instrumentell werden Wahlen mit Hilfe von Soziogrammen und Soziomatrizen erhoben und verarbeitet: Im Kreissoziogramm nach *Northway* (einem unter mehreren Darstellungsmöglichkeiten) werden die Einheiten in konzentrischen Kreisen nach ihrem Status eingeordnet: Je näher eine Einheit zum Zentrum steht, um so höher ist ihr soziometrischer Wert, was durch eine Zahl gekennzeichnet wird. Pfeile geben die Zahl und die Richtung der Wahlen an (wechselseitige Wahl $\longleftrightarrow$; einseitige Wahlen $\rightarrow$).

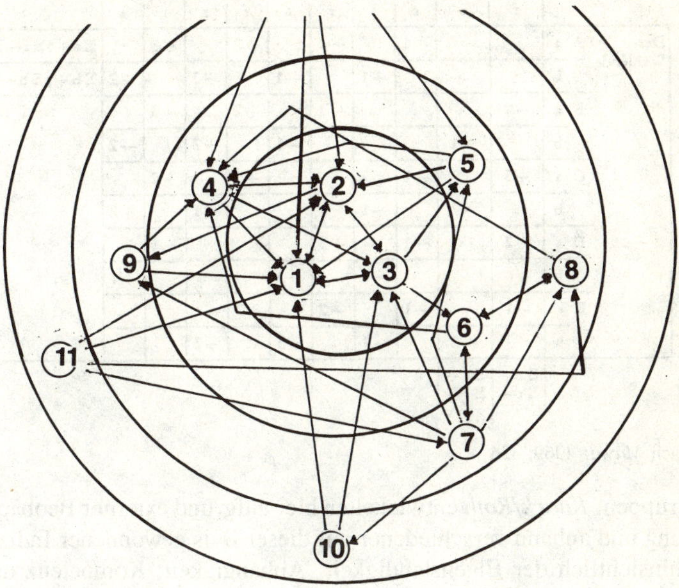

nach *Dollase* 1973: 110

Bei einer Vielzahl von Interaktionen werden die Soziogramme jedoch unübersichtlich, so daß die Anwendung von Matrizen zu empfehlen ist (s.S. 226).

Zentral ist die Frage der Operationalisierung: Es kann die Richtung einer Interaktion (positiv oder negativ), aber darüberhinaus auch ihre Intensität gemessen werden, also die Einstufung einer Präferenz auf einer 0 - 100 - Punktskala durch den Wählenden selbst oder durch den Forscher.

Bezieht man die soziometrischen Wahlen auf den Bereich der internationalen Politik, bei denen es sich ja auch z.T. um soziale Beziehungen handelt, so sind hier mehrere Indikatoren möglich: Für die Beziehungsstruktur zwischen außenpolitischen Entscheidungsträgern innerhalb eines Nationalstaats (→ Entscheidungsprozeß- und Perzeptionsanalysen) können die Maßeinheiten von *Moreno* direkt übernommen werden, denn es handelt sich hier meist um Klein-

		Der Gewählte										
		A		B		C		D		E		
		r	s	r	s	r	s	r	s	r	s	
Der Wählende	A a			+1		−1		+2		+3		Σa+; Σa−
	b				+1		−1		+3		+2	Σb+; Σb−
	B a	+1				−1		+2		−2		
	b		+1				−1		+2		−2	
	C a	+3		−1				+1		+2		
	b		+3		−1				+1		+2	
	D a	+2		−1		+3				+1		
	b				−1		+3				+1	
	E a	+1		−1		+2		+3				
	b		+2		−1		+3		+3			
		Σr+ Σr−	Σs+ Σs−									

nach *Mayntz* 1969: 126

gruppen. *Kaack/Roth* entwickelten hier aufgrund externer Beobachtung und anhand verschiedener auf dieser Bais gewonnener Indizes (hinsichtlich der Eigenständigkeit, Abhängigkeit, Kompetenz und Kooperationsfähigkeit der Entscheidungsgträger) neun unterschiedliche Soziogramme der Struktur der außenpolitischen Führungselite der Bundesrepublik Deutschland, von denen hier das erste aus der Zeit von 1949 - 1953 mit einer hohen Zentralität (d.h. Führer-Stellung) für den Bundeskanzler *Adenauer* wiedergegeben sei (s. S. 227):

Die Zahlen stellen die Summen dar, die die Indizes für die jeweilige Person ergeben. Je Index ordnen dabei die Autoren einen Entscheidungsträger auf einer Skala von 0 - 1 ein, wobei z.B. hohe Kompetenz = 1, niedrige = 0 bedeutet. Die Zahl der Linien gibt die Intensität des Konsenses wieder (4 Linien = hoher Konsens). Die Einordnung erfolgt aufgrund der historischen Kenntnisse des Forschers.

Da darüber hinaus die Interaktionen zwischen den Nationalstaaten zu einem Großteil auf den Handlungen und Situationsdefinitionen der außenpolitischen Entscheidungsträgergruppe beruhen, werden als soziometrische Maßeinheiten folgende Indikatoren für

Interaktionsgraphik 1: Außenpolitische Führungselite der BRD 1949 – 1953

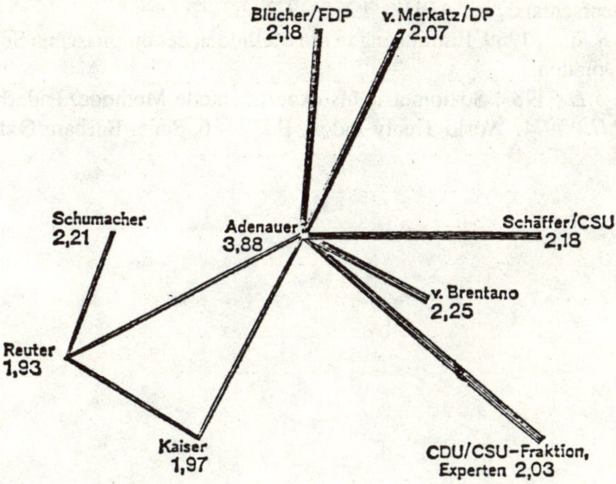

nach *Kaack/Roth* 1972: 21

die internationalen Beziehungen genommen: Zahl der Reisen als Zeichen von Präferenz, der Verträge, der diplomatischen Beziehungen, der feindlichen sowie freundschaftlichen Ereignisse (→Event- und Transaction-Analysis), des Umfanges von Import und Export usw. Als Quellengrundlage sind hier vor allem das „Archiv der Gegenwart", der „New-York-Times"-Index (ein Stichwortverzeichnis aller Berichte in der New-York-Times) sowie die zahlreichen Datenbestände der UN zu nennen.

Der soziometrischen Technik gelingt die quantitativ präzise Erfassung von sozialen Strukturen des internationalen Systems, das sich zunehmend vergesellschaftet und daher auch als soziales System zu begreifen ist. Dem gegen sie zuweilen erhobenen Einwand, sie könne nur momenthaft eine Struktur unter Vernachlässigung ihrer dynamischen Entwicklung erfassen, kann durch die Messung einer sozialen Struktur zu mehreren Zeitpunkten begegnet werden, deren Ergebnisse dann verglichen und ggf. interpoliert werden können. Dabei verbleibt die S. nicht nur auf der personalen Ebene, sondern bekommt nicht-personale Strukturen in den Griff, wie z.B. die Verwendung von Indikatoren des Außenhandels zeigt.

Literatur

Dollase, R., 1973, Soziometrische Techniken, Weinheim/Basel;

Kaack, H./Roth, R., 1972, Die außenpolitische Führungselite der Bundesrepublik Deutschland, in: APUZ, 15. 1. 1972, B3/72;

Mayntz, R. u.a., 1969, Einführung in die Methoden der empirischen Soziologie, Köln/Opladen;

Moreno, J.L., 1983, Soziometrie als experimentelle Methode, Paderborn;

Rohn, P.H., 1974, World Treaty Index, Bd. 1 - 6, Santa Barbara/Oxford.

J. Bellers

9. Experiment (E)

Ein E. ist ein Verfahren, mit dem soziale, ökonomische, politische oder naturwissenschaftliche Prozesse in Laborsituationen reproduziert werden, um durch Kontrolle und Variation der Rahmenbedingungen Aussagen über Ursachen und Ablaufbedingungen dieser Prozesse machen zu können. E.e sind notwendig, weil in der Realität die Rahmenbedingungen eines Prozesses nicht beliebig kontrolliert oder verändert werden können. Zum Beispiel kann eine reale Europäische Sicherheitskonferenz nicht losgelöst von allen anderen politischen Entwicklungen stattfinden.

Im Militärwesen ist seit langem das Planspiel als experimentelles Instrument zur praktischen Analyse von Konfliktsituationen gebräuchlich (→Simulation). Mit einem Planspiel werden komplexe, dynamische Konflikte einer konkreten Erfahrung zugänglich und damit auch lernbar gemacht. Unter E. soll nun speziell ein Planspiel verstanden werden, dessen Struktur auf einem theoretischen Modell beruht. Als Beispiel wird hier die Spieltheorie (→) herangezogen, es sind aber andere Theorien ebenso denkbar. Die Theorie muß nur als Leitfaden des Planspiels dienen, oder umgekehrt, das Planspiel muß eine Operationalisierung der Theorie darstellen, um als Experiment zu gelten.

Gegenstand eines spieltheoretischen E.s kann im Prinzip jeder Konflikt sein, sofern er gewisse Voraussetzungen an Explizitheit erfüllt: Erstens müssen die Akteure unterschieden sein. In der internationalen Politik dürfte das zunächst leichter fallen als etwa auf dem Gebiet der Innenpolitik, doch ist auch die internationale Politik heute so verflochten, daß bei einer genaueren Analyse Zweifel entstehen können. Paktsysteme, internationale Organisationen oder auch nur in bilateralen Verträgen fixierte gegenseitige Abhängigkeiten führen dazu, auch andere als die einfachen nationalen Akteure zu definieren.

Neben den Akteuren müssen die alternativen möglichen Ergebnisse des Konflikts einigermaßen deutlich ausgearbeitet sein. Sowohl die Menge der möglichen neu zu schaffenden Ereignisse, deren Bewertung seitens der einzelnen Akteure als auch schließlich die Machtstrukturen, über die — eventuell mit Hilfe einer Koalititon — ein bestimmtes Ergebnis bewirkt werden kann, müssen bekannt sein.

Diese Voraussetzungen sind schwerwiegend und in vielen Fällen nicht gegeben. Sie liegen im allgemeinen erst im Endstadium eines Konflikts vor.

In der Spieltheorie wird die Struktur eines solchermaßen ausgereiften Konflikts formal analysiert. Die formale Struktur eines echten Konflikts kann dann mit den Ergebnissen von Spielen verglichen werden, die unter Laborbedingungen untersucht wurden. So ist etwa die Struktur des Gefangenen-Dilemmas (→Spieltheorie) auf die Abschreckungsdoktrin anzuwenden. Zwei mit strategischen Kernwaffen ausgerüstete Parteien haben die Möglichkeit, den Konfliktpartner zu zerstören. Die wechselseitige Zerstörung ist ein Gleichgewichtspunkt in dem Sinne, daß kein Akteur einen Grund hat, von dieser Option abzuweichen, wenn er weiß, daß der andere sie sich zu eigen macht. Sie ist individuell rational. Sie ist gleichwohl nicht kollektiv rational, da durch Kooperation für beide ein günstigeres Ergebnis erzielt werden kann. Zweck der Drohung ist, diese Kooperation („Koexistenz“) herbeizuführen. Durch experimentelle Spiele kann man feststellen, wie wahrscheinlich die Kooperation in Abhängigkeit von der jeweiligen konkreten Konfliktlage ist (Höhe der Nutzen, Art der Kommunikationskanäle, Verhalten des Gegenüber etc.). Es sind in den ersten Jahren nach Aufkommen der Spieltheorie viele solcher Laborexperimente gemacht worden, meistens mit Studenten im Universitätsbereich, die das Verhalten von Nationalstaaten und deren Entscheidungsträger in bestimmten realen oder fiktiven Situationen experimentell nachspielten. So wurden z.B. die Aktionen der Entscheidungsträger nachgespielt, die zum Ausbruch des 1. Weltkrieges geführt haben, um durch Variation bestimmter Rahmenbedingungen feststellen zu können, wann es zum Krieg kommt und wann nicht. Doch hat sich eine wohlgeformte Theorie des Verhaltens bei Interessenkonflikten daraus bis jetzt nicht entwickelt. Die Bedingungen des Labors sind zu einschränkend, die Versuchspersonen zu anders geprägt, als daß die Übertragung auf echte internationale Konflikte leicht gelänge. Hinzu kommt nach Ansicht mancher Beobachter, daß im Zuge der Gesetze, die in der sozialen Welt der Wissenschaft selbst gelten, Hypothesen von vornherein so ausgewählt werden, daß ihre Bestätigung wahrscheinlich ist. Damit wird letztlich nur solches Verhalten gefunden, das auch ohne Spieltheorie auf Grund einfacher Überlegungen des gesunden Menschenverstandes zu erwarten wäre.

Als positives Ergebnis solcher experimentellen Spiele kann man werten, daß solche vagen politischen Begriffe wie „Vertrauen", „Verdacht", „Wohlwollen", „Kooperation", „Konkurrenz" als Variablen in einer mathematischen Struktur lokalisiert und quantifiziert werden können. Die im Labor gespielten Konflikte haben insoweit Modellcharakter für ähnliche Situationen in der internationalen Politik. Der Abstraktheit der Laborsituation kann man entgehen, wenn man das E. nicht als Forschungsmethode, um allgemeine Gesetze zu finden, sondern als Darstellungsmethode eines gegebenen realen Konfliktes benutzt, etwa um sich für eine Verhandlung vorzubereiten oder eine diplomatische Strategie in einer bestimmten Konfliktlage zu prüfen. Als Beispiel solch einer Verwendung des E.s wurde der Vorschlag einer Europäischen Sicherheitskonferenz untersucht, den Ende der 60er Jahre der Warschauer Pakt veröffentlicht hatte. Strittig war, ob der Westen dabei etwas zu gewinnen habe oder ob der Osten aus solch einer Konferenz einseitig Vorteil ziehen würde. Nach mehrjähriger Diskussion u.a. in der Öffentlichkeit der Bundesrepublik, waren die Alternativen, die bei der Konferenz Gegenstand sein konnten, in etwa klar: Grenzregelungen, Berlinabkommen, Abrüstungsfragen etc. Auch über die Interessen der verschiedenen beteiligten Staaten wie USA, UdSSR, BRD, DDR, Frankreich, England, Polen, CSSR usw. hatte man ein Bild. Offen, und in einer konventionellen Darstellung nicht leicht zu beurteilen, war die Frage, wie weit und auf welchem Gebiet ein für alle vorteilhaftes Ergebnis möglich sein würde.

Das E., das hier Aufklärung schaffen konnte, bestand darin, Experten, die an der öffentlichen Diskussion teilgenommen hatten, zusammenzurufen und den Konflikt in Form einer Verhandlung ein Wochenende lang spielen zu lassen. Dabei ging es nicht nur um ein einfaches Vorspielen der zu erwartenden Situation im Sinne eines Planspiels, sondern das Spiel wurde von vornherein spieltheoretisch angelegt. Ein Drohpunkt wurde definiert (Ablehnung des Verhandlungsergebnisses), und die Spieler bewerteten von ihrem Rollenverständnis aus verschiedene Aussagen, die als mögliche Verhandlungsergebnisse in Betracht kamen. Auf diese Weise konnte die im Spiel gewonnene praktische Lösung mit einer theoretischen Lösung konfrontiert werden, die sich auf Grund der von den Spielern selbst getroffenen Bewertungen berechnen ließ (*Nash*-Lösung). In dem genannten E. zeigte die theoretische Lösung ein mögliches positives Verhandlungsergebnis, während die Dynamik des tatsächlichen Spielens zum Abbruch der Verhandlungen führte.

Man sieht an diesem Beispiel, daß das E. in der internationalen Politik nicht zu normfreien, widerspruchslosen Urteilen über die ,,Natur" eines politischen Sachverhalts führt. Interpretation und Wertung sind auch in diesem Fall gefordert. Nur können sie differenzierter ansetzen, da die Konfliktstruktur in einem quantitativen Modell abgebildet wird.

Auch dieses E. war akademisch, insofern als die Teilnehmer daraus keine gemeinsame Aktion ableiteten. Aber wenn dasselbe E. etwa in einem Ministerium stattfände, wäre der praktische Bezug hergestellt.

Spieltheoretische E.e können auch auf anderen Gebieten gemacht werden, angefangen von militärischen Konflikten über Handels,,kriege", internationale Rechtsstreitigkeiten bis hin zu Verhandlungen zwischen Tarifpartnern. Ihre Grenze findet die Methode da, wo keine formale tragende Theorie für den darzustellenden Gegenstand besteht, oder gar nicht die Interaktion mehrerer Subjekte, sondern die Logik einer einzelnen Aktion zu untersuchen ist. Das spieltheoretische E. im besonderen ist überall dort fehl am Platz, wo Konflikte erst im Werden sind, wo die Optionen und ihre Wertungen nicht klar abgegrenzt und einzelne Handlungen nicht unabhängig voneinander konzipiert werden können. Insgesamt ist die Methode wenig verbreitet, weniger als sie es ihrem Erkenntnispotential nach zu urteilen sein könnte.

Literatur

Junne, G, 1972, Spieltheorie in der internationalen Poltik, Düsseldorf, enthält Darstellung und Kritik der Anwendung der Spieltheorie;

Pilusik, M., 1984, Experimenting with the Arms Race, in: Journal of Conflict Resolution 28, S. 296 - 315 enthält eines der jüngsten Laborexperimente zum Thema;

Rapoport, A., 1980, Mathematische Methoden in den Sozialwissenschaften,

Würzburg, Wien, setzt sich grundlegend mit dem spieltheoretischen Experiment auseinander;
Reich, U.P., 1971, Die europäische Sicherheitskonferenz — ein spieltheoretisches Experiment, München, beschreibt ein konkretes, als Verhandlungsspiel konstruiertes Experiment;
Sawyer, J./Guetzkow, H., 1965, Bargainung and negotiation in international relations, in: *Kelman, H.* (Hrsg.), International Behavior: A Social-Psychological Analysis, New York, beschreibt nicht spieltheoretisch strukturierte Simulationen.

U.P. Reich

IV. Spezielle Methoden der Darstellung

1. Symbol-logische Darstellungsweise

Unter einem Symbol versteht man i. d. R. ein Sinnbild, das in seiner Ausdruckskraft den Inhalt eines vorgestellten Gegenstandes zur Anschauung bringt. Die Bedeutung des Symbols ist dabei eindeutig festgelegt.

Logik ist die Lehre vom Denken. Die moderne Logik enthält insbesondere auch eine umfassende Theorie der Beziehungen. Durch symbolische Hilfsmittel gelingt es der modernen Logik, auch komplexere Beziehungen und Zusammenhänge leicht und prägnant zu formulieren. Deshalb wird die moderne Logik, die mit solchen Hilfsmitteln arbeitet, auch als symbolische Logik bezeichnet.

Die moderne Logik ist von der Mathematik geprägt worden. So wurde die mathematische Methode, komplizierte Begriffsbildungen durch zweckmäßige Verabredungen über Grenzfälle zu vereinfachen, auch auf die Logik übertragen. Als Beispiel dieser Methode mag die Einführung der Null als Zahl bzw. als Ziffer dienen, die erst die dezimale Schreibweise ermöglichte.

Die symbol-logische Darstellungsweise hat aufgrund ihrer Übersichtlichkeit auch den Vorteil der besseren Verständlichkeit. Mit ihre Hilfe lassen sich Gedankenketten, Gesetzmäßigkeiten, Beziehungen usw. auf einfache Weise strukturieren und versinnbildlichen. Sie dient zur Reduktion von Komplexität, hebt diese jedoch nicht zugunsten einer Vereinfachung auf, sondern transformiert sie linear.

Gebräuchliche Zeichen der symbol-logischen Darstellungsweise sind die einfachen Zeichen der Algebra: ,,+" für Addition; ,,-" für Subtraktion; ,,:"; ,,x" usw., sowie das Gleichheitszeichen ,,=" (wechselseitige logische Folgerung), bzw. das Ungleichheitszeichen ,,≠" (keine wechselseitige logische Folgerung). Das Zeichen ,,>" steht für ,,größer als" und entsprechend ,,<" für ,,kleiner als". Der Pfeil ,,→" stellt eine logische Folgerung dar. Äquivalenz kann durch folgende Zeichen zum Ausdruck gebracht werden: ,,<=>", ,,=", ,,≡", ,,⊙", ,,∞". Eine Entsprechung zwischen zwei Gegenstandsbereichen wird mit dem Zeichen „$\triangleq$" gekennzeichnet. Die Elementbeziehung „x ist Element von M", wird mit der Formel „$x \in M$" dargestellt (entsprechend „$x \notin M$", „x ist nicht Element von M").

Über die hier dargelegten Symbole hinaus kann jedes beliebige Zeichen zum Symbol werden. Es muß nur eindeutig definiert werden. Es dient jedoch sicherlich der besseren Verständlichkeit eines Schemas, wenn darin auf allgemein gültige Symbole zurückgegriffen wird, ganz abgesehen davon, daß der Autor sich die ansonsten notwendigen Definitionen erspart.

Auch in der Erforschung der Internationalen Beziehungen findet die symbol-logische Darstellungsweise zunehmend dort Anwendung, wo es um die verständliche und übersichtliche Darstellung von Gedankenketten und um die Reduktion von Komplexität generell geht. *Czempiel* (1980) greift z.B. auf die symbol-logische Darstellungsweise zurück, um die Handlungszusammenhänge in der internationalen Politik vereinfacht und übersichtlich darzustellen. In einem seiner Schemata (S. 195) stellt er ein politisches System in seinem gesellschaftlichen Umfeld sowie die Beziehungen beider zur internationalen Umwelt auf symbol-logische Weise dar:

$$\begin{array}{l}
\mathbf{UF_i\ (Pa, Wi, Ve, Me) \Leftrightarrow PS_i \leftrightarrow PS_k \Leftrightarrow UF_k\ (Pa, Wi, Ve, Me)} \\
\mathbf{PS_i \Leftrightarrow UF_i\ (Pa, Wi, Ve, Me) \leftrightarrow UF_k\ (Pa, Wi, Ve, Me) \Leftrightarrow PS_k} \\
\mathbf{UF_i\ (Pa, Wi, Ve, Me) \Leftrightarrow PS_i \leftrightarrow UF_k\ (Pa, Wi, Ve, Me) \Leftrightarrow PS_k} \\
\mathbf{PS_i \Leftrightarrow UF_i\ (Pa, Wi, Ve, Me) \leftrightarrow PS_k \Leftrightarrow UF_k\ (Pa, Wi, Ve, Me)}
\end{array}$$

Im begleitenden Text legt *Czempiel* die Bedeutung seiner Zeichen fest: Mit dem Doppelpfeil „$\leftrightarrow$" bezeichnet er Handlungszusammenhänge. Das Zeichen „$\Leftrightarrow$" ist für den Autor die symbollogische Darstellung eines input-output-Prozesses ($\rightarrow$ input-output-Methode) und kennzeichnet im vorstehenden Schema die spezifische Form der Anforderungs-Umwandlungsprozesse, wie sie zwischen dem politischen System und seinem gesellschaftlichen Umfeld ablaufen. *Czempiel* benutzt darüber hinaus Abkürzungen als Symbole. So werden an dieser Stelle „Wi", „Pa", „Ve" und „Me" als Stellvertreter für Wirtschaft, Parteien, Verbände und Medien definiert. An anderer Stelle des Buches hatte der Autor bereits die Abkürzungen „UF" für Umfeld und „PS" für politisches System festgelegt.

Wortsprachlich ausgedrückt ergibt sich aus dem Schema folgende Gedankenkette:

Das bestimmte gesellschaftliche Umfeld, das durch das Zusammenwirken von Parteien, Wirtschaft, Verbände und Medien bestimmt ist, steht in einem Prozeß wechselseitiger Anforderungs-und Umwandlungsbeziehungen zu seinem spezifischen politischen System. Dieses bestimmte politische System steht in einem Handlungszusammenhang mit einem anderen politischen System, das seinerseits in einem Prozeß wechselseitiger Anforderungs- und Umwandlungsbeziehungen zu seinem gesellschaftlichen Umfeld steht, das ebenfalls bestimmt ist durch das Zusammenwirken von Parteien, Wirtschaft, Verbänden und Medien. ...

Die Auflösung der ersten Zeile des Schemas mag genügen, um den Gewinn an Übersichtlichkeit und Verständlichkeit wie auch die Raumeinsparung zu verdeutlichen, die durch eine symbol-logische Darstellungsweise erzielt wird.

Literatur

Czempiel, E.O., 1981, Internationale Politik, Paderborn, München, Wien, Zürich;

Frege, G., 1961, Begriffsschrift, eine der arithmetrischen nachgebildete Formelsprache des reinen Denkens, Halle 1879 (Nachdruck Hildesheim);

Hasenjaeger, G., 1962, Einführung in die Grundbegriffe und Probleme der modernen Logik, Freiburg, München;

Siebel, W., 1975, Grundlagen der Logik, München.

H. Kreft

2. Mathematische Darstellungsweise

Mathematische Darstellungen sind Abbildungen aus dem nicht formalen Bereich der Alltags- und Fachsprache in dem formalen Bereich der mathematischen Symbolsprache. Mit ihnen wird einem Ausschnitt einer Theorie ein mathematisches Modell zugeordnet. Sie dienen in der Politikwissenschaft einer Reihe von unterschiedlichen Zwecken:

— In der rein theoretischen Forschung werden mathematische Modelle zur Grundlage der Weiterentwicklung von Theorien gemacht, indem die in den Modellen implizit enthaltenen mathematischen Gesetzmäßigkeiten herausgearbeitet und im Zusammenhang mit der Theorie interpretiert werden.
— Am weitesten verbreitet sind mathematische Darstellungen im Rahmen der Veranschaulichung und Überprüfung von Theorien. Sie eröffnen Möglichkeiten der logischen Überprüfung auf Konsistenz und Vollständigkeit von Annahmen, der analytischen Überprüfung im Hinblick auf die Vereinbarkeit mehrerer theoretischer Aussagen und der empirischen Überprüfung von unterstellten Relationen mit Hilfe statistischer Verfahren (→ Statistik...).
— Im praktischen Bereich kommt den mathematischen Darstellungen die Aufgabe einer Hilfe bei der Anwendung von Theorien zu, die in der Bereitstellung von Ordnungs- und Bezugsrahmen für die Verarbeitung großer Datenmengen oder in der Erschließung von Berechenbarkeit für Prognosen, Simulationen und andere Arbeiten bestehen kann.

Eine strenge Beurteilung der Güte einer mathematischen Darstellung würde vom Grad ausgehen, in dem beide Strukturen — die der politikwissenschaftlichen Aussagen und die des mathematischen Modells — einander entsprechen, wobei eine vollständige Eins-zu-Eins-Entsprechung als erstrebenswert angesehen würde. Dieses hohe Ziel wird man in der Regel nicht erreichen: einerseits erfordert die mathematische Darstellung häufig Festlegungen und Präzisierungen, wo die Theorie unbestimmt bleibt, und andererseits gelingt es häufig nicht, alle wesentlichen Informationen eines Theorieabschnittes abzubilden. In der Praxis setzt die Beurteilung daher bei anderen Kriterien an, wie z.B. der Brauchbarkeit für bestimmte Zwecke, des empirischen Gehalts und der Vereinbarkeit mit wesentlichen Aspekten der Theorie.

Die Grundlage für mathematische Darstellungen bilden die sogenannten Variablen. Sie sind — aus mathematischer Sicht — Repräsentanten für Elemente bestimmter Mengen und im Darstellungszusammenhang mit festgelegter inhaltlicher Bedeutung verknüpft. Ihnen werden in der Regel Symbole zugewiesen, die auf diese Bedeutung hinweisen. Als Beispiel seien die Rüstungsausgaben eines Landes A betrachtet. Sie haben als Wert irgendeine positive Zahl. Im Modell kann man dafür eine mit R_A bezeichnete Variable einführen, deren Wertevorrat (Definitionsmenge) die Menge $\mathbb{R}_+$ der positiven reellen Zahlen ist.

Typische andere Gegenstände, die in Modellen der Politikwissenschaft als Variable abgebildet werden, sind Sozialprodukt, Häufigkeit bilateraler Regierungskontakte, Herrschaftsform, Bündniszugehörigkeit, Zusammenarbeit, Einfluß, Macht, Angst und ähnliche. Mit passenden Meßkonzepten legt man sowohl den Wertevorrat der Variablen fest als auch die Art der mathematischen Operationen, die auf die Variablen angewandt werden dürfen (Skalierung der Variablen).

Wegen der großen Bedeutung für die Aussagemöglichkeiten über die Variablen in mathematischen Darstellungen sind die Eigenschaften der Wertevorräte stets genau zu untersuchen. Man unterscheidet nominal, ordinal und metrisch skalierte Variablen. Unter den ersten Begriff fallen die Variablen, deren Werte nur der Numerierung (Codierung) verschiedener Sachen dienen; z.B. eine Variable für Herrschaftsform, bei der eine „1" für „parlamentarische Demokratie", eine „2" für „Monarchie" usw. stehen. Bei solchen Variablen machen Summen, Vielfache und Größenvergleiche der einzelnen Werte keinen Sinn. Die Möglichkeit von Größenvergleichen ist dagegen bei ordinal skalierten Variablen gegeben. Ein typisches Beispiel dafür ist ein beliebig konstruierter Machtindex (→ Indikatoren zur Messung nationaler staatlicher Macht), bei dem größere Werte für mehr und kleinere Werte für weniger Macht stehen, so daß ausgesagt werden kann: Staat A hat *mehr* Macht als Staat B. Alle Möglichkeiten der mathematischen Behandlung bieten nur die metrisch skalierten Variablen, wie etwa die Höhe der Rüstungsausgaben; hier kann präzise gesagt werden, daß im Staat A die Rüstungsausgaben um den genau bestimmbaren Betrag x *höher* sind als im Staat B (nicht nur ,,mehr-als"-Aussagen).

Eine übliche Aufgabe bei mathematischen Darstellungen ist die Beschreibung der Beziehungen zwischen mehreren Variablen. Die Veranschaulichung erfolgt dabei häufig im sogenannten Koordinatensystem. Als Beispiel seien zwei mit R_A und R_B bezeichnete Variablen betrachtet, deren Werte die Höhe der Rüstungsausgaben in zwei Ländern A und B angeben. In einem Koordinatensystem lassen sich auf der waagerechten Achse (Abszisse) die Werte der Variablen R_A eintragen und auf der senkrechten Achse (Ordinate) die Werte der Variablen R_B (vgl. Abbildung). Zwei Geraden durch solche eingetragenen Punkte R'_A und R'_B treffen sich in einem Punkt

$$P' = (R'_A, R'_B)$$

innerhalb der Fläche ,,oben rechts" im Koordinatensystem; dieser Punkt steht dann für eine bestimmte Konstellation (R'_A, R'_B) der Rüstungsausgaben in beiden Ländern.

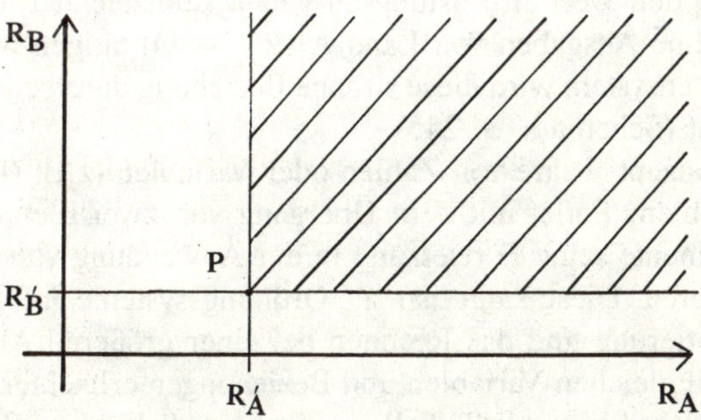

Manchmal werden Teilflächen im Koordinatensystem hervorgehoben, um Mengen von Punkten darzustellen, die irgendwelche Relationen zwischen den Variablen beschreiben (das ist auch bei nur ordinal skalierten Variablen möglich); in der Abbildung beschreibt die schraffierte Fläche die Menge aller Konstellationen, bei denen die Rüstungsausgaben in beiden Ländern jeweils größer oder gleich R'_A und R'_B sind.

Solche Beschreibungen von Beziehungen zwischen mehreren Variablen, die nur Größenvergleiche heranziehen, sind unter relativ schwachen Anforderungen an die theoretischen Aussagen durchzuführen. Vor allem bei der Eruierung und Darstellung möglicher Ergebnisse von Verhandlungen zwischen zwei Seiten (S_A und S_B); bei denen vielleicht am Ende niemand schlechter gestellt sein soll als am Ausgangspunkt, erweist sich dieser Ansatz als hilfreich, indem z.B. die Fläche der möglichen Ergebnisse dieser Art angegeben wird.

Bei Anwendungen und empirischen Untersuchungen (→ Prognosetechniken, → Simulationen) kommt aber bislang den funktionalen Konzepten größere Bedeutung zu. Ihr wesentliches Merkmal ist, daß dabei die Beziehung zwischen den absoluten Werten der Variablen eindeutig festgelegt wird. In Fortführung des obigen Beispiels kann man sich vorstellen, daß die Veränderungen der Rüstungsausgaben R_B stets das b-fache der Veränderungen von R_A betragen (mit einer gewissen Zahl b). Dann gibt es einen linearen Zusammenhang zwischen den beiden Variablen:

$$R_B = \bar{R}_B + b \cdot R_A$$

wobei $\bar{R}_B$ den Wert an Rüstungsausgaben kennzeichnet, den Land B auch ohne Ausgaben von Land A (R_A = O) tätigen würde. Im Koordinatensystem wird diese strenge Beziehung durch eine Gerade dargestellt (Schema s. S. 245).

Das Konzept, Paare von Zahlen oder Variablen (z.B. (R_A ,R_B)) zu betrachten, findet mit dem Übergang von zwei Elementen auf viele Elemente seine Fortsetzung in der Anwendung von Matrizen und Vektoren. Diese kann man als Ordnungssysteme auffassen, die die Orientierung und das Rechnen bei einer größeren Anzahl von strukturell gleichen Variablen und Beziehungen erleichtern. Matrizen sind rechteckige, wie Tabellen aufgebaute Schemata. Zur Veranschaulichung betrachte man die folgende Tabelle (s. S. 243):

In der Kopfzeile stehen die Namen von n Empfängerländern und in der führenden Spalte die Namen von m Geberländern. Im Feld in der i-ten Zeile und der j-ten Spalte steht der Betrag, den das Geberland i an das Empfängerland j gegeben hat. Bei analytischen Ar-

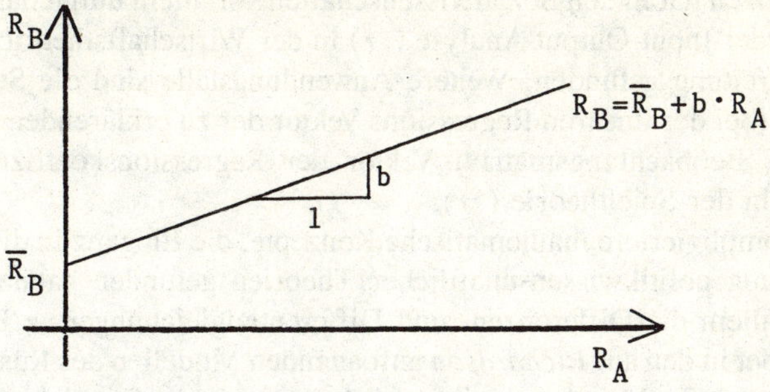

Tabelle: Regionale Verteilung der Entwicklungshilfe

	Empfängerland 1	… Empfängerland n	Summe
Geberland	1000	… 3000	25000
.	.	.	.
.	.	.	.
.	.	.	.
Geberland m	2500	… 500	17000
Summe	12000	… 9500	233400

beiten wird diese Tabelle durch eine Matrix A mit m Zeilen und n Spalten in der folgenden Weise dargestellt:

$$A = (a_{ij})_{\substack{1 \leq i \leq m \\ 1 \leq j \leq n}} = \begin{pmatrix} a_{11} & a_{12} & \cdots & a_{1n} \\ a_{21} & a_{22} & \cdots & a_{2n} \\ \vdots & \vdots & & \vdots \\ a_{m1} & a_{m2} & \cdots & a_{mn} \end{pmatrix}$$

wobei ein Element a_{ij} dem Feld in der i-ten Zeile und der j-ten Spalte der Tabelle entspricht. Vektoren sind eindimensionale Matrizen, z.B. solche, die der rechten Randspalte oder der unteren Zeile der Tabelle entsprechen, man spricht dann vom Vektor der geleisteten bzw. empfangenen Entwicklungshilfe. Das Arbeiten mit Matrizen hat in den Sozialwissenschaften vor allem durch das Konzept der Input-Output-Analyse (→) in der Wirtschaftstheorie weite Verbreitung gefunden. Weitere Anwendungsfälle sind die Statistik (→) (bei der linearen Regression: Vektor der zu erklärenden Variablen, Beobachtungsmatrix, Vektor der Regressionskoeffizienten) und in der Spieltheorie (→).

Kompliziertere mathematische Konzepte, die Eingang in die Darstellung politikwissenschaftlicher Theorien gefunden haben, sind vor allem die Differenzen- und Differentialgleichungen, z.B. verwendet in den auf *Richardson* aufbauenden Modellen des Rüstungswettlaufs. Im Mittelpunkt dieser Arbeiten steht die Entwicklung von Variablen im Zeitablauf (Zeitreihen, Prozesse). Kernpunkt der Modelle ist die Aufstellung von funktionalen (z.B. linearen) Beziehungen zwischen den Veränderungen in bestimmten Perioden und bereits erreichten Niveaus. Untersucht werden dabei der Verlauf der Prozesse sowie ihr Schwingungs- und Stabilitätsverhalten. Damit versucht man beispielsweise die Auswirkungen irgendwelcher Ereignisse in den internationalen Beziehungen auf den Rüstungswettlauf zu analysieren.

In dem Modell des Wettrüstens von *Richardson* wird die Entwicklung und gegenseitige Beeinflussung der Rüstungsausgaben zweier Länder A und B im Zeitablauf untersucht. Die Ausgaben zum Zeitpunkt t seien mit $R_A(t)$ und $R_B(t)$ bezeichnet. Die Veränderung im Zeitablauf wird mathematisch durch die Ableitung nach der Zeit beschrieben, also durch

$$\frac{d\,R_A(t)}{dt} \quad \text{und} \quad \frac{d\,R_B(t)}{dt}$$

Dies sind nun zwei neue Variablen, die ihrerseits ebenso wie die Rüstungsausgaben selbst meßbar sind. Der zentrale Gedanke des *Richardson*-Modells des Wettrüstens ist, daß diese Veränderungen von dem bereits erreichten Niveau der Rüstung in beiden Ländern abhängen, und zwar in der Form, daß eine hohe Rüstung im Gegnerland sich verstärkend und eine bereits hohe Rüstung im eigenen Land sich vermindernd auswirkt. Dieser Gedanke erlaubt eine mathematische Darstellung zum Beispiel in Form des folgenden linearen Zusammenhangs:

$$\frac{d\,R_A(t)}{dt} = -\,a \cdot R_A(t) + b \cdot R_B(t)$$

und

$$\frac{d\,R_B(t)}{dt} = -\,a' \cdot R_A(t) - b' \cdot R_B(t)$$

mit $a > 0$, $b > 0$, und $a' > 0$ und $b' > 0$. Diese Gleichungen nennt man ein System von linearen Differentialgleichungen. Seine Lösung besteht aus einem sogenannten Prozeß $(R_A(t), R_B(t))_{tE[t_0,t_1]}$, der diesen Gleichungen genügt. In der Regel hängt seine Entwicklung stark von gegebenen Werten $(R_A(t_0), R_B(t_0))$ am Anfangszeitpunkt t_0 ab.

Literatur

Blalock, H.M. jr. (Ed.), 1971, Causal Models in the Social Sciences. Chicago, New York;

Coleman, J.S., 1974, Introduction to Mathematical Socielogy. New York;

Gillespie, J.V./Zinnes, D., 1977, (Ed.). Mathematical Systems in International Relations Research. New York;

Hamerle, A./Kemeny, P., 1981, Einführung in die Mathematik für Sozialwissenschaftler: insbesondere für Psychologen, Soziologen, Pädagogen, Politologen. München, Wien;

Kliemann, W./Müller, N., 1973,1976, Logik und Mathematik für Sozialwissenschaftler: Bestandteile und Methoden formalisierter Modelle in den Sozialwissenschaften. 2 Bände. München;

Schmutzer, M.E.A., (Hrsg.), 1977. Mathematische Methoden in der Politikwissenschaft. München, Wien;

Stegmüller, W., 1970, Theorie und Erfahrung. Probleme und Resultate der Wissenschaftstheorie und analytischen Philosophie, Band II. Berlin, Heidelberg, New York;

Zinnes, D./Gillespie, J.V., 1976, (Eds.). Mathematical Models in International Relations. New York.

H. Roß

3. Graphische Darstellungsweisen

In diesem Abschnitt wird auf die graphische Darstellung von kognitiven Strukturen politischer Entscheidungsträger eingegangen. In den letzten Jahren steht sowohl in der Lehre der Internationalen Beziehungen als auch in der Psychologie der individuelle Entscheider im Mittelpunkt der empirischen Forschung (vgl. *George* 1980; *Koczielecki* 1981). Das Ziel dieser Forschungen ist es, zu ergründen, auf welche Weise Entscheidungsträger die komplizierte Umwelt erfassen und wie sie diese umstrukturieren sowie vereinfachen, um Unsicherheiten und Wertkonflikte zu bewältigen.

Zwei Verfahren sind in der Fachliteratur hinreichend ausgearbeitet (vgl. *Gallhofer/Saris/Melmann* 1986). Es handelt sich dabei um kognitive Netzwerke und Entscheidungsbäume. In diesem Abschnitt werden jedoch nur Entscheidungsbäume behandelt.

Die Erarbeitung und Erschließung des empirischen Materials erfolgt durch ein inhaltsanalytisches Verfahren (→ Inhaltsanalyse). Das Basismaterial besteht aus Dokumenten von Entscheidungsträgern. Bezüglich des inhaltsanalytischen Verfahrens kann man zwei Vorgehen unterscheiden: Zunächst werden Begriffe aus dem Text ermittelt. Anhand der ermittelten Begriffe, für die eine hohe Inter-Codierer-Zuverlässigkeit erforderlich ist, wird die kognitive Struktur erstellt, die einen Gesamteindruck von der Vorstellungswelt der in ihren Aussagen untersuchten Entscheidungsträgern vermittelt. Bei diesem zweiten Schritt ist ebenfalls eine hohe Inter-Codierer-Zuverlässigkeit erforderlich, da reproduzierbare Ergebnisse eine Vorausbedingung sind für die Übereinstimmung der Ergebnisse mit dem theoretisch-begrifflich zu erfassenden Sachverhalt (Gültigkeit).

Die auf diese Weise ermittelten Strukturen werden dann weiteren Analysen unterzogen. Anhand von Entscheidungsbäumen kann man u.a. die Entscheidungsregel, die bei der Wahl angewendet wurde, ableiten. In den nun folgenden Abschnitten wird die Darstellungsweise von Entscheidungsbäumen ausführlich behandelt mittels eines Beispieltextes.

Der anzuführende Text betrifft ein niederländisches Ministerratsprotokoll von 1914 und enthält die Argumentation des Außenministers. Die Niederländische Regierung stand zu Beginn des Ersten Weltkrieges vor der Wahl, entweder neutral zu bleiben oder zwischen einer der kriegsführenden Parteien zu wählen. Das Deutsche Reich hatte zu diesem Zeitpunkt Teile des neutralen Belgiens besetzt, u.a. die Hafenstadt Antwerpen, woraus sich Probleme für die Position der Niederlande ergaben.

Niederländischer Ministerrat: Sitzungsbericht vom 1. und 3. Oktober 1914; die Deutsche Besetzung von Antwerpen: Protokoll des Außenministers (Quelle: Bescheiden betreffende de Buitenlandse Politik van Nederland, RGP IV, 1895 - 1919: 315)

„Der Außenminister stimmt mit dem Vorsitzenden überein und rät entschieden davon ab (der deutschen Regierung) die Frage zu stellen, weder in der Fassung, die der Marineminister vorschlägt, noch in der geänderten Version des Landwirtschaftsministers. Die Interessen unseres Landes sind noch nicht bedroht, über den Ausgang des Krieges können wir nur Mutmaßungen anstellen, aber Sicherheit haben wir nicht. Der geeignete Augenblick ist daher noch nicht gekommen, um zwischen einer der kriegsführenden Parteien zu wählen, obwohl wir bezüglich unserer Interessen, vor allem was die Kolonien betrifft, näher bei England stehen. Falls wir die Frage stellten, könnten wir entweder den Eindruck erwecken, daß wir Deutschlands Pläne verhindern wollten oder, daß wir Partei ergriffen. Es ist nämlich undenkbar, das Deutschland im gegenwärtigen Kriegsstadium kategorisch antwortet, Antwerpen nach Kriegsende nicht behalten zu wollen oder es nur kurzfristig besetzen zu wollen. Obwohl es unwahrscheinlich ist, daß Deutschland beabsichtigt, Belgien zu annektieren, wird es entweder ausweichend antworten oder uns höflich zu verstehen geben, daß Deutschlands Absichten uns nichts angehen. Sollten wir es dabei beruhen lassen oder weiter auf eine deutlichere Antwort drängen? Das letztere würde Schwierigkeiten verursachen, vielleicht sogar Krieg, gewiß aber Deutschlands Vertrauen in unsere Neutralität erschüttern, was äußerst schwerwiegend ist.

Ebenfalls liegt es nicht im Interesse unseres Landes, von unserer Neutralität abzuweichen und Partei zu ergreifen, vor allem, da wir diese so laut angekündigt haben und Deutschland ausdrücklich erklärt hat, sie zu respektieren.

Der Vorschlag des Kriegsministers, den Bürgern Belgiens Zugang zu unserem Territorium zu gewähren, um die deutsche Armee von dort aus zurückzudrängen, ist sogar noch weniger zu rechtfertigen. Außerdem ist es unwahrscheinlich, daß England beabsichtigt, über den Wasserweg unserer West-Schelde Antwerpen zu befreien, da die deutsche Artillerie doch jedes englische Kriegsschiff unverzüglich versenken würde. Im übrigen ist es nicht deutlich, welchen Gewinn wir beim Friedensvertrag haben würden, wenn wir jetzt auf Deutschland eindringen. Falls wir gezwungen würden, am Krieg teilzunehmen und Deutschland siegt am Ende, dann bezahlen wir die Zeche.

Falls England den Krieg gewinnen sollte, können wir nicht viel Belohnung erwarten, höchstens ein gleichwertiges Stück Land von Deutschland im Tausch für Niederländisch Flandern und die Schelde, welche man als Entschädigung an Belgien geben wird.

Falls der Krieg beendet wird ohne eindeutigen Sieger, bleiben uns ein halb zerstörtes Land und ein erschüttertes Vertrauen in uns seitens unseres östlichen Nachbarns übrig, von welchem wir wirtschaftlich in hohem Maße abhängig sind.

Die Besetzung von Antwerpen ist das alles nicht wert. Daß wir Schwierigkeiten mit den Engländern bekommen würden, falls wir nichts unternehmen, ist nicht zu erwarten."

Um die Argumentation eines Entscheiders in einem Entscheidungsbaum darzustellen, sind die folgenden Begriffe der Entscheidungstheorie aus dem vorliegenden Dokument zu ermitteln:

Verfügbare Aktionen (A) oder Handlungsalternativen für die eigene Partei;
Mögliche Aktionen der Gegenpartei (AG);
Mögliche Ergebnisse (E) oder Konsequenzen für die eigene Partei;
Mögliche Neue Ereignisse (NE);
Subjektive Wahrscheinlichkeiten (P) der Ergebnisse, der neuen Ereignisse und der Aktionen der Gegenpartei;
Subjektive Werte (W) oder Utilitäten der Ergebnisse.

Die Begriffe werden graphisch in Beziehung gesetzt. Anhand der ermittelten Begriffe werden zunächst Teilstrukturen konstruiert, z.B.

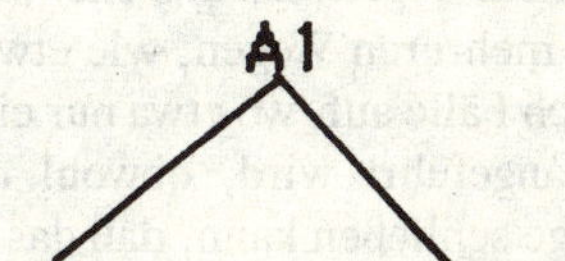

im beiliegenden graphischen Beispiel.

Danach werden diese Strukturen zu größeren zusammengefaßt. So etwa versucht man für eine bestimmte Aktion alle Teilbäume in einer größeren Struktur zusammenzufassen, um schließlich auf diese Weise für alle erwähnten Aktionen zu einer Übersichtsstruktur zu gelangen. Ein derartiger Entscheidungsbaum enthält in chronologischer Folge die verfügbaren Aktionen mit ihren möglichen Konsequenzen sowie neue Ergebnisse und Reaktionen der Gegenpartei. Die Unsicherheiten und Evaluationen sind ebenfalls angegeben.

Aus dem oben erwähnten Dokument konnte der Entscheidungsbaum von Abbildung 1 entwickelt werden. Die graphische Darstellung zeigt zwei mögliche Aktionen, die dem Minister zur Verfügung standen (A_1 und A_2) und die er in ihren Konsequenzen ausgearbeitet hatte. Die dritte Alternative, nämlich, den Bürgern von Belgien Zugang zu niederländischem Territorium zu gewähren, scheint im Entscheidungsbaum nicht auf, da sie unmittelbar durch den Entscheider abgelehnt wurde, ohne daß er auf die möglichen Konsequenzen hingewiesen hätte.

Eine erste Regel für die Darstellung von Entscheidungsbäumen besteht darin, daß diese mit eigenen Aktionen beginnen müssen. Als zweite Regel ist anzuführen, daß Entscheidungsbäume mit Ergebnissen enden müssen. Abhängig von den Aussagen der Entscheider können allerdings auch Zwischenergebnisse auftreten, die dann entsprechend der chronologischen Folge in der Struktur untergebracht werden. Die dritte Regel betrifft hauptsächlich die Wahrscheinlichkeiten. Von einem Knoten oder Wurzelpunkt zeichnet man Wege zu den sich ausschließenden Begriffen. Auch wird angenommen, daß die Summe der Wahrscheinlichkeiten für die alternativen Begriffe 1 ist $(p + (1\text{-}p)) = 1$. Wird ein Begriff als sicher angegeben, wie etwa E_3 bei A_1, dann wird an dieser Stelle nur ein Zweig oder Weg aufgeführt. Wird hingegen ein Begriff als unsicher angegeben, so besteht die Möglichkeit von mehreren Wegen, wie etwa E_4 und E_5 bei A_1. Schließlich treten auch Fälle auf, wo etwa nur ein Ergebnis mit einer Wahrscheinlichkeit angeführt wird, obwohl man aus der Wahrscheinlichkeitsaussage schließen kann, daß das alternative Ergebnis ebenfalls auftreten kann. In einem derartigen Fall (vgl. E_1 und E_2 bei A_2) wird auch der implizite, alternative Begriff, der aus der Negation des erwähnten Begriffes besteht, in die Struktur aufgenommen.

Anhand der graphischen Darstellung der Argumentation, die die Strukturierung des Entscheidungsproblems (Handlungsalternativen, Sicherheit/Unsicherheit usw.) sowie die Evaluationen der Utilitäten und Wahrscheinlichkeiten enthält, kann die verwendete Entscheidungsregel ermittelt werden.

Abbildung 1: Ein Entscheidungsbaum

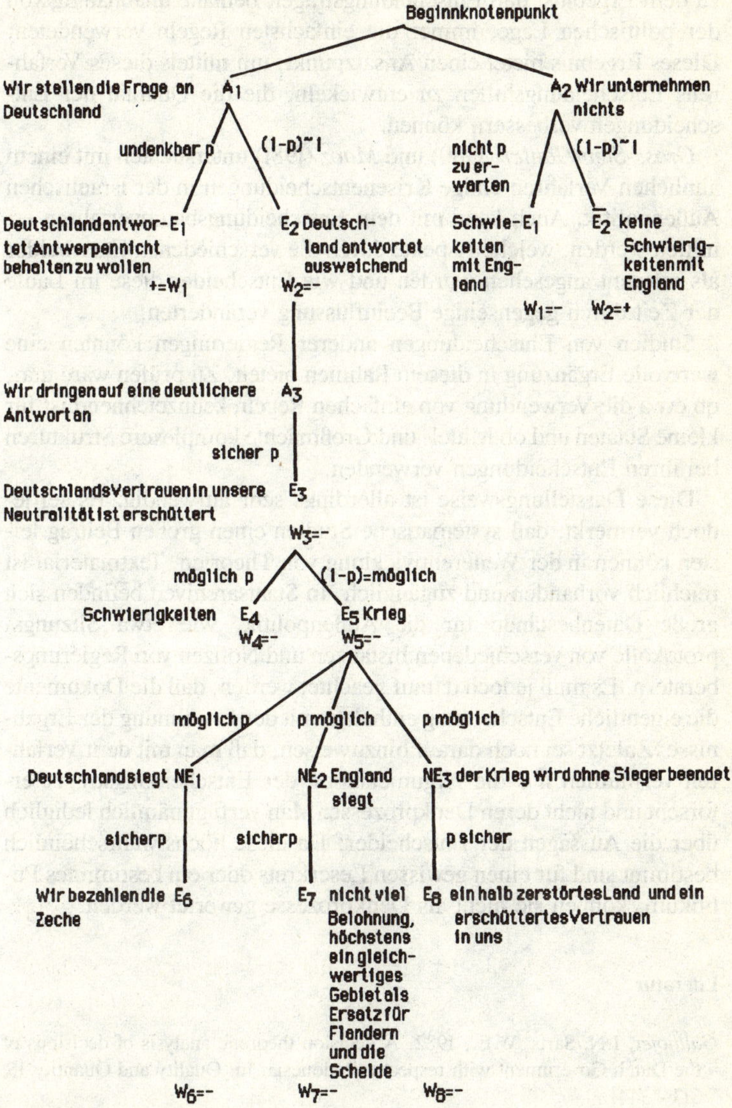

So etwa untersuchten *Gallhofer/Saris* (1986) eine Stichprobe von 235 Entscheidungen aus der Niederländischen Außenpolitik von 1900 - 55 hinsichtlich des Gebrauchs von Entscheidungsregeln und kamen zu dem Ergebnis, daß Entscheidungsträger, beinahe unabhängig von der politischen Lage, immer die einfachsten Regeln verwendeten. Dieses Ergebnis bietet einen Ansatzpunkt, um mittels dieses Verfahrens Entscheidungshilfen zu entwickeln, die die Qualität der Entscheidungen verbessern können.

Gross-Stein/Tanter (1980) und *Maoz* (1981) untersuchten mit einem ähnlichen Verfahren einige Krisenentscheidungen in der israelischen Außenpolitik. Auch kann mit dem Entscheidungsbaumverfahren ermittelt werden, welche Aspekte durch die verschiedenen Entscheider als relevant angesehen wurden und wie Entscheider diese im Laufe der Zeit durch gegenseitige Beeinflussung veränderten.

Studien von Entscheidungen anderer Regierungen könnten eine wertvolle Ergänzung in diesem Rahmen bieten. Zu prüfen wäre u.a., ob etwa die Verwendung von einfachen Regeln kennzeichnend ist für kleine Staaten und ob Mittel- und Großmächte komplexere Strukturen bei ihren Entscheidungen verwenden.

Diese Darstellungsweise ist allerdings sehr aufwendig. Es sei jedoch vermerkt, daß systematische Studien einen großen Beitrag leisten können in der Weiterentwicklung von Theorien. Textmaterial ist reichlich vorhanden und zugänglich. In Staatsarchiven befinden sich große Datenbestände für die Außenpolitik, wie etwa Sitzungsprotokolle von verschiedenen Instanzen und Notizen von Regierungsberatern. Es muß jedoch darauf geachtet werden, daß die Dokumente die eigentliche Entscheidung enthalten mit der Erwähnung der Ergebnisse. Zuletzt sei noch darauf hinzuweisen, daß man mit dem Verfahren vermutlich nur die Argumentation der Entscheidungsträger erforscht und nicht deren Denkprozesse. Man verfügt nämlich lediglich über die Aussagen der Entscheider: Da diese höchstwahrscheinlich bestimmt sind für einen gewissen Leserkreis oder ein bestimmtes Publikum, können sie nicht als Denkprozesse gewertet werden.

Literatur

Gallhofer, I.N./Saris, W.E., 1982, A decision theoretic analysis of decisions of the Dutch Government with respect to Indonesia. In: Quality and Quantity 16, 313 - 344;

Gallhofer, I.N./Saris, W.E./Melman, M., 1986, The Empirical Decision Analysis Procedure, in Gallhofer, I.N./Saris, W.E./Melman, M. eds., Different Text Analysis Procedures for the Study of Decision Making, Amsterdam/Sociometric Research Foundation, 53 - 65;

George, A.L., 1980, Presidential Decision making in Foreign Policy: the effective use of information and advice. Boulder Colorado/Westview Press;

Gross-Stein J./Tanter R., 1980, Rational decision making, Israels security choices 1976. Ohio State University Press;

Koczielecki, J.P., 1981, Psychological decision theory, Dordrecht/D. Reidel;

Maoz, Z., 1981, The decision to raid Entebbe: Decision analysis applied to crisis behavior. In: Journal of Conflict Resolution 25, 677 - 707.

I.N. Gallhofer

V. Zum Brückenschlag zwischen den Methoden

Die in den vorstehenden Abschnitten gezeigte Vielfalt des Methodenangebots kann den, der sich die Analyse der internationalen Beziehungen zur Aufgabe gemacht hat, ebenso anregen wie lähmen. Letztlich steht und fällt die Bewältigung und Nutzung dieser Vielfalt mit der Fähigkeit, in ihr Ordnung zu stiften — es sei denn, man begnüge sich mit der sektiererisch eifernden Verabsolutierung einer einzigen bestimmten Methode unter Zurückweisung und Verdammung aller andern. Ordnung stiften heißt, zwischen den verschiedenen Methoden eine Beziehung herzustellen. Diese Aufgabe lautet je nach Analyseebene wieder anders; entsprechend dem in diesem Band sehr breit gefaßten Methodenbegriff sind diesbezügliche Aussagen differenziert zu formulieren.

Im folgenden werden in diesem Sinne drei Probleme unterschieden:

1. das Problem der Vielfalt von Bezugsrahmen, innerhalb welcher Methoden zur Anwendung kommen;
2. das Problem der Vielfalt von Erklärungsansätzen, auf die Methoden stets bezogen sind; und
3. das Problem der Vielfalt von Instrumenten bzw. Methoden.

Die im folgenden vorgestellte These lautet, daß

1. ein Brückenschlag zwischen verschiedenen Bezugsrahmen logisch ausgeschlossen,
2. eine eklektische Verbindung zwischen verschiedenen Erklärungsansätzen fruchtbar und sinnvoll und
3. die pragmatische Kombination verschiedener Techniken, bzw. Forschungsinstrumenten und Methoden, unerläßlich ist.

1. Kein Brückenschlag zwischen verschiedenen Bezugsrahmen

Die wissenschaftliche (und auch die praktische) Beschäftigung mit den internationalen Beziehungen leistet als ersten und grundlegenden Schritt zunächst stets eine Strukturierung der Welt. Sie liefert m.a.W. ein ,,Weltbild“ oder ,,Orientierungsmuster“ oder ,,Bezugsrahmen“ oder ,,Modelle“ (oder wie immer man das damit Gemeinte bezeichnen will). Häufig bleibt dieser Schritt im Dunkel eines vorwissenschaftlichen und nicht weiter bewußt gemachten, geschweige denn reflektierten Vorentscheids. Dieser Vorentscheid beschränkt alle weitere Beschäftigung mit dem Forschungsgegenstand auf einen bestimmten Realitätsausschnitt und blendet den Rest der Realität aus. Die wichtigsten Bezugsrahmen dieser Art sind: das Bild von den ,,inter-nationalen“ Beziehungen als eines ,,anarchischen“ Systems souveräner Territorialstaaten und des jederzeit möglichen ,,Kampfs aller gegen alle“; das Bild eines globalen Schichtungssystems (,,Zentrum-Peripherie“-Modelle), ,,Ausbeuter-Ausgebeutete“-Dichotomien); und das Bild der geeinten Welt (,,Weltgesellschaft“, ,,Raumschiff Erde“). Von jedem Bezugsrahmen gibt es je verschiedene Ausprägungen und auch durch Kombination gestaltete Spielarten.

Versucht man in dieser Überfülle von Bezugsrahmen Ordnung zu stiften oder zwischen ihnen Brücken zu schlagen, so kommen grundsätzlich vier Vorgehensweisen in Frage:

1.1 Rangierung ,,wichtiger“ vor ,,weniger wichtigen“ Bezugsrahmen: Sieht man einmal von der willkürlichen, auf Plausibilitätsüberlegungen beruhenden Rangierung ,,wichtiger“ und ,,weniger wichtiger“ Bezugsrahmen ab, so stellt man bald fest, daß klar faßbare und unbestrittene Kriterien für eine solche Unterscheidung fehlen. Dieser Weg erweist sich daher als wenig tauglich.

1.2 Verbindung zwischen Bezugsrahmen auf verschiedenen Analyseebenen: Dieses Vorgehen setzt voraus, daß sich die einzelnen Bezugsrahmen je einer Analyseebene (z.B. Individuum - Staat - Welt) zuordnen lassen. Doch zeigt sich bei näherem Zusehen, daß damit nur der Anschein einer harmonistischen Synthese der Bezugsrahmen erreicht wird, weil ja nur ein Teil der verfügbaren Bezugsrahmen diesem Kriterium gerecht wird, während manche sich von vornherein gar nicht als einer bestimmten Analyseebene zugehörig identifizieren lassen.

1.3 Systemanalytische Generalsynthese: Die Kombination verschiedener Bezugsrahmen erfolgt hier mittels Unterordnung von ,,Subsystemen“ und der gruppenweisen Zusammenfassung in ,,Supersysteme". Jeder Bezugsrahmen wird dann irgendeinem dieser Systeme zugeordnet. Damit wird aber von vornherein ein organizistisches oder technomorphes Vorverständnis projiziert, das der tatsächlichen Vielfalt der Bezugsrahmen in keiner Weise gerecht wird.

1.4 Empirisch-kritische Überprüfung alternativer Bezugsrahmen: Durch die empirische Überprüfung des Realitätsgehalts, der in den kognitiven Prämissen eines jeden Bezugsrahmens steckt, kann die relative Relevanz des betreffenden Bezugsrahmens ermittelt werden. Man gelangt so jedem Bezugsrahmen gewissermaßen auf den Grund — ohne freilich eine eigentliche Beziehung zwischen den einzelnen Bezugsrahmen herzustellen. Ein Brückenschlag zwischen ihnen erfolgt somit auch hier nicht.

Es gibt offenbar keinen tauglichen Weg zur Überwindung der Bezugsrahmenvielfalt. Die Frage stellt sich, ob eine solche Überwindung überhaupt zu wünschen ist. Vielleicht sollte man vielmehr von der Feststellung ausgehen, daß das Vorhandensein verschiedener Bezugsrahmen in der Natur der Sache — nämlich in der kognitiven Relativität aller Schritte der Realitätsauswahl im wissenschaftlichen Vorfeld — liegt. Entsprechend scheint eine Haltung gelassenen kognitiven Relativismus' durchaus angebracht. Das Bemühen um einen Brückenschlag erübrigt sich.

2. Eklektische Auswahl der Erklärungsansätze

Auf der Ebene der Erklärungsansätze erscheint das Problem der Vielfalt erneut wieder in Gestalt einer Überfüllte teils miteinander vereinbarer, teils widersprüchlicher Hypothesen. Auch diese Überfülle ruft nach einem Brückenschlag. Gemäß dem allgemeinen Grundsatz aller sozialwissenschaftlichen Theoriebildung ist eine Theorie ,,eine Menge widerspruchsfrei miteinander verbundener Hypothesen" — folglich gilt es, eine solche widerspruchsfreie Verbindung herzustellen. Dafür stehen vor allem die folgenden drei Verfahren zur Verfügung:

2.1 Additive Zuordnung verschiedener unabhängiger Variablen: Auszugehen ist von einer abhängigen Variablen (Explanandum Y), die das Phänomen bezeichnet, das erklärt werden soll (z.B. außenpolitische Aggressivität eines Landes, Fortschritt oder Rückschritt eines Integrationsprozesses usw.). Von dort aus fragt man nach Einflußfaktoren zurück: Was, d.h. welche unabhängigen Variablen (Explanantia X_1 - X_n) könnten zur Erklärung von Y beitragen? Auf der Suche nach Antworten auf diese Frage sollte man gewissermaßen die pragmatisch-eklektische Haltung eines Einkäufers im Basar annehmen und Erklärungen sowie Methoden von dorther beziehen, wo man sie findet (im nachfolgenden Schema, beispielsweise im Theoriebereich A und im Theoriebereich B):

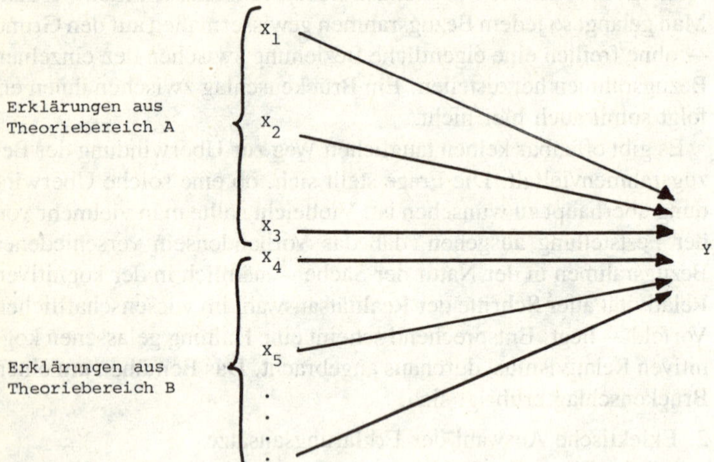

2.2 Additive Zuordnung verschiedener abhängiger Variablen: Dieses Vorgehen entspricht dem ersten, bezieht sich aber auf die pragmatische Auswahl von abhängigen Variablen (Explananda Y_1 bis Y_n).

2.3 Einbau weiterer Erklärungsansätze als Randbedingungen: Dieses Vorgehen entspricht in seinen Grundzügen den beiden erstgenannten, führt jedoch in der logischen Verarbeitung der verfügbaren Ansätze einen Schritt weiter, indem ein Mindestmaß an logischer Strukturierung eingeführt wird. Diese erfolgt durch Einbezug und gleichzeitige Unterordnung bestimmter Erklärungsansätze als

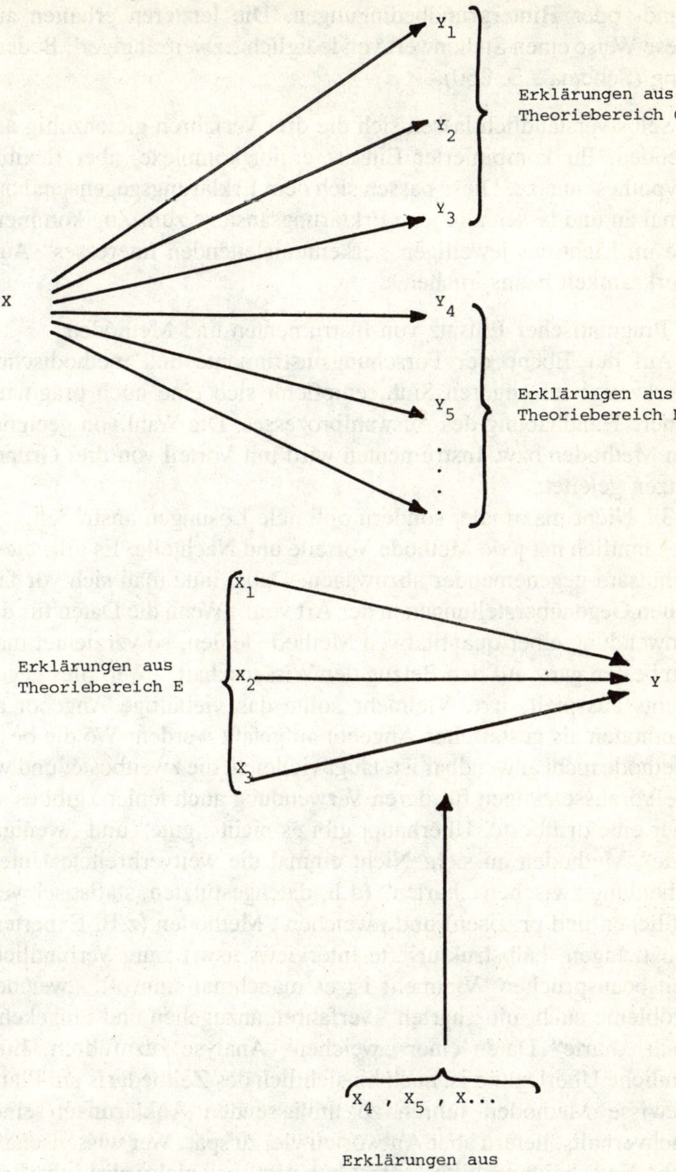

X
Y1
Y2
Y3
Y4
Y5
Erklärungen aus
Theoriebereich C
Erklärungen aus
Theoriebereich D
X1
X2
X3
Y
Erklärungen aus
Theoriebereich E
X4 , X5 , X...
Erklärungen aus
Theoriebereich F
(als Randbedingungen)

Rand- oder Hintergrundbedingungen. Die letzteren erhalten auf diese Weise einen Stellenwert von lediglich „zweitrangiger“ Bedeutung (Schema s.S. 260).

Selbstverständlich lassen sich die drei Verfahren gleichzeitig anwenden. Ihr kombinierter Einsatz ergibt komplexe, aber flexible Hypothesennetze. Diese passen sich dem Erklärungsgegenstand optimal an und lassen alle jene Erklärungsansätze zum Zug kommen, die im Licht des jeweiligen „erkenntnisleitenden Interesses“ Aufmerksamkeit beanspruchen.

3. Pragmatischer Einsatz von Instrumenten und Methoden

Auf der Ebene der Forschungsinstrumente und methodischen Werkzeuge im engeren Sinn, empfiehlt sich eine noch pragmatischere Handhabung des Auswahlprozesses. Die Wahl von geeigneten Methoden bzw. Instrumenten wird mit Vorteil von drei Grundsätzen geleitet:

3.1 Nicht maximale, sondern optimale Lösungen anstreben: Bekanntlich hat jede Methode Vorteile und Nachteile. Es gilt, diese behutsam gegeneinander abzuwägen. Dabei hüte man sich vor falschen Gegenüberstellungen in der Art von: „Wenn die Daten für die Anwendung einer quantitativen Methode fehlen, so verzichtet man am besten ganz auf den Beizug der Wissenschaft.“ Wer alles gegen nichts ausspielt, irrt. Vielmehr sollte das vielfältige Angebot an Methoden als gestaffeltes Angebot aufgefaßt werden: Wo die beste Methode nicht anwendbar ist, taugt vielleicht die zweitbeste; und wo die Voraussetzungen für deren Verwendung auch fehlen, gibt es sicher eine drittbeste. Überhaupt gibt es nicht „gute“ und „weniger gute“ Methoden an sich. Nicht einmal die weitverbreitete Unterscheidung zwischen „harten“ (d.h. datengestützten, statistisch verläßlichen und präzisen) und „weichen“ Methoden (z.B. Expertenschätzungen, halbstrukturierte Interviews usw.) kann Verbindlichkeit beanspruchen. Vielmehr ist es manchmal sinnvoll, „weiche“ Probleme auch mit „harten“ Verfahren anzugehen und umgekehrt auch „harte“ Daten einer „weichen“ Analyse zuzuführen. Eine ähnliche Überlegung ist auch hinsichtlich des Zeitbedarfs am Platz: Gewisse Methoden führen zu umfassenden Abklärungen eines Sachverhalts, liefern aber Antworten viel zu spät. Wer wissenschaftliche Entscheidungshilfen sofort benötigt, beispielsweise innerhalb eines Tages oder gar binnen weniger Minuten, wird sich daher bei der Wahl von Methoden von anderen Grundsätzen leiten lassen als wer einen Entscheid vorbereiten will, der erst in zwei Jahren zu fällen ist.

3.2 Das eine tun und das andere nicht lassen:
Es gibt keinen Grund, der dazu zwingt, sich um die beste Methode zu bemühen — man kann ja mehrere Methoden gleichzeitig anwenden. So wie der Arzt einen Patienten gleichzeitig befragt, betrachtet, betastet, röntgt, sein Blut analysiert und Gewebeproben untersucht,ergibt sich auch im Bereich der internationalen Politik ein vollständiges Bild erst, wenn man mehr als eine einzige Methode ansetzt. Methoden auswählen heißt folglich, die dem Problem angemessene Mischung von Methoden zu bestimmen. So sinnvoll freilich ein mehrgleisiges Vorgehen ist, so gilt es doch auch hier, die Proportionen zu wahren. Die Gefahr des Sich-Verzettelns, der unangemessenen Streuung der Ressourcen, sollte nicht unterschätzt werden. Als Ausweg bietet sich an, Schwerpunkte zu bilden und diese methodisch sinnvoll in mehreren Richtungen abzusichern. Insbesondere sollten in bezug auf methodische ,,Seitenpfade" wenigstens kleinere Pilotprojekte durchgeführt werden.

3.3 Keine Methodenauswahl ist endgültig:
Ein Entscheid zugunsten einer bestimmten Methode kann selbstverständlich zurückgenommen werden, falls er sich als wenig erfolgsversprechend herausstellen sollte. Pilotprojekte leisten bei der Abklärung der Leistungsfähigkeit der verschiedenen Verfahren gute Dienste und verhindern, daß von Anfang an auf das ,,falsche Pferd" gesetzt wird. Natürlich empfiehlt sich auch hier, knappe Ressourcen nicht zu verzetteln, was bedeuten müßte, daß man im Stadium von Pilotprojekten steckenbleibt. Der kombinierte Einsatz sozialwissenschaftlicher Methoden sollte also von einer Haltung des Pragmatismus' und Eklektizismus' geprägt sein; sie hat sich stets beweglich dem Problem anzupassen und dabei das Verhältnis von Aufwand und Ertrag immer nüchtern zu überprüfen. Für methodologischen Rigorismus, für allgemeinverbindlichen Schematismus und für die Kultivierung exklusiver wissenschaftlicher ,,Schulen" ist hier im Grunde kein Platz.

Macht man sich angesichts der Vielfalt der angebotenen Methoden solche Entscheidungsgrundsätze zu eigen, so wird man die Gesamtheit der verfügbaren Erklärungsansätze und Forschungsinstrumente gewissermassen als Klaviatur betrachten, auf der bestimmte

,,Tasten" gedrückt und ,,Akkorde" gespielt werden. Die wissenschaftliche Beschäftigung mit den internationalen Beziehungen bildet, so gesehen, einen Entscheidungsprozess, in dem nach bestimmten Entscheidungsregeln verfahren wird. Der Entscheidungsprozess erfolgt wie in jeder Entscheidung im Sinne eines Entscheidungsbaums (→ graphische Darstellungsweisen); dessen Verzweigungen bezeichnen verfügbare Erklärungsansätze und Forschungsinstrumente und dienen als Wegweiser durch die Vielfalt der Methoden. Auf dem Weg durch diesen Entscheidungsbaum wird man sich einerseits durch die drei oben genannten Grundsätze leiten lassen. Gleichzeitig sollte man sich die im betreffenden Augenblick maßgebliche Zielsetzung wissenschaftlichen Arbeitens bewußtmachen, d.h. man entscheidet je nachdem anders, ob Lagebeschreibung, Erklärung und Sinndeutung, Vorausschau, politische Entscheidvorbereitung oder politische Entscheidungshilfe erwünscht ist.

Literatur

Dieser Beitrag beruht auf *Frei, D./Ruloff, D.*, 1984, Handbuch der weltpolitischen Analyse. Methoden für Praxis, Beratung und Forschung, Diessenhofen und *Frei, D.*, 1975, ,,Zu einigen wissenschaftstheoretischen Aspekten der Erforschung weltpolitischer Zusammenhänge", in: *Simon-Schaefer, R./Zimmerli, W.C.*, (Hg.), Wissenschaftstheorie der Sozialwissenschaften, Hamburg 1975, S. 324 - 339. — Zur weiteren Vertiefung empfohlen: *von Beyme, K.*, 1984, ,,Neuere Entwicklungstendenzen von Theorien der Politik". In: aus politik und zeitgeschichte — Beiträge zur Wochenzeitung ,,Das Parlament", B 38/84, S. 3 - 13; *Busshoff, H.*, 1984, Politikwissenschaftliche Theoriebildung, Köln; *Garnett, J.C.*, 1984, Common-Sense and the Theory of International Politics, London; *Herrmann, Th.*, 1984, Methoden als Problemlösungsmittel, in: *Roth, E./Heidenreich, K.*, (Hg.), Sozialwissenschaftliche Methoden. München, S. 18 - 46.

D. Frei